管理数字化与精益化
创新型人才培养系列教材

慕课版

U0740755

协同管理与 OA 应用

文瑛 ◎ 主编

人民邮电出版社

北 京

图书在版编目（CIP）数据

协同管理与OA应用：慕课版 / 文瑛主编. -- 北京：
人民邮电出版社，2021.7
管理数字化与精益化创新型人才培养系列教材
ISBN 978-7-115-54629-6

Ⅰ. ①协… Ⅱ. ①文… Ⅲ. ①计算机应用—企业管理
—教材 Ⅳ. ①F270.7

中国版本图书馆CIP数据核字(2020)第146611号

内 容 提 要

　　本书以一个企业的协同OA项目为主线，详细介绍了协同管理理论与技术、协同OA项目的规划与实施、协同OA系统的应用。本书以任务驱动的方式，将致远A8系统的系统管理、协同工作、表单应用、应用定制、知识管理、门户管理和OA系统集成等模块的管理需求及软件应用融入具体的任务中，使读者在任务的实施过程中掌握协同OA系统的管理理念和应用方法。

　　本书配有丰富的课程资源，通俗易懂、结构清晰。本书既可作为职业院校工商管理类专业的教材或参考书，亦可作为各类成人教育培训机构的培训教材，还可作为企业技术人员和管理人员了解与实施协同OA系统的参考书。

◆ 主　编　文　瑛
　　责任编辑　古显义
　　责任印制　王　郁　焦志炜
◆ 人民邮电出版社出版发行　　　北京市丰台区成寿寺路11号
　　邮编　100164　电子邮件　315@ptpress.com.cn
　　网址　https://www.ptpress.com.cn
　　北京市艺辉印刷有限公司印刷
◆ 开本：787×1092　1/16
　　印张：14.25　　　　　　　　2021年7月第1版
　　字数：355千字　　　　　　　2021年7月北京第1次印刷

定价：49.80 元

读者服务热线：(010)81055256　印装质量热线：(010)81055316
反盗版热线：(010)81055315
广告经营许可证：京东市监广登字20170147号

序　言

　　大数据、人工智能、云计算、移动互联网、5G 等新一代信息技术的应用，加快了数字经济前进的步伐。李克强总理在 2020 年政府工作报告中明确提出，要发展工业互联网，推进智能制造。全面推进"互联网+"，打造数字经济新优势。数字经济概念的提出，演化出数字化产业和产业数字化两大领域。产业数字化，重点是管理数字化、精益化企业的打造，涉及企业管理理念、价值体系、商业模式、组织架构、管理方式的变革。近年来，企业对管理数字化、精益化创新型人才的需求呈快速上升趋势。为加大管理数字化、精益化创新型人才培养的力度，为广大院校工商管理类专业的人才培养提供优质的教学资源，常州信息职业技术学院联合人民邮电出版社、江苏龙城精锻有限公司等单位，共同策划了这套管理数字化与精益化创新型人才培养系列教材。

　　职业教育的定位是服务地方经济发展。常州信息职业技术学院秉承"立足信息产业，培育信息人才，服务信息社会"的办学理念，专注工业互联网，主攻新一代信息技术与制造业的深度融合，打造生产设备数字化、生产车间智能化、生产要素网络化、企业管理智慧化的工业新形态。经过多年的探索，常州信息职业技术学院已积累了服务江苏制造业高质量发展、服务长三角产业数字化协同转型升级、服务国家工业互联网高素质人才培养的丰富经验，并希望将多年积累的经验融入本系列教材之中，为广大教学工作者提供帮助和便利。

　　为了保证该系列教材的质量，特组建了由院校教师、出版社编辑、公司高层管理人员等组成的教材编写委员会（以下简称编委会）。编委会由宋卫担任总主编。管理数字化与精益化创新型人才培养系列教材编委会成员如下：

宋　卫，常州信息职业技术学院数字经济学院　院长

曾　斌，人民邮电出版社教育出版中心　总经理

王　玲，江苏龙城精锻有限公司　副总经理

王　鑫，青岛酒店管理职业技术学院　副校长

桂海进，无锡商业职业技术学院　副校长

权小研，山东商业职业技术学院工商管理系　主任

窦志铭，深圳职业技术学院经济管理学院　副院长

郑晓青，吉林工业职业技术学院经管学院　院长

施轶华，国机重工集团常林有限公司运营部部长、信息中心主任

刘　霞，常州信息职业技术学院数字经济学院　专业带头人

古显义，人民邮电出版社教育出版中心职业教育社科出版分社 副社长（主持工作）

文　瑛，常州信息职业技术学院数字经济学院 专业教研室主任

胡建中，科华控股股份有限公司 运营总监

程　熙，中车戚墅堰机车有限公司信息中心 主任

王　亮，福隆控股集团有限公司 信息总监

周　磊，常州金蝶软件有限公司 总经理

吴　进，常州璟岩信息技术有限公司 总经理

本次策划、出版的管理数字化与精益化创新型人才培养系列教材共有 11 本，分两个板块，其中精益化管理类教材有：

《中小企业精益管理》

《企业物流管理》

《生产运作管理》

《质量管理与六西格玛》

《采购管理与精益化》

《智慧供应链管理》

数字化管理即企业信息化（即两化融合）类教材有：

《ERP 原理与应用》

《协同管理与 OA 应用》

《生产控制与 MES 应用》

《ERP 项目与实施管理》

《企业经营数据分析》

管理数字化与精益化创新型人才培养系列教材编委会

2020 年 8 月

前　言

协同管理软件作为 21 世纪新兴的企业级管理软件，已经逐步成为继 ERP 软件之后重要的企业管理软件之一，是企事业单位及政府机构实现信息化运营管理的重要工具。随着新一代信息技术的发展和企业数字化转型升级速度的加快，协同管理软件开始向平台化、移动化、云化、智能化等方向发展，成为企业、政府统一的工作入口和运营平台。

协同 OA 作为主流的协同管理软件，由于其在提升工作效率、规范工作流程、增强组织绩效等方面的应用价值，在企业信息化管理中得到广泛应用。但是协同 OA 的应用不仅是一个软件的应用，作为信息化管理工具，协同 OA 融合了企业的协同管理、流程管理、人力资源管理、知识管理等管理思想。如果只介绍软件的功能和操作，学生难以真正理解软件的作用和价值，而单纯地介绍理论知识，难免枯燥，学生理解比较困难。为了解决这个问题，本书采用"工学结合、理实一体"的教学方法，从企业的实际管理需求出发，构建知识体系，再通过软件的应用，实现管理需求，从而体现"理论-技术-应用"一体化的教学思路。本书本着实用、够用的原则，对教学内容进行了合理的取舍。

本书基于企业工作过程进行设计，采用"项目化教学"的理念，以致远 A8 系统为工具，以一个企业完整的运行案例为载体，将协同 OA 项目规划与实施、协同 OA 系统应用的过程合理地分解为多个任务，并将协同 OA 系统的相关理论与项目任务相融合，学生可通过项目导入与项目分析理解企业的管理需求，通过理论学习构建知识体系，通过应用实践掌握操作技能。结合教学需要，本书的内容由浅入深、循序渐进，让学生在实际业务场景的模拟实践中逐渐深入理解协同 OA 系统的管理理念和方法，同时熟练掌握管理软件，从而将理论和实践有机结合。

本书共九个教学项目。项目一主要介绍协同管理与 OA 系统，包括协同管理、协同管理软件、协同 OA 系统的基本概念。项目二主要介绍协同 OA 项目规划与实施。项目三至项目八主要介绍协同 OA 系统的基础应用，包括系统管理、协同工作、表单应用、应用定制、知识管理和门户管理的相关知识与应用。项目九作为拓展应用，主要介绍 OA 系统集成。

现将本书与人邮学院的配套课程使用方法介绍如下。

1．读者购买本书后，刮开粘贴在书的封底上的刮刮卡，获取激活码（见图 1）。

2．登录人邮学院网站（www.rymooc.com），使用手机号码完成网站注册（见图 2）。

3．注册完成后，返回网站首页，单击页面右上角的"学习卡"选项（见图 3）进入"学习卡"页面（见图 4），即可获得慕课课程的学习权限。

图 1　激活码

图 2　人邮学院首页

图 3　单击"学习卡"选项

图 4　在"学习卡"页面输入激活码

4．获取权限后，读者可随时随地使用计算机、平板电脑及手机进行学习，还能根据自身情况自主安排学习进度。

5．书中配套的教学资源，读者也可在该课程的首页找到相应的下载链接。关于人邮学院平台使用上的任何疑问，可登录人邮学院咨询在线客服，或致电：010-81055236。

本书的项目一、项目二由常州信息职业技术学院的宋卫编写，项目三至项目七由常州信息职业技术学院的文瑛编写，项目八、项目九由常州协众信息技术有限公司的查梦娜编写。同时，常州协众信息技术有限公司的王建伟对本书的编写给予了大力的支持和协助，在此表示衷心的感谢。本书以致远 A8 软件作为教学平台，该软件的版权属于北京致远互联软件股份有限公司。

由于编者水平有限，本书难免存在疏漏之处，敬请广大读者批评指正。

编　者

2021 年 5 月

目 录

项目一
协同管理与 OA 系统

项目导入

人类在改造自然的过程中，不断创造、拓展和利用信息的范围和形式，逐渐形成并加强了人与人、人与自然的连接。人类迄今经历的 6 次信息技术变革，大大地推进了人与万物连接的过程。语言的产生是人类的第一次信息技术变革，它使得人与人可以通过某些共同的信息连接思想、达成共识。第二次信息技术变革是文字的创造和使用，它使得人与人之间的连接突破了时空的限制。第三次信息技术变革是造纸术和印刷术的发明，它使人类文化传播上升到批量阶段，推动人类信息大量生产、规模复制、加速交流和广泛传播。第四次信息技术变革是电信传播技术的发明，由此开始，信息载体变成电磁波，通过电话、电报和电视，人类历史上第一次克服空间的障碍达到通信的目的，实现了信息传递的"实时化"。第五次信息技术变革是计算机的诞生，它使信息的收集、处理、存储、传递、应用更加快捷，机器开始具有类似人的记忆、思考、决策能力，人类可以把自己的经验在一定程度上转移到机器中，并产生了人工智能。第六次信息技术变革中，互联网被发明并广泛应用，人类开始全方位和世界进行连接。不仅是人和机器，一切事物都可以通过网络连接，万物互联不仅实现了信息的广泛连接，而且还彻底颠覆了传统的生产、经营、管理活动，让人们改造自然的一切行为都可以通过互联网实现和优化。

我们正处于一个高度互联的时代。互联网极大地改变了传统生活、经营方式，让我们享受便捷的同时也不断创造新的机遇、新的经济形态。"互联网+"代表一种新的经济形态，充分发挥互联网在生产要素配置中的优化和集成作用，将互联网的创新成果深度融合于经济社会各领域中，提升实体经济的创新力和生产力，形成更广泛的以互联网为基础设施和实现工具的经济发展新形态。

项目分析

在"互联网+"时代背景下，组织边界被打破，产业链被重组，价值链被再造，商业模式被颠覆。在经济领域，互联网改变了工业时代原有的价值链条和产业格局，创造了全新的产业生态和经济模式。在社会领域，互联网去中心化、扁平化、自组织的特性，创造了新的组织方式和组织形态。互联网将引发工作思维、工作方式的广泛、深刻变革，从而推动传统产业的创新和升级。

过去经典的管理理论及传统的管理软件正经受着前所未有的挑战。在全新的商业生态环境下，企业如何快速地对复杂的市场需求做出反应，如何最大限度地发展和利用客户关系，如何提升各种业务流程的效率，如何成功管理与业务伙伴共有的资源与关系，如何利用更广泛的商业生态系统打造新一代产品、服务和商业模式，都对企业管理提出了更高、更广和更深层次的要求。

无论是外部环境因素的影响，还是内在管理变革的动力，企业都需要一种更高效的"沟通协作"系统来更有效地管理、建立人和团队基础上的交流与互动，全方位地整合和优化企业的信息资源，更灵活地调整运营管理模式，驱动业务创新和管理变革，最终达到科学管理和提升企业核心竞争力的目的。

项目知识点

"互联网+"时代的企业运作模式，社会协作理论，协同论，协同管理，企业信息化，协同管理软件，协同 OA 系统。

项目技能点

初步具备协同管理的思想意识，理解协同管理的管理理念和应用技术。

【任务 1-1】 协同管理认知

任务导读

信息技术的发展带来信息化应用的深入和普及，但信息化发展的进程不仅由技术驱动，还得力于各学科思想理论的驱动。协同管理是管理学、社会学、经济学、技术哲学等多学科思想交叉创新的结果，它为现代企业提供了新的管理支撑点。

要整合企业的各种资源并打造高效和协同的运作体系，需要理解"互联网+"时代下企业的组织管理、运营管理所面临的变革，传统企业互联网转型的挑战，协同管理的思想源流，协同管理理念与内涵。

任务实施

▶▶▶ 一、"互联网+"时代企业的变革

1. 工作方式的变革

工作是一种"一起做"的协作行为，"一起做"的前提是"同时共现"，即在相同的时间或时间段里在相同的地方做同样的事情或者做一件事情的不同部分。这就局限了人们的工作场所，因为要对相同的物料进行操作，还要进行沟通和协调。过去我们要在工厂、办公室，要在物料所在的场所才能工作，工作时间也有限制，如朝九晚五、早晚班这样的时间安排。

现在，由于互联网的出现，我们随时随地可以连接到工作网络中，当我们的工作对象、工作成果、工作载体在很大程度转变为信息形态时，我们的工作行为就脱离了物料场所的限制。互联网解决了工作的"同时共现"问题，使人类协作达到前所未有的程度。人与人以及人与组织之间的信息协作，已经实现了移动、泛在、互联式的工作——在任何地点，以任意方式，与任意需要的人和信息互连并协同工作。

信息技术从根本上改变着人们的生活和工作方式，甚至也改变着人们的思想，改变着人们看待世界的角度和处理问题的方式。由于生活变得繁复和快节奏，人们开始以更小的时间片段来做不同的事情、思考不同的问题，分时地处理不同类型的事务或任务。微信、微博、微阅读、微视频，这些碎片化的生活方式改变了个体行为，同时也改变着人类的生产关系和协作效率。

社交的本质是关系的建立和交往的存续，人们的社交圈通过互联网伸展到全世界，社交化意味着人与人及人与组织关系的重建和改造。人们对社交、尊重、自我实现的需要迅速增长，组织不再有中心，社群之间交叉融合。在互联网社会里，每一个人重新以自我的感受、判断和价值观去创造与其他人的连接、沟通和交互。人的社会化特性发挥得淋漓尽致，远远超越了有限时空共现的交往限制。建立在工作关系之上的工作社群，是为了分享他们在做什么工作、如何做好工作。社群交往让工作变成一种为了共同目标进行社会化交互的协作行为。社交化重新定义了工作，因为它对工作的效率和创新产生了巨大影响。

面对跨越时空界限、碎片化、社交化的工作情境，企业需要一个新的支点，支撑新的工作方式，加强组织行为管理，实现企业的人和资源的移动、互联、泛在式的配置和运营。

2. 组织结构的变革

企业在传统工业经济时代，在组织设置上，主要考虑的是要善于利用大规模机器生产和流水线的效用，充分取得其产生的规模经济效益，强调建立大型组织；在管理方式上，则强调按管理幅度划分管理层次，按管理职能设置管理部门；在管理内容上，注重对各部门人员和物流的严密控制，强调对各部门资本运作的预算管理。因此，随着组织的逐步扩张，形成一种自上而下、层级分明、金字塔形的管理组织结构。在这种组织结构下，决策高度统一，但却容易产生官僚主义，脱离市场实际；分工细致、明确，但部门各自为政，管理效率低下；部门多，层级多，等级森严，难以变通；部门之间职责不清，如果业务涉及多个部门，容易出现衔接不畅、信息传递慢、协作困难等问题。

在"互联网+"时代，组织管理更人性化：组织扁平化和网络化已成现实，管理去中心化成为趋势，协同方式柔性化及项目化盛行；员工的自主管理空间大大增加，要求企业的组织管理人性化，充分尊重员工，释放员工的主动性，从内心激发他们创新的欲望。组织结构更动态化：人际关系不再以部门为线条进行割裂和固化，而是按照项目、任务甚至是兴趣爱好，聚合成一个个社群，通过内部社群建立虚拟人际平台，自由开放地表达与分享，实时地无边界交流和互动。管理技术数字化：大数据使"智能 HR（Human Resources，人力资源）"成为可能，尽可能地实现一切过程留痕迹、一切管理有工具、一切评估数量化、一切决策靠系统。学习方式网络化：去权威化、多元主体参与，即时互动的学习交流社区成为新的知识管理形态。全新模式下的信息和知识的传播分享、问题的研讨与解决、思维方法的碰撞与融合，加快了学习型组织的建设。

"互联网+"时代的组织要建设成倒金字塔结构，如图 1-1 所示。知识与信息必须在员工与管理层之间进行双向流动。倒金字塔组织结构要求企业高层管理者为员工发展创造有利条件，悉心听取基层员工提出的建议，做出更加及时、有效的企业决策。企业应更加注重人性化管理，充分尊重、信任每一名员工，激发企业内部员工的动力，使他们释放更强大的活力，最终借助移动"互联网+"实现碎片化、移动化、系统化和随时随地管理。

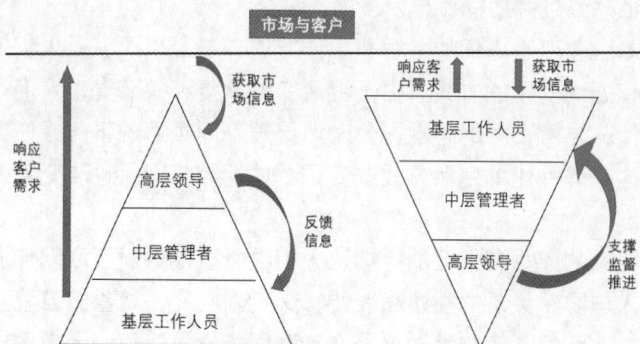

图 1-1　金字塔和倒金字塔组织结构

3. 运营模式的变革

与工业时代相比，"互联网+"时代企业的业务架构，包括企业的运作逻辑、运作法则、时间规则、空间法则、分工法则、决策模式和发展模式等，发生了巨大的变化，如表 1-1 所示。

表 1-1　工业时代和"互联网+"时代企业的业务架构

逻辑/法则/模式	工业时代的业务运作	"互联网+"时代的商业运作
运作逻辑	以企业为中心，企业内部以科层制组织结构进行管控，企业间是供应链主导的价值链	以用户为中心，企业内部以组织社区化进行管控，企业间通过价值链协同
运作法则	产品设计、生产到销售都遵循标准化法则	以用户为中心的个性化法则，将用户整合进销售、设计与生产过程，真正做到个性化
时间法则	流水线的节奏，统摄了工作和生活的节奏	弹性化、个性化的工作、学习和生活安排
空间法则	高度集中的工作、生活和学习，高度细分的专业分工	实体空间中相对分散的工作、生活和学习，实体与虚拟空间组成全新的空间
分工法则	分工相对单项化、片面化和固化，在分工基础上协作困难，生产与销售分离	分工多元化、动态化，协作更加便利，产销合一，消费者深度参与生产
决策模式	集权式决策，命令式协调，决策权高度集中；计划与执行分离，科层制下的协调与被协调	分布式决策，社会化自发协调，正式组织走向开放化，非正式组织走向普遍化
发展模式	大规模生产、营销，追求大批量、少品种的规模经济，先做大再做强	柔性化的生产与营销，追求多品种、小批量的范围经济，先做活再做强

从企业的具体运营角度来看，"互联网+"时代企业的业务运营转型是一套全方位的解决方案，是以用户为中心、基于大数据和智能制造的系统工程，主要体现在以下 3 个方面。

（1）重塑以用户为中心的运营体系

用户是产品和服务的使用者，在"互联网+"时代，很多产品和服务直接面对最终用户，因此，"互联网+"时代企业竞争力的关键就变成了如何吸引用户，如何满足用户需求，如何通过提高用户黏性不断创造与用户的交互点，把一次性的交易变成持续性的联系。对传统企业来说，价值链是单向、顺序传递的，在线性运营模式下，用户处于价值链的最终环节，最终用户的需求要想传递到企业内部，需要经过漫长的过程，想快速、准确、个性化地满足用户需求往往难以实现。但是互联网技术为"以用户为中心"提供了技术上的可能，使用户可以深度融入企业运作，驱动企业的业务流程变革。

传统企业的线性运营模式将受到巨大挑战，向真正的"以用户为中心"的转型成为必然。而这种转型将通过横向和纵向的无缝整合来实现：横向应用互联网技术，从用户需求到产品设计、制造、物流和服务，实现整个全流程供应链体系的整合；纵向通过物联网技术，从企业到工厂再到车间，最后到每一台设备、每一个人，统统连接为一体。建立以用户为中心的业务模式，首先要取消中间商、渠道商等一系列中间环节，同时还意味着企业内部组织结构的重新构建，才能真正做到快速响应用户的需求。

（2）以数据驱动决策和业务创新

大数据环境下，数据的价值大大提升，数据成为继财务资产、人力资产和知识资产后企业的第4种资产。当一个企业的运营基于数据驱动时，它在这个时代就赢得了速度，也赢得了更加精准、更加个性的对用户需求的满足，更加个性的对员工的关怀，成为"数据驱动的企业"。

数据驱动本质上就是用数据来决策。大数据时代，由于数据的完整性和及时性得到大大提升，通过技术支撑可以以恰当的方式实现随时随地为人们提供信息和全新洞察力。个性化感知和响应、高级计划与预测能够把大数据变成宝贵的信息，从而对企业的决策机制带来巨大影响。

利用大数据技术，构建采集、筛选、存储、分析和决策系统，对企业的业务发展、用户需求和商业机会进行预判，制订出面向未来的决策，成为"互联网+"时代企业塑造核心竞争力的关键。在社会化媒体中发掘用户的真正需求，在大数据中挖掘员工和社会公众的创造性，将决策过程从"被动式"转为"预判式"。

因此，通过构建以数据驱动决策和业务创新的商业模式，企业可以从数据出发，建立结构完备、组织有序、可扩展的数据资源体系，支持跨部门、跨地区资源共享和业务协同，实现业务创新。

（3）以智能制造快速响应用户需求

智能制造是指在现代传感技术、网络技术、自动化技术及人工智能的基础上，通过感知、人机交互、决策、执行和反馈，实现产品设计过程、制造过程和企业管理及服务的智能化，是信息技术与制造技术的深度融合与集成。智能制造是制造业发展的必然趋势，是传统产业转型升级的必然方向。以人机一体、人工智能和智慧制造为核心的新一代机器人及制造技术正悄然推动新一轮工业革命。

智能制造的实现是基于互联网技术的渗透和应用，在互联网、物联网、云计算和大数据等信息技术的强力支持下，智能工业企业可进一步地进行更大跨度的资源集成，方便地实现远程定制、异地设计、协同生产、就地加工与服务。这不仅使产品制造模式由批量生产向面向用户需求的定制化、个性化制造模式转变，同时，企业的生产组织模式、商业模式与服务模式等均发生根本性变化，企业可在有效提高产品服务质量的同时进一步降低产品成本，减少资源消耗。

"互联网+"产生无处不在的连接。连接代表"互联网+"的精神，可最终解决信息和用户之间的不对称性。例如，滴滴打车、大众点评这样的企业，它们创建了以前从未有过的数量庞大的连接，让人、服务、设备都成为其中的连接点，使整个社会的效率变得更高。冲破时间与空间的束缚，用户、员工、伙伴、供应商、经销商的点对点交流变成常态，用户成为企业的中心；企业正从传统的树状结构向网状结构进化，为每一个人提供实现自我的互联平台，企业内每一个人的工作都能以自身为中心来运转，同时也时刻以他人为中心来转动，企业的关系发生深刻重构；企业的竞争力越来越取决于它是否能够与各种外部资源和节点进行连接、整合和协作，并创造最大的整体利益。全球范围内各种企业正在创造更多、更深层次的连接，从而催发巨大的网络效应，而各个企业如何利用这种效应，将从根本上决定市场竞争格局。

小贴士

智能制造

广义的智能制造概念包含了5个方面：产品智能化、装备智能化、生产方式智能化、管理智能化和服务智能化。

产品智能化。产品智能化是指把传感器、处理器、存储器、通信模块、传输系统融入各种产品，使产品具备动态存储、感知和通信能力，实现产品的可追溯、可识别、可定位。

装备智能化。装备智能化是指通过先进制造、信息处理、人工智能等技术的集成和融合，形成具有感知、分析、推理、决策、执行、自主学习及维护等自组织、自适应功能的智能生产系统以及网络化、协同化的生产设施。

生产方式智能化。生产方式智能化是指个性化定制、极少量生产、服务型制造以及云制造等新业态、新模式，其本质是重组客户、供应商、销售商以及企业内部组织的关系，重构生产体系中信息流、产品流、资金流的运行模式，重建新的产业价值链、生态系统和竞争格局。

管理智能化。管理智能化的核心是智能决策，随着纵向集成、横向集成和端到端集成的不断深入，企业数据的及时性、完整性、准确性不断提高，人工智能技术的应用不断成熟，这必然使企业的管理与决策更加准确、更加高效、更加科学。

服务智能化。服务智能化是指实现线上与线下（Online To Offline，O2O）并行的服务，一方面是传统制造业不断拓展服务，另一方面是从消费互联网进入产业互联网。消费互联网是为了满足消费者在互联网端的消费需求，产业互联网则是服务于生产的互联网，主要以生产者为主体，实现所有行业、企业、生态链关系和企业迭代周期的互联网化。

▶▶▶ 二、企业管理中的协同思想

1. 协同

协同，是指协调两个或者两个以上不同资源或者个体，使它们一致地完成某一目标的过程或者能力。人们在研究人与自然、人与人乃至整个宇宙协调发展的问题时，都必然涉及协同。世间万物尽管千差万别、气象万千，但协同现象普遍存在。协同现象从宏观层面可以分为自然协同现象和社会协同现象两大类。

自然协同现象随处可见，主要表现为自然界中的各种协同行为，如在水、土壤、阳光的协同作用下产生的各种植物生态群落，由于生存需要形成的动物群落，蜜蜂、蚂蚁的筑巢和群体觅食行为，宇宙演化、各星系的形成和运动，以及在漫长的地质演化过程中，由于各种动植物残骸、矿物质、菌类及空气等发生聚合反应，形成的石油、天然气等各类矿产资源等，这些都是自然协同现象。

人类社会历史发展过程本身就是协同发展的过程。家庭、部落、企业、军队、学校以及各种社会组织等都是人们基于行为活动的目的而协同组建的结果。通过协同，人们可完成一个人无法完成的大规模的工程，也可以由多人分割完成一项工程的各个部分，并由此达到简化工作复杂度、提高工作效率的目的。例如，令现代人叹为观止的世界人文奇观——埃及的金字塔、中国的万里长城和都江堰等巨大工程的建造，就是典型的社会协同现象。

在企业管理中，协同现象也比较常见，如企业为实现规模经济带来的成本降低和资源充分利用而在各主要行业内部进行的收购兼并，为达到对信息流、物流和资金流的控制而将供应商、制造商、分销商、零售商，直到最终用户连接成一个整体的供应链，为获取互补性资源、达成产品阶段性目标和提升竞争优势而结成的企业联盟，以及为提升以地区为基础的企业生产率和促进企业创新而形成的产业集聚和商业生态圈等。另外，还有企业生产过程中的企业资源计划（Enterprise Resource Planning，ERP）、准时制生产（Just In Time，JIT）、制造执行系统（Manufacturing Execution System，MES）等，这些协同现象都属于企业管理中的协同现象。

人们对企业管理中关于"协同"的认识是一个逐步深化的过程。早年的企业管理中，管理者注重的是生产劳动过程的分工与协作，将产品的生产过程分解成多道工序，再将这些分解工序在不同的劳动者手中或在不同的时间进行，从而形成多种劳动要素的协作。

随着生产力的提高、生产规模的扩大，管理者仅仅考虑生产劳动过程的分工与协作显得不够精细，因此，需进一步考虑在分工与协作的基础上如何提高劳动效率和节约劳动消耗，一是要求各分工要素在时间上很好地衔接，二是要求各分工要素量的搭配更加合理，从而引发管理的协调需求。

近年来，由于市场的全球化、社会需求的不断变化，科技与生产的相互快速促进，仅靠效率已经不能满足企业的管理和战略需要。因此，企业管理者更加关注企业与市场的互动、企业内部各要素的相互作用以及企业能创造的新增长和企业状态，企业之间供应链的形成，企业文化、企业创新氛围等，这些都体现了企业管理的协同特征。

2. 社会协作理论

社会协作理论的创始人是美国的切斯特·巴纳德。巴纳德是一位优秀的企业管理者，还是一位出色的钢琴演奏家和社会活动家。1938 年，他出版了《经理人员的职能》一书，此书被誉为美国现代管理科学的经典之作。1948 年，他又出版了另一本重要的管理学著作——《组织与管理》。

巴纳德的"社会协作理论"认为组织是一个复杂的社会系统，应该把组织作为协作的社会系统来研究，从社会学角度分析管理问题。主要包括以下 4 个方面。

（1）组织的概念。组织是一个有意识地对人的活动或力量进行协调的体系，其中最关键的因素是经理人员。正式组织是指有意识地协调两个以上的人的活动的体系。这个定义适用于各种形式的组织，从企业的各个部门或子系统到由许多系统组成的整个社会。

（2）组织的要素。任何正式组织的协作系统都包含了3个基本的要素：协作的意愿、共同的目标和信息沟通。

（3）正式组织与非正式组织。所有的正式组织中都存在非正式组织。正式组织是保持秩序和一贯性所不可缺少的，而非正式组织是提供活力所必需的。两者是协作系统中相互作用、相互依存的两个方面。所有的协作行为都是物的因素、人的因素和社会因素等的综合体。

（4）组织效力与效率。组织效力是指组织实现其目标的能力或实现其目标的程度，组织具有较高的效力是组织存在的必要前提。组织效率是指组织在实现其目标的过程中满足其成员个人目标的能力和程度，组织效率是组织的生存能力。一个组织由相互协作的许多人组成。个人可以对是否参与某一协作做出选择。个人参加组织协作，是为了实现那些他们单独做时实现不了的目标。如果协作是成功的，达到了组织的目标，这个协作系统就是有效力的；如果组织成员个人动机或目标得不到满足，他们就会认为组织是没有效率的，从而会停止贡献力量甚至退出该组织。

巴纳德提出经理人员的职能主要有3项：建立和维护一个信息沟通系统；从不同的组织成员处获得必要的服务；规定组织的共同目标，并用各部门的具体目标来加以阐明。由此可知，巴纳德提出的"协作系统"形成的根本原因是要素间相互作用的思想，除了包含协作本身以外，也试图去探究协作的机理。

3. 管理的协调观

协调的主要特征是在集合个别劳动要素的基础上，进一步考虑这些劳动要素在时间上和数量上的配合，从而实现资源和效率的最大化。管理过程学派创始人、法国著名管理学家亨利·法约尔在《工业管理与一般管理》一书中将企业经营的全部活动分为以下6个方面。

（1）技术活动，如生产、制造、加工、设计等。

（2）商业活动，如购买、销售、交换等。

（3）财务活动，如筹集和适当利用资本等。

（4）安全活动，如保护财产和人员等。

（5）会计活动，如财产清点、资产负债表编制、成本计算、统计等。

（6）管理活动，如计划、组织、指挥、协调和控制等。

法约尔提出的管理活动的五要素实际上就是管理的5种职能，并形成一个完整的管理过程。

（1）计划，是指探索未来，制订行动方案。计划是法约尔着重强调的一个要素。他认为制订计划需要组织中所有人的共同参与，一个良好的计划应该具有统一性、连续性、灵活性和精确性等特点。

（2）组织，是指建立企业物质和社会的双重结构。组织包括有关组织体系，结构框架，活动内容与规章制度，职工的选拔、任用、奖惩、培训等。组织可以分为物质组织和社会组织。法约尔还认为组织中的管理人员要具备健康的体魄、旺盛的精力、良好的道德品质、教养、管理能力和一般业务知识这6种才能和条件。管理人员的素质和首创精神决定了组织的效率。对职工培训方面他主张注重管理培训，减少技术培训。

（3）指挥，简单地说就是使员工发挥自身潜力的一种领导艺术。法约尔认为指挥人员应具备8个条件：①对自己的手下人员有深入的了解；②淘汰不胜任的人；③制订约束企业和员工的合同；④树立榜样；⑤定期检查账目；⑥召集主要助手参加会议以便统一指挥和集中精力；⑦不要把精力浪费在细节琐事之中；⑧要使员工拥有团结努力、勇于创新的工作精神。

（4）协调，即调动一切可以联合的力量实现组织目标，使企业的一切工作都和谐进行并且相互配合。法约尔认为应从3个方面对协调进行分析：①各个部门的工作是否与其他部门协调一致；②各个部门对自己应承担的责任和彼此之间的义务是否明确、清楚；③各个部门的计划是否做到随时间和其他情况的变化而有所调整。

（5）控制，即根据制订的方案、规定的原则和下达的命令检查企业的各项工作是否与之相符，目的在于及时纠正工作中出现的缺点和错误，避免再犯。为了有效控制，控制活动必须马上执行，并伴以适当的奖励和惩罚。由于工作性质和对象的不同，控制应采取不同的方式。

在法约尔看来，协调是一种平衡行动，它使支出和收入相等，使设备适合于实现生产目标，以及确保销售和生产之间的协调一致。协调的管理观点对现代管理理论及方法起到了极其重要的作用，企业生产管理中的均衡生产、流水生产线的组织、准时制生产等，充分体现了协调的特性，而组织部门中的配合、组织中的人际关系也都强调协调的观点。

4. 协同论

协同论也称"协同学"，是20世纪70年代以来在多学科研究基础上逐渐形成和发展起来的一门学科，是系统科学的重要分支理论。协同论主要研究远离平衡态的开放系统在与外界有物质或能量交换的情况下，如何通过自身内部协同作用，自发地形成时间、空间和功能上的有序结构。

协同论的创立者是著名物理学家赫尔曼·哈肯。1971年哈肯提出协同的概念，认为自然界存在各种各样不同时间、空间跨度的系统，结构千差万别，尽管其属性不同，但在整个环境中，各个系统间存在相互影响而又相互合作的关系，同时也存在一系列不稳定与稳定的相互转换，其中包括平常的社会现象：不同单位之间的相互配合与合作，部门间的相互协调，企业间的相互竞争，系统中的相互干扰和制约等。

哈肯编写的《协同学导论》中建立了协同论的理论框架。协同论原理认为，一个系统从无序走向有序，不在于系统现状的平衡与否，也不在于系统离平衡态有多远，而在于系统内部各子系统之间通过非线性的相互作用，从而产生有序的、有一定功能的自组织结构，合作和竞争决定着系统从无序到有序的演化过程。

协同论揭示了自然界普遍存在的有序、无序及其相互转化的基本规律，将有序与无序统一起来，强调系统各要素之间、要素与系统之间或系统与环境之间都存在"协同作用"，即合作、同步、协调、互补。协同产生有序，否则，产生无序。系统呈现有序状态，会使各种力量汇集起来，形成一股强大的合力，产生"1+1＞2"的整体功能；反之，如果系统呈现混乱无序状态，会使各种力量相互排斥或抵消，发挥不了整体功能。

协同论的主要内容，可以概括为3个方面。

（1）协同效应

协同效应是指由于协同作用而产生的结果，是复杂开放系统中大量子系统相互作用而产生的整体效应或集体效应。协同作用是系统有序结构形成的内驱力。任何复杂系统，当在外来能量的作用下或物质的聚集态达到某种临界值时，子系统之间就会产生协同作用。这种协同作用能使系统在临界点发生质变从而产生协同效应，使系统从无序变为有序，从混沌中产生某种稳定结构。

（2）伺服原理

伺服原理用一句话来概括，即快变量服从慢变量，序参量支配子系统行为。它从系统内部稳定因素和不稳定因素间的相互作用方面描述系统的自组织过程。其实质在于规定了临界点上系统的简化原则——快速衰减组态被迫跟随缓慢增长组态，即系统在接近不稳定点或临界点时，系统的动力学和突现结构通常由少数几个集体变量即序参量决定，而系统其他变量的行为则由这些序参量支配或规定。

（3）自组织原理

自组织是相对于他组织而言的。他组织是指组织指令和组织能力来自系统外部，而自组织则指系统在没有外部指令的条件下，其内部子系统之间能够按照某种规则自动形成一定的结构或功能，具有内在性和自生性特点。自组织原理解释了在一定的外部能量流、信息流和物质流输入的条件下，系统会通过大量子系统之间的协同作用而形成新的时间、空间或功能有序结构。

按照协同论的思想，协同的实质在于强调事物或系统在发展过程中其内部各要素或各子系统之间保持合作性、集体性的状态和趋势，它强调整合、协作的一致性和和谐性，以及在某种模式的支配下事物或系统产生不同于原来状态的质变过程。

协同包括两层含义：一是事物或系统内部各要素之间的相互配合；二是事物或系统状态的转化过程是其内部各要素之间相互作用而产生质变的过程。

协同有助于整个系统的稳定和有序，能从质和量两个方面放大系统功能，创造局部所没有的整体功能。协同系统是由许多子系统组成的、能以自组织方式形成宏观的空间、时间或功能有序结构的开放系统。

协同论的思想被管理学理论吸收，管理学理论认为协同是现代管理发展的必然要求，协同论的方法可以应用于社会群体和企业组织的管理，并可为组织的演化研究提供新的途径和方法。如果一个管理系统内部齐心协力地运作，那么就能产生协同效应。反之，如果相互掣肘、离散、产生冲突或者摩擦，就会造成整个管理系统内耗增加，系统内各个子系统难以发挥其应有的功能，致使整个系统陷入一种无序的状态。

▶▶▶ 三、协同管理理念

1. 协同管理的内涵

关于协同管理的概念，由于研究的背景、目标及层次不同，国内外研究人员尚未达成统一的意见。

从系统学角度来看，协同管理就是通过对有若干子系统组成的系统进行时间、空间和功能结构的重组，产生一种具有"竞争-合作-协调"的能力，其效应远远大于各个子系统产生的效应之和。这里所说的时间结构、空间结构和功能结构就是自组织，这种自发形成有序结构的机制，就是"竞争—合作—协调"协同机制。

如果我们把企业自身看作一个系统，企业的每一个员工、每一项任务、每一个资源都紧密关联，只有整体协调配合才能发挥最大的效益。企业是众多业务单元的组合，将采购、生产、营销、管理等各个分散的活动单元协同起来，就能创造大于各部分简单加和的企业价值。

如果我们把企业之间形成的供应链看作一个系统，供应链管理的本质是跨企业的协同管理，它包括整个供应链中所有上下游企业的信息共享和业务协作，减少供应链中各个环节的无效作业，就能为企业产生增值。企业的协同管理应该涵盖企业供应商、分销商、业务伙伴及客户在内的整条价值链，通过价值链上下游各成员的信息共享和对资源、技术、制度等要素的协同实现高效而紧密的协作，通过与企业上下游合作伙伴的关系协同，达到以敏锐的洞察力和快速的反应力应对瞬息万变的市场的目标。

在"互联网+"时代，企业的生产管理与商务决策将依赖于社会媒体、网络群体、上下游合作企业以及竞争对手所构成的"网络生态系统"。对于网络生态系统而言，企业的协同管理需要从供应链向价值链，进而向网络生态链转变。通过构建企业的社会化生态，通过整合利用社会资源，实现创新的营销、生产和服务。

杜栋在《协同管理系统的理论与应用》一书中提出：协同管理是指运用协同论原理，通过建立"竞争—合作—协调"的协同机制，把系统中价值链形成过程中的各要素组成一个紧密的"自组织"体系，共同实现统一的目标，是系统利益最大的管理体系。我们可以从以下6个方面理解协同管理的内涵。

（1）协同管理以系统为研究对象，协同论是协同的理论基础。

（2）"竞争—合作—协调"的协同机制是协同管理的重要特征。企业的人员、组织机构、业务单元之间相互依赖、相互作用才能协同完成复杂的业务处理和企业目标。同时，为了获得更大的支持和发展空间，避免被淘汰，人员、组织机构和业务单元之间也是相互竞争的。"竞争—合作—协调"的协同机制引导个体、组织机构和业务单元发挥更高的积极性，总体上提升整个企业的效能。

（3）由于组成系统的各子系统具有不同的目标，地理上分散、组织上独立，甚至是为了实现某个任务组成的临时系统，所以，协同管理必须通过建立自组织的运行机制，自发形成有序的结构，实现自我完善和发展。

（4）价值链的形成过程不是一些独立生产经营活动的集合，而是一些相互依赖的活动，而这些活动不断突破组织的边界，从企业内部延伸到供应链、产业链，甚至网络生态链，是企业竞争的基石。

（5）价值链要素包括各种增值活动，如营销、设计、制造、检验、后勤供应、服务等，也包括进行各种增值活动所需的各种生产要素，如人力资源、材料、设施、成本、工作单元等。

（6）协同管理的目标是利用系统中各子系统的各种优势，依靠内外部各种资源的协同配合，高效、灵活地满足目标群体的要求，最终实现系统整体利益最大化。

企业的核心竞争力源自企业对内外部资源的有效利用，协同管理通过对它们之间的关系进行协调，应用系统的观点，在整个系统价值最大化的基础上发挥各项资源的作用，使资源的运作产生协同效应，从而打造企业的核心竞争力。

2. 协同管理与传统企业管理的比较

与传统企业管理相比，协同管理在理论和思想、处理问题的方法及对待问题的角度上有很大的不同。

（1）传统企业管理的理论和思想建立在高度的专业化分工和僵化的科层制组织基础上，

强调分工的重要性而对整体重视不足；而协同管理则突出强调要素间协同、配合的思想。

（2）传统企业管理注重企业所需资源或要素的寻求，认为企业只要拥有资源优势，就可以在激烈的市场竞争中获得竞争优势，往往忽略了企业环境的变化；而协同管理不仅注重企业的自身资源优势，还关注企业与环境变化的关系，即把企业与环境协同起来。

（3）传统企业管理强调劳动分工和专业化的思想，企业经营、技术、管理等方面的界限比较明显；而协同管理则重视系统协同的思想，如研发、生产、营销以及服务过程的协同，把企业的各项活动作为"价值链"来研究。

（4）传统企业管理强调企业内部如人、财、物、技术等各项资源的合理配置和有效利用，研究范围更多关注企业内部；而协同管理不仅重视企业内部资源的优化配置和合理利用，而且重视企业外部资源的充分利用，重视把企业的内外资源结合起来纳入协同范畴，虚拟企业的组织形式是典型例证。

（5）传统企业管理的适应能力是一种无"自组织"的适应市场变化的能力；而协同管理的适应能力是有"自组织"的适应市场变化的能力。

（6）传统企业管理的市场条件相对稳定，可以预测；而协同管理的市场条件是快速多变、难以预测的。

（7）传统企业管理的组织特点是僵化的职能界限，有计划地学习；而协同管理的组织特点是"自组织""自学习""自协调"。

3. 协同管理的特征

从上述对协同管理内涵的描述和与传统企业管理思想的比较中可以看出，协同管理是将协同的观点、原理、思想等作为指导思想的管理理念，具有以下特征。

（1）目的性。协同管理追求的中心目标是"1+1>2"的协同效应，其本质要求是实现系统要素的优势互补、聚合放大和功能倍增，而实现这一目标则要求协同管理的各要素按照一定的协同方式相互作用、协调、同步，产生主导系统发展的序参量，从而支配系统向有序方向发展，使系统的整体功能最强，产生协同效应。

（2）整体性。从对协同管理内涵的描述中可以看出，实现协同管理要对各种管理要素进行整合，并综合运用各种不同的方法、手段促使组织系统内部各子系统或要素发挥适当的作用，相互合作和协调以实现一致和互补。这本身包含整体优化的思想，而且通过对不同方法、手段的应用，以一种能充分发挥各个管理要素的优势最终实现整体优化的目的。

（3）非线性。协同管理要实现协同效应，组织系统各要素之间要有较强的相互联系，它不是协同各要素功能的简单加和，而是通过各要素之间协同运作发挥整体功能的结果。组织系统各要素之间的相互联系和作用是复杂的，表现出丰富的层次和交叉的因果性。例如，生产系统与采购系统、销售系统、售后服务系统等子系统之间的相互联系和作用，生产系统内部的人员、机器设备、原材料之间的多维联系和作用等，都体现了层次性、多维性和互为因果性。

（4）互动性。协同效应只靠单个要素难以实现，它需要各种管理要素进行相互配合、相互促进的互动，通过这种互动产生系统的波动和系统状态新的变化从而实现协同效应。组织中经济效益的良性循环，人的工作态度和工作效果，企业品牌与市场的信任等常常表现出互动性。

（5）支配性。协同管理的支配性特征表现为，管理要素之间协同运作产生管理序参量，管理序参量又支配整个系统的发展，促使其他管理要素参与系统统一的整体行为，进而使系统走向一种新的有序状态。因此，在企业管理的过程中要审时度势，通过管理序参量的控制，使企业有序、稳定运行。

（6）同步性。协同管理的同步性强调协同过程中要素的配合在时空上是同步的。时间上的同步性要求协同要素紧密衔接，遵循共同的时间参考。例如，准时制生产中要求前后相邻工序在时间上要平行、同步进行，并且前后相邻工序的生产率要相等或接近。如果前后相邻工序没有同步进行，无论它们开始的时间多么一致，也难以实现工序间的步调一致性。空间上的同步性要求协同要素之间协调配合，就好比交响乐队，必须有弦乐、管乐和打击乐等不同部分协调演奏，才能产生美妙的乐章、达到预期效果。协同管理的同步性克服了子系统或要素之间的不协调，使系统形成协调一致的整体运动，从无序走向有序。

任务思考

（1）什么是"互联网+"？列举说明互联网与传统行业结合的实例。
（2）"互联网+"时代下的工作方式有什么特点？
（3）组织结构中的金字塔结构与倒金字塔结构有什么区别？
（4）企业管理的基本职能主要有哪些？
（5）新一代的信息技术包括哪些？列举这些信息技术的应用场景。
（6）如何理解社会协作理论中的组织要素及其关系？
（7）简述协同论的主要内容。
（8）如何理解协同管理？

【任务 1-2】 企业信息化与协同管理软件

任务导读

企业信息化的发展要支撑企业管理的协同与创新，而协同管理软件是协同管理思想和信息技术相互融合的产物。协同管理软件致力于帮助企业建立规范化的管理网络、流程化的管理制度、标准化的管理行为和强有力的执行体系，是企业信息化的基础应用软件。

应用协同管理软件实现企业的协同管理理念，我们需要了解企业信息化的发展过程和协同趋势，掌握协同管理软件在企业信息化管理中的地位和作用、协同管理软件的设计思想和理念、协同管理软件的分类及其应用价值。

任务实施

▶▶▶ 一、企业信息化的协同趋势

1．企业信息化概念

企业信息化是以先进的管理理念为指导，企业在通过生产、经营、管理等各个方面实现

信息技术的应用，对信息资源进行深入开发和广泛利用，以提高企业生产经营、科学决策的效率和水平，并促使企业进行业务流程重组、组织结构优化、管理模式和组织文化变革，从而提高企业经济效益、增强企业市场竞争力的过程。

企业信息化的内容包括产品设计信息化、生产过程信息化、管理决策信息化和商务活动信息化。

（1）产品设计信息化

产品设计信息化是指将信息技术用于产品的设计开发全过程，即在网络和计算机辅助下通过产品数据模型，全面模拟产品的设计、制造、装配、分析等过程。产品设计信息化不仅能大大提高产品设计的效率、更新传统的设计思想、降低产品的成本、提高企业及其产品在市场上的竞争力，还可以使企业建立一种全新的设计和生产技术管理体制，缩短产品的开发周期。

产品设计信息化集成了现代设计过程中的多项先进技术，包括计算机辅助设计（Computer Aided Design, CAD）、计算机辅助制造（Computer Aided Manufacturing, CAM）、计算机辅助工程（Computer Aided Engineering, CAE）、计算机辅助工艺规划（Computer Aided Process Planning, CAPP）、产品数据管理（Product Data Management, PDM）等。随着网络技术的发展和合作设计的需要，网络化协同设计也成为产品设计信息化中的重要内容。

（2）生产过程信息化

生产过程信息化是指将信息技术用于产品的生产制造过程，使制造活动更加高效、敏捷、柔化。在制造过程中采用信息技术，企业可以实现对制造过程的监控和管理，提高加工效率和保证加工精度，完成对复杂大型零件的加工，实现制造过程的自动化、信息化和集成化。

生产过程信息化包括计算机数控技术（Computer Numerical Control, CNC）、柔性制造单元（Flexible Manufacturing Cell, FMC）、柔性制造系统（Flexible Manufacturing System, FMS）、快速成型制造技术（Rapid Prototyping Manufacturing, RPM）、自动化物流技术、数据采集与监视控制（Supervisory Control And Data Acquisition, SCADA）系统、制造执行系统（Manufacturing Execution System, MES）等。

（3）管理决策信息化

管理决策信息化是指通过信息管理系统把企业的采购、生产、制造、财务、营销、经营、管理等各个环节集成起来，共享信息和资源，有效地支撑企业的决策系统，达到降低库存、提高生产效能和质量、快速应变的目的。

企业通过管理信息系统（Management Information System, MIS）、企业资源计划（Enterprise Resource Planning, ERP）、办公自动化（Office Automation, OA）系统、决策支持系统（Decision Support System, DSS）、商务智能（Business Intelligence, BI）技术等，对人、物资、财务、计划、销售、库存等管理信息进行处理，使企业管理决策科学化、信息化。

（4）商务活动信息化

商务活动信息化是指传统商业活动的电子化、网络化和信息化。企业通过供应链管理（Supply Chain Management, SCM）、客户关系管理（Customer Relationship Management, CRM）、电子商务（Electronic Commerce, EC）等，使企业与外部的商务交易实现网络化。

EC是狭义的电子商务概念，集中于电子交易，强调企业与外部的交易与合作，主要是指利用互联网从事商务的活动。广义的电子商务（Electronic Business, EB）涵盖的范围扩大了很多，是指使用各种电子工具进行的商业事务活动。通过互联网，企业内部、供应商、客户和合作伙伴之间，利用电子商务共享信息，实现企业间业务流程的电子化，配合内部的电子化生产管理系统，企业可提高生产、库存、流通和资金等各个环节的效率。

随着电子商务的快速发展，电子商务已不仅仅包括其购物的主要内涵，还应包括物流配送等附带服务。电子商务包括电子货币交换、供应链管理、电子交易市场、网络营销、在线事务处理、电子数据交换、存货管理和自动数据收集系统。

2. 企业信息化的发展阶段

企业信息化是信息技术的一个应用过程，具有阶段性，按照信息技术在企业的应用水平，我们可以将企业信息化大致分为 4 个阶段，如图 1-2 所示。

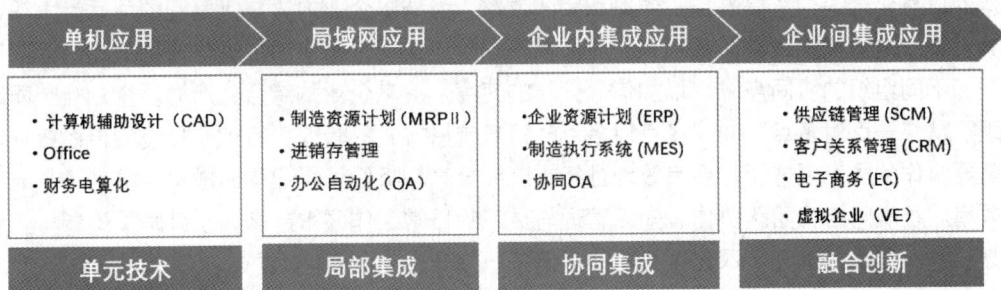

图 1-2　企业信息化内容

第 1 阶段：单机应用阶段。主要是在单独的计算机上采用各种软件来进行工艺设计、报表处理、日常办公活动处理等简单的应用，如企业利用计算机辅助设计（CAD）来进行产品设计、文字处理、电子表格绘制、财务电算化等。这个阶段通过单一工作职能的信息化来提高工作效率。

第 2 阶段：局域网应用阶段。随着网络技术的发展，企业可以通过网络来实现企业内部跨部门的计算机应用，如产品设计部门对网络和数据库的应用，生产管理部门对制造资源计划（Manufacturing Resource Planning，MRP Ⅱ）的应用，零售企业对进销存管理软件的应用等。这个阶段通过多职能的信息化整合来加强工作协调性。

第 3 阶段：企业内集成应用阶段。如果说第 2 阶段仅仅是几个部门之间的数据交换，而这一阶段，在网络数据库的支持下，企业将各部门的计算机应用集成起来，形成资源共享的内部网络，对企业提高其运营效率和效果起到极大的作用，增强企业在市场上的竞争力。最为突出的应用就是企业资源计划（ERP）的引入，将原有的独立子系统整合成一个覆盖整个企业范围的信息系统，以达到企业资源共享、效益提高、竞争力增强的目的。这个阶段通过企业内的全职能信息整合来加强各项工作的计划性。

第 4 阶段：企业间集成应用阶段。这一阶段企业主要依赖于网络技术的支持。Internet使信息传递更加方便、快捷，传播范围也大大扩张，因此企业可以突破自身界限，将信息化应用扩展到供应链的上下游以及企业经营的外部环境，从而形成更加广泛的信息体系。主要应用包括供应链管理（SCM）、客户关系管理（CRM）、电子商务（EC）、虚拟企业（Virtual Enterprise，VE）等。这个阶段通过产业价值链的信息整合来加强产业协同管理能力。

企业信息化逐渐延伸到与企业运营密切相关的各个环节，如供应商、合作伙伴、客户、渠道等，要求企业内外的各种信息能够被很好地汇总与利用，各种应用流程能够更好地配合与衔接，各个项目、部门及相关组织的人员之间保持良好的沟通，才能使企业即时了解内外部的数据信息，并及时做出响应。企业对各种层级的应用协同需求、协同效率有更高的要求，从部门的单元应用到企业间的融合创新，逐步构建协同的工作环境，是企业信息化发展的必然趋势。

3. 企业信息化发展趋势

随着以云计算、大数据、物联网和移动互联网为代表的新一代信息技术的发展，企业信息化进入一个全新的阶段，企业信息化的发展主要呈现以下六大特征。

（1）以人为本的社交化

传统企业管理以业务为中心，侧重于对财、物的资源管理，现代企业管理开始向"以人为本"转变。人的知识技能、创新求变、沟通交流等活动是知识型企业最宝贵的资源。以人为本的信息化建设注重提高员工效率和团队效率，强调以企业内人与人之间的关系为主线，充分发挥人的主观能动性，重视人在业务操作和价值实现过程中的关键作用，关注企业不同部门和不同组织的协同需求，增加信息分享的速度，提高企业的综合生产力。企业社交网络实现了从"一点对多点"向"多点对多点"信息传播方式的转变，打破了传统的传播瓶颈，使需要协作的员工更方便、更有效地进行交流和分享，降低了企业沟通成本，提高了企业工作效率。社交网络将团队协作、知识管理与员工的日常工作联系起来，以鼓励员工参与企业规划、共享创意，进一步深化企业的知识储备，提升企业创新能力。

（2）供应链协同

瞬息万变的市场使企业间的竞争演变成供应链的竞争，供应链取胜的关键是"协同"。准确把握客户需求，迅速推出新的产品，实现柔性快速交付，已经成为企业赖以生存的基础。集成了电子商务、社交网络的供应链系统，将为企业打造更加强大的协同能力，让企业能更方便地与客户、制造商、供应商、运输商及其他方进行无边界的沟通与协作。在这种新的趋势下，企业能更好地利用社交网络和客户进行沟通，收集客户意见和售后服务信息，并通过电子商务和电子支付的整合及其信息共享，利用社交网络和供应链相关方的互动沟通，达到对整个供应链上信息流、物流、资金流、业务流和价值流的有效规划和控制，从而将供应链各环节集成一个完整的网状结构。

（3）系统智能化

物联网实现了物与物、物与人的泛在连接，实现了对产品和过程的智能化感知、识别和管理。将射频识别（Radio Frequency Identification，RFID）、全球定位系统（Global Positioning System，GPS）技术应用于每件产品上，在整个生产现场和流通环节进行即时、动态监控，从而实现整个生产、销售过程的可追溯管理。机器人、图像识别、自然语言处理、实时分析工具和物联网中的各种连接系统都利用人工智能技术提供更先进的功能。

商务智能（BI）用现代数据仓库技术、线上分析处理技术、数据挖掘和数据展现技术进行数据分析以实现商业价值。BI的应用包括绩效管理、计划、报告、查询、分享、在线分析、运营系统集成、预测分析等，其价值链可以划分为：原始数据→数据集成→情报→透视→决策，其目的是管理数据、理解数据和基于数据做决策。随着企业信息化水平的提高，BI产品将会与ERP和CRM等管理软件进一步融合，以满足不断增加的企业集成化与智能化的需求。

（4）移动信息化

在企业信息化领域，借助移动信息化模块，实现智能终端对业务的移动管理正成为一个显著的趋势。云计算和移动互联网的结合，使管理者突破办公场所、上网条件的限制，让管理随时随地触手可及。目前，企业移动信息化在流程审批、报表查询、销售支持、商务智能等领域的应用很多，基于不同行业差异化细分的移动商务模块也越来越多。

（5）系统集成化

系统集成化是为了消除企业信息化建设中的"孤岛"问题。广义上来讲，系统集成包括人员的集成、组织机构的集成、设备的集成、系统软件的集成、应用软件的集成和管理方法的集成等多方面内容。狭义上来讲，系统集成是系统平台的集成。系统集成实现的关键在于解决系统之间的互联和互操作性问题，涉及不同设备、协议、接口和应用体系结构之间的数据交互和资源整合。

（6）按需使用的信息化服务

云计算为企业按需使用信息化服务提供了良好的技术基础，云计算融合了协同工作、社交网络、搜索引擎等 Web 2.0 技术和虚拟化技术，依托强大的高性能计算基础结构，能够满足大量个人和商业需求，"云"中的资源可以无限扩展，随时获取，按需使用，按使用付费。碎片化但易于扩展的信息化产品，使广大中小企业能根据自身需要进行弹性配置，这种产品满足了其个性化需求，是中小企业信息化发展的重要趋势。

云计算的本质是一切皆服务（X as a Service, XaaS），代表"anything as a service"或"everything as a service"，泛指通过互联网提供的服务。XaaS 常见的例子是软件即服务（Software as a Service, SaaS）、基础设施即服务（Infrastructure as a Service, IaaS）和平台即服务（Platform as a Service, PaaS）。

小贴士

新一代信息技术的作用

以云计算、大数据、移动互联网和物联网为代表的新一代信息技术是推动各行各业互联网化的核心支撑技术。云计算的核心是提供弹性可扩展的计算、存储、网络和应用服务。大数据的核心是提供一种大规模、多维度的数据处理和分析服务。云计算和大数据的结合将为整个社会提供越来越廉价、越来越易用的公共计算、存储、网络、应用和数据服务，并使互联网背后的支撑技术成为社会的基础设施。移动互联网通过实时连接"人"，创造出一个个智能人机交互应用，并解决过去大量由于信息不对称和延时所带来的各种业务"痛点"。物联网通过实时连接"物"，创造出一个个智能硬件应用，并使物理的世界变得越来越智能化。移动互联网应用和物联网应用所需要的大规模计算和数据处理则由后台云计算和大数据提供。"云、大、移、物"正构成一个全新的互联网应用模式，这种模式广泛、实时地连接人与物，并为大规模的计算和数据处理提供支撑。

▶▶▶ 二、协同管理软件

1. 协同管理软件的思想和理念

新的市场环境下，企业的资源（包括人、财、物、信息、流程等）日趋复杂，管理的一个核心问题是对各种资源的掌控、协调和优化，这正是协同管理软件要解决的问题。信息技术是实现管理优化的一个重要手段，企业信息化建设在一定程度上提高了企业管理和运营水平，但是也难以避免产生"信息孤岛""应用孤岛""资源孤岛"的问题。

"信息孤岛"与信息共享的矛盾。不同的信息以不同的结构（如 E-mail、PPT、文本、图片、视频等）存在于不同的数据库、主机、文件服务器、应用系统上；而这些系统缺乏相互连接的信息渠道，数据被封存并缺乏应用的关联，从而给企业获取有用信息带来很大的障碍。

"应用孤岛"和业务整合的矛盾。针对某方面管理需求引入的各种应用系统，在单个业务领域的管理上有自己的特点，但由于它们无法面向整个业务过程，各个系统之间也难以紧密集成，使企业"环环相扣"的业务被这些分散的系统"分隔"开来，企业不得不花大量的人力、物力在不同的应用系统之间切换，造成运营效率低下和反应迟钝的问题。

"资源孤岛"和资源协同的矛盾。企业运作的资源包括人、财、物、信息和流程，这些资源不能统一地被管理，并在突破各种屏障和边界的工作环境下进行调配和紧密配合，因而难以为企业的目标进行一致性的协作和服务。

这三大孤岛的产生，一方面是因为企业引入的各种应用系统之间缺乏有效的关联，另一方面是因为传统软件大多专注于对单个或者局部资源的管理，缺乏有效的平台对企业的各种资源进行充分整合。

针对"信息孤岛""应用孤岛""资源孤岛"，协同应用的关键在于提供一个统一的管理平台和畅通无阻的管理"通道"，体现在协同管理软件中即为三大管理思想，即"信息网状思想""业务关联思想""随需而应思想"。

（1）信息网状思想

组织中的各种信息都是存在联系的，信息网状思想在于建立一个立体的、多维的信息获取、共享和使用的环境，无论信息的来源、结构是什么，都可以得到统一的管理。协同管理平台为这些信息节点提供了立体化的"网状"关联通道，每个信息节点之间依靠业务逻辑关系进行关联，从任何一个信息节点都可以到达其任意相关的信息节点。访问者可以完全突破"信息孤岛"的困扰，从而轻松自如地穿梭在信息网中并获取自己关心的信息。如费用报销，在协同管理平台中，审批者可以从一张报销单开始，迅速了解各种关联信息，包括费用发生的时间、地点、金额，进而了解这笔费用发生后的项目进展情况、总体预算情况等。

（2）业务关联思想

业务关联思想提供了对各个业务环节进行整合的方案，使协同管理平台可以面向整个业务过程进行管理。从表面上来看，组织的业务被分为各个业务环节并归属于某个部门或某个人员负责，事实上这些业务环节之间有着千丝万缕的关系，更为重要的是他们都必须为组织的共同目标而运作。例如，一个客户会涉及客户名单（销售部业务）、市场宣传资料和方案（市场部业务）、相关物资的领用或采购（行政部业务）、发票和费用（财务部业务）等。关注某个或某些业务环节的传统软件由于无法对其他业务环节进行统筹管理，因而组织不得不在多个应用软件之间切换以保证同步运作。而协同管理平台则可以对这些业务环节进行充分的整合并将其纳入统一平台进行管理，任何一个业务环节的运作都可以轻松"启动"其他关联业务的运作，并对相关信息进行及时更新，从而实现业务与业务之间的平滑连接。

（3）随需而应思想

组织的各种资源包括人、财、物、信息和流程，这些资源组成了组织运作的基本要素。协同应用将这些资源整合在统一的平台上，并通过网状信息和关联业务的协同环境将它们紧密地联系在一起。然而要进一步实现对这些资源的协调和优化，很重要的一点是这些资源能够随着组织的某个目标或者某项事务而被灵活地组织并进行协作，从而发挥最大的价值。换言之，即各种资源能够随组织的需要而及时响应并突破各种障碍实现一致性协作。人与人之间的协作，在组织的每个角落每天都在发生。在协同管理系统中，人与人之间的屏障被打破，并可被随时调动起来组成跨部门、跨组织、跨地域的"虚拟团队"。例如，一个项目的进行，随着项目的建立，各个部门的有关人员都可被加入项目团队，甚至包括组织外聘的专家、相关客户、合作伙伴等。为统一目标而设的"虚拟团队"成员可以共享项目信息、承担各自的任务、接受项目经理的监督、相互之间就某个问题进行探讨、参加网上的项目会议等。"虚拟团队"不仅包含人，还包含财、物等资源，如会议室、项目资料等。在协同管理系统中，这些资源可以突破各种障碍而被迅速找到并集合到一起，并实现它们之间通畅的沟通、协调，从而保证目标的达成。

协同管理平台连接企业的各种业务管理系统，在协同平台的基础上进行统一的管理和调配，充分整合企业的各种资源，通过信息交互、业务流程优化及随需应变的软件应用方案，增强企业的管理执行力。

2. 协同管理软件的概念

按照管理对象分类，管理可分成业务管理和行为管理。业务管理侧重于对组织各种资源的管理，如对采购、生产、财务等资源的管理。行为管理则侧重于对组织成员行为的管理，包括组织设计、组织激励、个体行为管理、文化建设等。图 1-3 所示为业务管理与行为管理的关系，组织的业务管理与行为管理往往是相辅相成的。我们通过固化业务的处理流程来提升组织的行为规范，通过规范组织的行为来提升业务处理的效率。

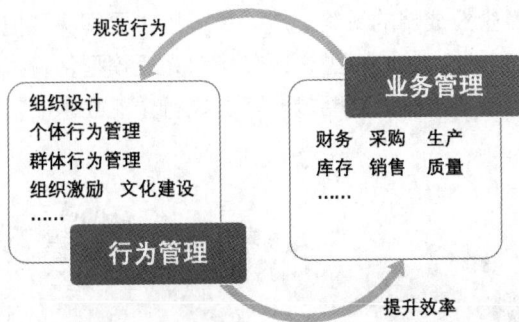

图 1-3　业务管理与行为管理的关系

业务管理软件更多的是从面向业务、面向业务逻辑、面向结构化信息的管理思路出发构建的，如 MIS、ERP、CRM 等管理软件，主要用于对刚性流程和固定组织中连续、有序的业务和事务的逻辑处理、计算、分析和展现。但是在互联网环境下的企业中存在大量面向角色、面向行为规则、面向非结构化信息的管理，这就需要协同管理软件来实现。

协同管理软件是对组织中"人""事件""资源"之间的协同关系进行管理的软件，它有3个显著的特征：第一是以"人"为中心，以"人"为根本元素和出发点来设计和构造应用；第二是以"组织行为"为管理根本，即对组织行为中的角色、事件、资源、流程、规则、状态、结果等要素进行管理；第三是以管理组织中的"执行"信息为对象，以非结构化信息为重点。

协同管理软件充分利用网络与通信技术，提高企业和机构中分散、移动、跨地区的人员沟通、协作与管理能力，提高企业和机构跨系统、跨组织的业务管理能力，从而全面提高实时管理能力、动态应变能力以及开放延伸能力，实现敏捷组织。它为企业的有效管理提供了三大平台。

（1）内部沟通平台。协同管理软件将电子邮件、即时通信、网络视频会议等通信手段整合起来，不管员工身处何地，都可以保持即时的联系。

（2）团队协作平台。组织中几乎所有的活动都可以理解为以团队形式进行，协同管理软件可以很方便地提供长期或临时的团队协作区，支持团队成员在各自的协作平台完成工作。

（3）应用支持平台。协同管理软件支持移动办公、知识管理与流程控制，其在统一的平台上，把不同的应用结合起来。

协同管理软件以组织中的"人"为中心进行信息和资源的组织，强调组织中"人"通过互联网进行互动、沟通、协作、交流；以组织人员、资源、信息为主，以流程、表单解释制度的执行，通过日常的各种协作完成组织知识的积累和存储，通过集中共享的方式方便组织信息的利用；以传递组织价值、理念和工作成果、命令等为主的信息发布，支持组织文化和组织管理，提升团队凝聚力和执行力。

企业管理的战略、战术和执行3个层次，对应的协同管理软件的任务目标分别为：资源协同、业务整合和信息共享（见图1-4）。战略层主要解决"资源协同"的问题，战略层的目的就是为企业提供实现人力资源、资金资源、产品资源、客户资源、知识资源全面与高度协同的途径，达到企业协同管理的总目标。战术层主要解决"业务整合"的问题，利用权变组织、网状沟通、关联结构和控制反馈等管理模型实现各个执行体之间的统一管理，使业务能够协调和平滑运作。战术层提升战略目标的可行性，实现战术目标的可操作性、执行的连贯性，从而承上启下，保障企业战略的最终达成。执行层主要解决"信息共享"的问题，以动态组织为行为主体，以工作流为传导模型，以任务为处理模型，将执行相关的各种信息和应用紧密集成在一起。执行层贯彻企业战略的思路、执行企业战术的安排，使企业经营目标得以有效实现。

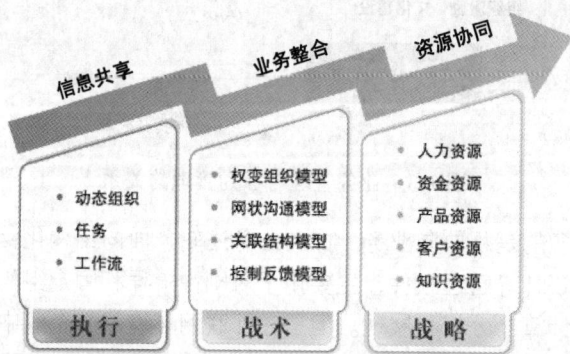

图1-4 协同管理软件的任务目标

小贴士

组织行为

组织行为是一项十分复杂的社会行为，组织的要素分为：组织环境、组织目的、管理主体和管理客体。根据组织要素的不同，管理主体所发出的行为是管理行为，管理客体所发出的行为是业务行为。因此，任何组织里的组织行为都可以分为两大类：管理行为和业务行为。

任何组织中，所有的工作都可以分成两类：一类是具体实现组织目标的工作，如工人制造产品、教师讲授课程、医生治疗疾病、秘书处理信件、会计核算成本等。我们把这类工作看成是具体的业务或操作。另一类是以指挥他人完成具体任务为特征的工作，如工厂中厂长的工作、学校中校长的工作、医院里院长的工作、企业中经理的工作。他们虽然有时也完成某些具体工作，但更多的时间则是在制订工作计划，设计组织结构，安排人力、物力、财力，领导和协调他人去完成各项具体工作，并检查工作的完成情况，这类工作是管理性的工作。

（1）微观组织行为

微观组织行为是指组织内的某一个体或群体的行为。它包括以下方面：个体行为，如态度、能力、人格、动机、压力、认知、学习等；人际行为，如沟通、领导、谈判等；群体行为，如群体决策、工作团队等；群际行为，如冲突、权力、政治活动等。

（2）宏观组织行为

宏观组织行为是指所有组织成员作为一个整体活动时表现出的行为，如组织结构、组织文化、组织变革、组织发展、组织学习等。

3．协同管理软件的分类

协同管理软件的本质是打破资源（人、财、物、信息、流程等）之间的各种壁垒和边界，使它们为共同的目标进行协调运作，通过对各种资源最大的开发、利用和增值充分达成共同的目标。至关重要的核心四要素是帮助组织的管理制度落地、知识经验的分享、统一化的信息聚合和推送、内部协作沟通的多样化和一致性。协同管理软件可以分为：协同工具软件、协同应用软件和协同平台软件。其中协同平台软件是企业的基础架构平台，在此平台上可以集成各种协同应用软件及协同工具软件，也可以说，协同平台软件是企业业务的枢纽。

（1）协同工具软件

协同工具软件是指相对独立、功能相对简单、用于相互沟通的软件，主要为了解决组织内部信息发布、交流、记录的问题，包括即时通信系统软件、远程视频软件、企业文档系统及轻协作的相关软件，如 QQ、微信、易信、米聊、钉钉、小鱼易连、印象笔记、iWorker 工作家等。这类软件通常作为企业内部沟通协同工具，而非真正意义上的企业管理软件。

（2）协同应用软件

协同应用软件是指帮助组织实现协同化管理的应用软件，包括协同 OA、轻型 ERP、项目管理、业务流程管理（Business Process Management，BPM）、CRM 等。部分协同应用软件是在第三方协同平台软件基础上开发的，也有部分是在系统软件或中间件上直接开发而成的。协同应用软件的厂商分类较多，企业的应用场景不同则产品的应用侧重点也不同。我国的协同应用软件供应商主要有致远、蓝凌、泛微、金和、万户等。

（3）协同平台软件

协同平台软件是具有协同化的技术和应用架构，包括开发工具、应用中间件、开发环境等，可以让独立软件开发商或者最终用户在此基础上进行协同应用开发的平台性软件。一般而言，协同平台软件包括开发平台软件和集成平台软件，不仅让用户在此基础上开发各种协同应用，而且向用户提供了另一种选择，即在协同平台软件的基础上，将其他分散的企业业务系统整合起来，企业的各种业务管理系统都与协同平台软件相互连接，以协同平台软件为枢纽，形成一个紧密联系的整体。协同平台软件是否能满足用户的多业务系统整合、协同应用等需求，关键在于其是否具有整合、利用多种业务系统技术的能力。

在协同管理软件的三大分类中，协同工具软件将融入各类管理软件作为其辅助工具；协同平台软件将成为企业基础的信息技术（Internet Technology，IT）架构；而协同应用软件因为可以提供相对完整的应用方案，并能快速实施，以较低的成本满足用户的需求，是目前应用最广泛的协同管理软件。

任务思考

（1）什么是企业信息化？企业信息化包括哪些内容？
（2）简述典型的企业管理软件及其应用价值。
（3）企业信息化建设过程中产生的孤岛是什么？
（4）简述协同管理软件的管理思想。
（5）协同管理软件如何分类？其应用上有何区别？

【任务 1-3】 协同 OA 系统

任务导读

无论是企事业单位还是政府机关，都会有大量的文案需要处理、复杂的工作流程需要安排，决策者需要依据纷杂的信息做出重要的决策。对办公人员和企业决策者来说，他们需要一套智能化、信息化的办公系统，改变过去复杂、低效的手工办公方式，实现迅速、全方位的信息采集、信息处理，为企业的管理和决策提供科学的依据。

办公自动化（Office Automation，OA），旨在使企业内部人员方便、快捷地共享信息，高效地协同工作。协同 OA 软件作为目前协同应用市场最典型的、发展最快的软件，正逐渐成为企业部署协同管理的基础软件。要深入协同 OA 系统的世界，我们需要了解办公自动化的起源与发展，理解协同 OA 系统与传统办公自动化的区别，掌握协同 OA 系统的概念、内涵和应用价值，对于协同 OA 系统的核心技术和基础架构也要有一定的了解。

任务实施

一、OA 的概念与发展

1. OA 的概念

办公自动化，是指利用计算机技术等手段提高办公效率，进而实现办公的自动化处理。办公自动化没有统一的定义，广义上来说，对于提高日常工作效率的软硬件系统，如计算机、打印机、复印机等办公自动化设备以及办公软件都可以划入 OA 的范畴。狭义上来说，OA 系统是辅助行政办公，处理组织内部的事务性工作，提高办公效率，规范组织管理的软件系统。

OA 的概念由来已久，在 20 世纪 50 年代美国就提出了 OA 的概念。我国在 20 世纪 70 年代末，才开始将打印机、复印机、传真机等现代办公设备用于办公领域，那时的办公自动化主要是指利用现代办公设备提高办公效率。20 世纪 80 年代中期开始,伴随管理信息系统(MIS)的发展，办公自动化进入单机数据处理自动化的阶段。财务软件、人事软件、CCED 表格处理软件都被列为办公自动化软件。随后微软的 Office 套件统领了桌面办公软件，字表处理一度成为办公自动化的代名词。

20 世纪 90 年代局域网兴起，网络 OA 最早应用在文档传输与共享上，支持群组协同工作的 Lotus Domino/Notes 系统成为 OA 系统的技术平台，开创了网络 OA 应用的新时代。工作流管理技术的出现，使软件系统通过网络自动流转信息和分解任务，强化了软件应用者的工作协同性。不同部门和员工之间的协作大大加强，办公效率得到较大提高。因此，工作流管理技术一经出现，就被广泛应用到网络办公领域。以工作流管理为核心功能的网络办公系统，成为现代意义上的办公自动化系统。

2006 年是 OA 软件发展的重要转折点，中国电子信息产业发展研究院正式将协同软件作为一个单独的软件门类，以流程为核心的 OA 软件被归入协同软件的范畴，协同 OA 系统的各种理念、思想纷纷出现。

从自动化办公设备到传统 OA 系统，再到协同 OA 系统，OA 的内涵不断丰富，其从信息化的边缘产品逐渐成为信息化的基础与核心产品之一。OA 的功能与应用也逐步向工作流管理这一核心靠拢，逐渐有了完整的理论和应用体系，得到了用户的广泛认同。

2. 我国 OA 的发展

我国 OA 起源于政府的公文和档案管理，OA 是以公文处理、档案管理为核心的办公管理系统。传统的办文程序，从文件起草、审阅、会签、签发、下发到归档、借阅等各个环节，存在流程复杂、流转时间长、办公效率低、决策缓慢等问题。但是由于在机构和流程上很难做很大的改动，因此解决之道就是采用先进的计算机技术和网络技术，不仅可以将办文内容电子化，而且可以实现整个办文过程电子化，从根本上改变传统的办公模式。

我国 OA 的发展经历了 4 个阶段（见图 1-5）。

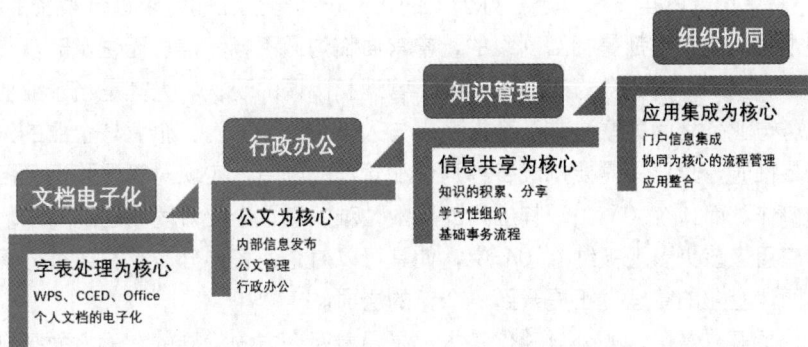

图 1-5 我国 OA 的发展历程

第 1 阶段。20 世纪 80 年代，主要实现了电子文档处理，即单机的办公自动化。这一阶段以 WPS、CCED、Office 等个人字表处理软件为核心，便于个人处理日常工作，在组织内缺乏有效的沟通渠道。这个阶段的办公自动化不能称为真正意义上的 OA。

第 2 阶段。20 世纪 90 年代，局域网和工作流管理技术出现，支持群组协同工作的 Lotus Domino/Notes 系统成为 OA 的技术平台,实现了对非结构化信息的管理和共享，包括电子邮件、文档管理与工作应用等部分。这个阶段的办公自动化主要以传统的收发文管理、档案管理为主，并加入了很多辅助功能，如 BBS、公告板、名片夹、日程安排、报告管理、图书管理、车辆管理、大事记等小功能，这些小功能围绕办公管理展开，功能模块多，相对独立，但缺乏统一的管理思想。这个阶段的办公自动化称为传统 OA。

第 3 阶段。21 世纪初期，Internet 开始普及和发展，协同管理相关理念被引入 OA。这个阶段开始，办公自动化迈入协同 OA 的时代。工作流管理技术使软件系统通过网络自动流转信息和分解任务，加强了工作的自动化处理效率，成了 OA 的核心技术。从公文收发到行政审批，从请假报销到项目管理，传统 OA 涵盖的工作内容，都被以工作流管理为核心的协同应用思想重新定义。这个阶段的办公自动化以知识管理为核心，充分发挥信息的作用。内部通信，特别在流程审批方面得到了加强，但是作为协同办公应用系统，与组织的其他业务系统没有直接联系。

第 4 阶段。2011 年以后，随着移动互联网和信息集成技术的发展，移动办公、电子签章、单点登录、门户整合、系统整合等技术充分应用到 OA 中，OA 作为整个组织内部信息化的入口，相对于外部门户（互联网网站），与组织内各个业务系统进行集成，加强各种资源的整合，将数据进行集中展现，并逐渐发展成新一代的企业级协同管理平台。

办公，也可以理解为"日常的工作"。这个日常工作的含义很广泛。从人员应用的角度来看：企业管理者希望随时了解整个企业的运作情况，与各部门保持经常性的沟通和交流，从人力资源、财务等方面监控企业的整体情况并进行决策，因此他关注"监控和决策"；部门领导希望方便地分配工作任务，查看下属的工作进展情况，对其做出相应的指导，对业绩进行评价，并与上下级和其他部门建立紧密的联系，因此他关注"管理和协调"；普通员工希望可以查看自己的工作计划和进度，方便地利用各种管理工具，如文档管理、知识库、客户管理、项目管理等完成自己的工作任务，因此他关注"高效和协作"。

从应用内容的角度来看，日常工作事实上涵盖了对知识、文档、人员、资产、财务、项目等方面的管理，并且每个管理的环节都关联紧密、相互作用。因此，在现实情况中办公的含义远远超出了我们既定的范围，传统 OA 只是从狭义和片面的角度实现了"办公自动化"。因此 OA 应该从更广阔的角度来考虑"办公"的含义，并与企业的需求进行紧密的结合。

企业的很多应用系统都是相互割裂的，常常面临沟通不畅、信息无法及时获得、管理效率低下、资源和资源之间各自为政、难以统一管理和协调的现状。尤其是当企业业务流程日益复杂，业务与业务之间关联与交叉频繁，人与人、部门与部门、企业与企业的沟通和协作越发凸显重要性时，企业更需要打破各种沟通和管理的屏障，实现对管理和运营各环节的掌控、调配和协作。而传统 OA 由于其应用的局限性难以满足企业协同管理的需求。因此协同理念和协同应用应该更多地被纳入 OA 中，使其可以对企业各种分散存在或被分隔的资源进行整合，从而让企业的管理真正提升到一个新的层面。

从以上分析可以看出，办公自动化基本上是沿着两个方向发展的，一方面是延展和深化 OA 的应用，另一方面是将协同的理念纳入 OA 中，于是便催生了新一代的办公自动化系统——协同 OA。

▶▶▶ 二、协同 OA

1. 什么是协同 OA

协同 OA 是指以"工作流"为引擎、以"知识文档"为容器、以"信息门户"为窗口，使企事业单位内部人员方便、快捷地共享信息，高效地协同工作的管理软件。协同 OA 不仅可为企业建立完善的内部通信平台、信息发布平台，使组织内部的通信和信息交流快捷、通畅，还可实现企业工作流程的自动化、审批管理的高效化，有效规范企业各项工作，提高团队协同工作的效率，以及辅助企业办公，促进信息集成，打破信息交流"孤岛"，实现企业的分布式办公。

协同 OA 的特征可以概括如下。

（1）基于组织

组织的管理是协同 OA 的根本所在。在当前的移动互联环境下，组织的管理模式开始向社交化转型，组织中个人价值的释放比以往任何时候都显得迫切，管理者的着眼点也开始从管控走向释放，强调以人为中心，充分调动组织人员的积极性和主观能动性，发挥人的优势。

（2）基于 Web

从目前用户的使用技能、接受程度以及系统的维护成本考虑，Web 应用模式仍是主流。随着移动网络的建设越来越完整和先进，随地办公、随时办公的要求越来越普遍，移动 App、云 OA 的发展也正在成为主流趋势。

（3）基于流程

关于流程，熟悉办公自动化系统的人就会想起收发文的流程，那是非常完善的、符合层级结构的、效率低下的流程。对于如何优化工作流程，必须基于现代的流程管理思想以及当前的集成技术、移动技术实现业务流程的优化，使其最大限度服务于组织目标。

（4）基于知识

知识经济时代，人人都是知识工作者，这要求办公自动化系统必须具有知识内涵，或者说 OA 系统要基于知识。协同 OA 提供知识管理所需的基本的 IT 工具、知识存储库和知识交流场所，以及基于知识的岗位要求和评估体系，最终服务于组织中每一个人的日常工作。

（5）基于信息集成

企业内部往往存在多个供应商提供的多个系统，需要实现系统之间信息的无障碍传递。而互联网信息爆炸性的增长以及组织内部的信息共享充分打开后，又带来另一个问题，那就是信息的有效组织、利用和推送。企业必须借助一定的信息集成技术，整合内外部所有应用和数据，打造统一的工作平台与信息服务平台。

协同 OA 扩展了传统 OA 的内涵，加深了它的应用。它以"整合"为目标，以"协同"为手段，将触角延伸到企业管理和运营的各个环节中，如知识文档、项目、资产、财务、客户、流程等，并以统一的页面为用户提供个性化信息。同时，协同 OA 还将利用各种技术手段，进一步实现与各种专业软件间的对接。总之，协同 OA 是和其他业务应用系统信息紧密集成的，完全采用 Web 技术的，基于组织、流程优化以及知识管理的协同运作管理系统。

2. 协同 OA 的应用价值

软件本身不能产生直接的价值，它是通过改善管理、提高经营能力等间接产生价值的，尤其是在成本、规范、效率、执行力和决策力等方面，这些价值是深层次的、长远的，不一定能够以量化的数值准确反映出来。

协同 OA 完全摆脱了"文秘"的角色，它不仅仅是为企业提供信息发布和流程处理功能的工具，而是将先进的管理思想和业务模式融入产品的功能架构中，以更广阔的角度诠释"办公自动化"的含义，帮助企业搭建一个关联、协作、灵活、深化的管理平台，让企业可以将管理的视野延展到各个环节，并方便对各种资源进行整合和优化，实现集中、灵活和高效的管理。协同 OA 的应用价值主要体现在以下 4 个方面。

（1）降低办公成本

数字化是无纸化办公的首要环节和信息化管理的重要步骤。我们将传统的纸质文件、档案、单据进行数字化，使之能够进入计算机系统，以供查阅、流转、备份、归档。文件的成本在于散发传递和收集检索，在协同 OA 中进行公文的发布、传阅、审批、存档等，减少信息获取和传递的成本，节约文档管理费用，这也是企业精益管理的体现和要求。

（2）提高工作效率

网络改变了信息交流、共享和组织工作模式。企业的网络化意味着员工之间的沟通交流不再需要面对面，事务的决议与通知不再需要会议接会议，员工的报销不再需要拿着单子跑来跑去，领导可以随时随地审批、处理相关事务，实时掌握企业经营的各种数据，企业可以基于全球性的组织布局并且进行统一化的管理等。协同 OA 为企业打破传统封闭式管理模式，实现扁平化管理提供了技术保障。

智能手机的普及和移动网络的成熟，使人们能够随时随地进行办公，不受空间和时间的限制。协同 OA 真正实现了 3A 办公模式：Anywhere（任何地方）、Anytime（任何时候）、Anything（任何事情）。使用智能手机可以随时随地实现企业的业务管理，即时接受企业安排的任务、指令，即时记录、汇报及交流工作情况，即时进行各项审批、管理等。手机二维码、GPS 等技术被充分应用在协同 OA 中，为用户带来新的体验。

（3）增强管理执行力

以业务管理为单元，以信息为组织模式，以自动化流转为方式的流程化管理是现代科学管理的重要手段。在协同 OA 的流程体系下，员工只需要填写、提交表单，系统将会自动进行流转，相关管理人员只需完成自己的意见审批即可，协同 OA 让事件的处理避免人为影响，能够按照既定的路线执行。流程化对企业管理制度落地、员工行为规范具有非常重要的意义。同时在流程化管理模式下，企业的管理更加透明，透明的管理环境意味着企业经营管理的公平、公正，让企业发展的正能量不断聚积。

（4）提升决策能力

协同 OA 带给企业管理更高效、更准确的逻辑处理，这体现在很多方面，如管理模型智能化，根据系统的管理组织架构以及不同角色、岗位之间的逻辑关系进行信息的自动匹配、信息监管；信息处理智能化，根据事件属性选择不同的方式告知、催办相应人员，确保业务及时办理；工作流程智能化，包括流转路由智能化、表单预处理智能化、流程预审智能化、流程联动智能化等；决策分析智能化，通过既定模型完成对整个系统的挖掘分析，形成科学、准确的分析成果，为企业决策提供依据。

沟通交流、工作流程、知识管理和应用门户是协同 OA 的核心应用，其价值主要体现如下。

① 协助沟通的价值。通过即时、移动的信息交流，搭建跨组织和跨部门的协助沟通渠道，让信息能够更快速有效地流转，让不同部门的成员可以围绕同一个事项实现快速协助，让整个组织的所有人员可以围绕组织的目标展开协同工作。

② 流程的价值。利用电子流程规范组织行为的同时优化组织流程管控，流程管理让组织的制度真正落地，让组织行为更加规范、高效。

③ 知识的价值。为组织创建内部的搜索引擎，让所有的知识信息可按需获取，知识信息

在共享的过程中得到创新，形成企业内部电子生态管理体系。

④ 门户的价值。把组织内的信息和事务根据每一个岗位的权限和职责聚类形成个性化的岗位工作门户，让信息和事情找人而不是人找信息和事情。组织中的每个成员都可以形成自以我为中心的网状组织结构，达成以价值实现为核心的社交化管理。

3. 协同 OA 的技术与架构

目前协同 OA 的主要开发技术有 Notes/Domino、PHP、ASP.NET 和 Java/J2EE。

（1）Notes/Domino。Notes/Domino 平台起源于 1984 年，Notes 是客户端，Domino 是服务器端，其最初的蓝图是实现在线讨论，创建电子邮件、电话簿和数据库，作为一群人之间进行通信、协作和协调的应用程序。1987 年 Notes/Domino 被当时世界第一的独立软件供应商 Lotus 公司购买，1995 年 Lotus 公司被 IBM 公司并购。Notes/Domino 内含强大的电子邮件功能及工作流软件开发环境，有健壮的架构设计和诸多先进的理念和应用特性，如对文档数据库的有效管理，高度安全的用户体系，快速部署架构的能力等。1997 年，随着 Web 应用模式的出现，Notes/Domino 逐渐被市场淘汰，目前基于 Notes/Domino 的协同 OA 仅仅存留在 IBM 公司的联盟体系厂家中。

（2）PHP。超文本预处理器（Personal Home Page，PHP），是一种在服务器端执行的 HTML（Hyper Text Markup Language，超文本标记语言）内嵌式语言，主要用于 Web 应用开发。由于是开源的免费技术，它吸引了全球众多技术人员参与其维护和快速更新。PHP 在国内外得到了广泛应用，尤其是在网站建设方面，如百度、Yahoo 等大型网站都是 PHP 应用的经典。但是在企业级应用领域，采用 PHP 技术的厂商较少。

（3）ASP.NET。ASP.NET 是微软公司基于.NET 技术推出的新一代网络开发工具，支持多语言。其几乎完全基于组件和模块化的开发，将程序代码和网页内容分离，因而系统的开发效率和执行效率都非常高。ASP.NET 以其极高的开发效率以及容易封装、部署等特点备受企业级应用市场青睐。

（4）Java/J2EE。Java 是 Sun 公司（2009 年被 Oracle 公司收购）于 1995 推出的技术，包括面向对象程序设计语言和 Java 平台两个部分。该技术具有卓越的通用性、高效性、平台移植性和安全性。Java 分为 3 个体系：J2SE（Java 平台标准版）、J2EE（Java 平台企业版）和 J2ME（Java 平台微型版）。其中 J2EE 是专门针对企业应用开发的技术框架，采用分层架构设计、开放的系统代码，支持异构环境，因而在各种应用领域得以广泛应用，尤其是大型应用项目，J2EE 几乎成为首选的技术标准。

主流的协同 OA 平台通常采用"框架+应用组件+功能定制平台"的架构模型，基于分层、标准和构件等进行架构，一般有 4 层技术架构，遵循 J2EE、面向服务的架构、工作流管理等标准规范。协同 OA 部署了大量构件，以多维门户形式进行数据展现，支持各种部署模式、各种操作系统、各种数据库和中间件，并具备完备的配置体系、接口体系和插件体系，从而支持各种服务器、操作系统、数据库、中间件和应用软件，以及未来的扩展空间。图 1-6 所示为协同 OA 的逻辑结构。

协同 OA 平台的应用划分为 4 个相对分离的逻辑层，每一层都有一套定义好的接口。

第 1 层为表示层，是展现给工作人员和相关使用者的图形页面，该页面通过规定的工作流程和接口来完成日常的事务处理和业务流程。

第 2 层为应用层，是使用者为了获取数据需要（通过表示层）调用的代码。表示层接收到数据后把它格式化并显示出来。协同 OA 的这种应用逻辑与用户页面的分离，极大地提高了应用设计的灵活性。在不改变应用逻辑的情况下采用不同的图形用户页面，只要应用层给表示层提供明确定义的接口即可。

第 3 层为服务层，提供公共服务组件，将用户管理、底层数据访问、数据传输以及数据分析等具有抽象适应性的功能等进行封装，按照功能、逻辑和使用等不同方面定义若干个组件包，将其统一规范为核心应用程序接口，为应用层透明访问提供清晰、明确的接口。

第 4 层为数据层，即数据中心。它用来完成统一的数据管理和数据交换接口的实现。数据层主要包括办公信息及数据的管理和维护、数据交换、数据抽取以及数据过滤等功能。

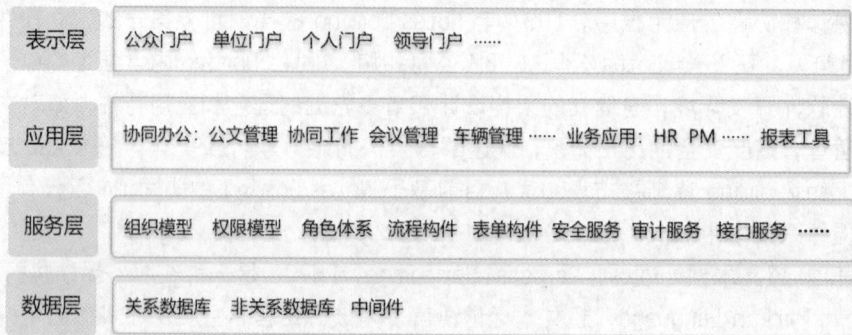

表示层	公众门户 单位门户 个人门户 领导门户 ……
应用层	协同办公: 公文管理 协同工作 会议管理 车辆管理 …… 业务应用: HR PM …… 报表工具
服务层	组织模型 权限模型 角色体系 流程构件 表单构件 安全服务 审计服务 接口服务 ……
数据层	关系数据库 非关系数据库 中间件

图 1-6 协同 OA 的逻辑结构

任务思考

（1）简述 OA 的概念与发展。

（2）什么是协同 OA？它有哪些特点？

（3）协同 OA 的核心应用有哪些？这些核心应用能为企业带来什么价值？

项目小结

"互联网+"时代背景下，企业的市场环境、客户需求、产品服务、商业模式等无不处于巨大的变革之中。协同已不仅仅是企业成长的要求，更是企业在激烈的竞争环境中生存的根本保障。企业需要从组织架构、业务模式、资源能力等方面进行调整应变，提升数字化运营水平，推动企业内外协同与创新。

协同管理将协同论应用到企业管理中，为企业的协作和运营管理提供理论指导。协同管理以协同论为基础，以系统的观点，在整个系统价值最大化的基础上发挥企业内外资源的作用，使资源的运作产生协同效应，达到"1 + 1>2"的目的。协同管理强调企业内外的环境，价值链上各要素之间按照一定的协同方式相互作用、协调、同步，来实现协同效应。

协同管理软件是解决企业协同管理的落地工具，是对组织中"人""事件""资源"之间的协同关系进行管理的软件，为企业的战略规划、组织结构、业务构建和运转、沟通协作、流程管控、知识管理、文化建设、信息整合和绩效评估等运营管理实践提供管理平台。

图 1-7 所示为本项目的知识（技能）框架。

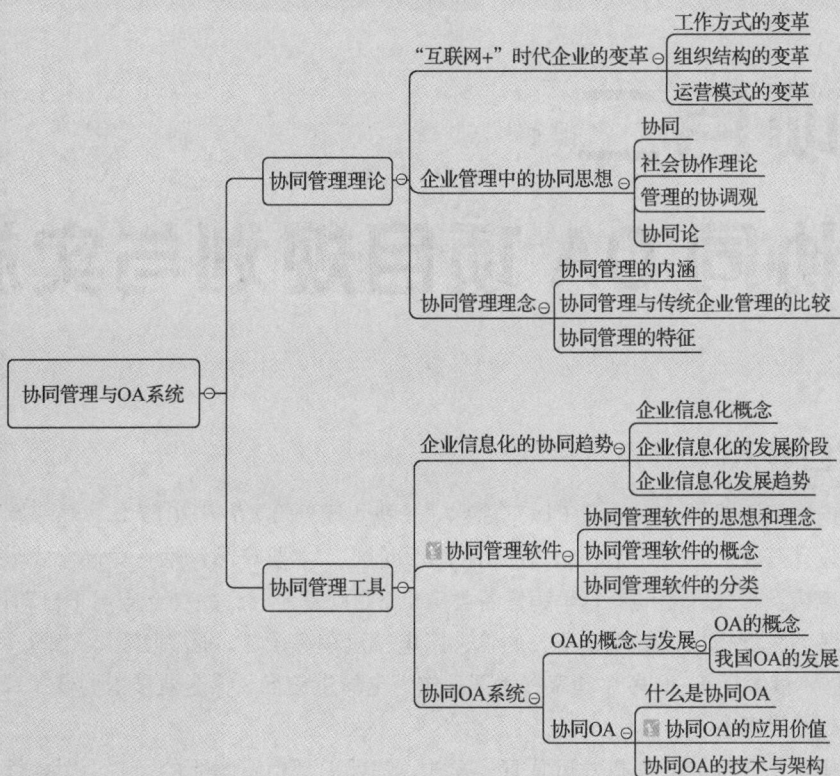

图 1-7　项目一的知识（技能）框架

项目二
协同 OA 项目规划与实施

📈 项目导入

长扬电机集团股份有限公司（以下简称"长扬集团"）成立于 2017 年，是一家专业从事电机产品设计开发、生产制造、销售服务的集团企业，主要产品包括各类混合式步进电机、直流无刷电机及相关的驱动器，年销售各类电机 3 000 万台。产品广泛应用于自动化、纺织、印刷、包装、医疗机械、缝制设备、通信、家电、汽车等领域，远销美国、德国、瑞士、意大利、法国、俄罗斯等 30 多个国家和地区。作为全球供应商，该企业技术力量雄厚，生产工艺成熟，检验设备齐全。

长扬集团采用标准的集权式运营管控模式，集团总部负责集团的行政、财务管理，以及所有产品的研发与销售，下属企业具体负责产品的生产，完成集团下达的各项计划和指标。图 2-1 所示为长扬集团组织架构。

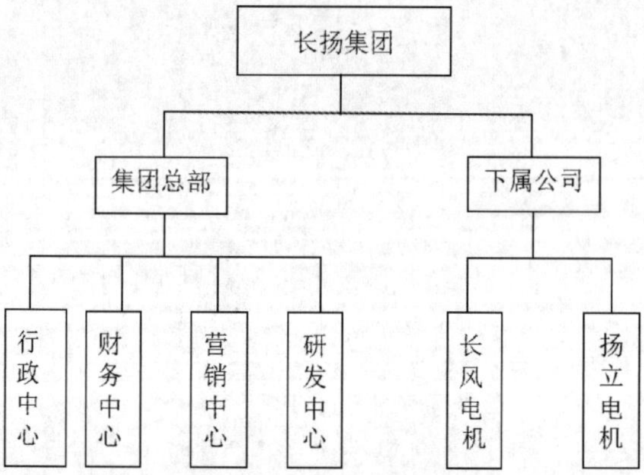

图 2-1　长扬集团组织架构

长扬集团的核心是生产制造，下属企业的主要业务应用全部在 ERP 系统中体现，包括物料档案、客商档案、供应商档案等基础信息，以及产、供、销等业务链环节。随着集团战略发展与管理要求的逐步提升，集团信息化建设主动对接集团战略与集团管控的要点，致力于打造一体化、高绩效的协同管理模式，以提升集团综合管控和整体竞争力，实现企业管理运营的最优化。

项目分析

在竞争异常激烈、客户需求变换不定的信息时代，企业不仅需要降低产品成本的管理体系，也需要可以不断获取知识、提高响应速度的协同工作管理系统。长扬集团面临的主要问题是想实现企业的资源互补、资源融合、资源协调、资源统一，不但要整合行业内的资源，还要完成企业内部业务流程重组与再造、全面优化集团内部管理流程与体系，建立内外协同的高效的管理方式，从而实现企业的战略目标。

一个成功的 IT 项目 = 有准备的企业 + 合适的软件 + 有效的实施。长扬集团在规划与建设协同 OA 系统的过程中，首先需要明确自己的信息化管理现状和需求，然后根据企业的实际需求进行软件的选型，并通过科学的实施方法进行项目的实施，防范项目实施过程中面临的各种风险，才能最终保证信息化项目的成功。

项目知识点

协同 OA 项目规划内容，协同 OA 软件选型原则与流程，协同 OA 项目实施方法论。

项目技能点

协同 OA 项目需求分析。

协同 OA 软件选型评价表的设计与应用。

协同 OA 项目实施工具的使用。

协同 OA 项目实施风险分析。

【任务 2-1】 协同 OA 项目规划

任务导读

（1）企业目前的管理存在哪些问题和需求？

（2）协同 OA 项目的建设目标如何对接管理需求？

（3）协同 OA 项目的建设内容有哪些？

协同 OA 项目是一项长远的、面向未来的、全局性的关键工作，因此具有较大的不确定性，同时也是技术与管理相结合的过程。所以，企业在进行项目建设时，一定要做好总体规划，引领方向，凝结共识，规避风险。

任务实施

一、需求分析

一般集团型企业，都会重点关注如何整合资源、合理布局管理架构，以实现企业经营的规模效益，会面临下列各项问题。

如何理顺企业内各部门、企业与下属企业之间的定位、管理职责和流程关系？

如何优化管理流程，提高执行力，以提升企业的经营管理效率？

如何有效整合企业分散的信息资源？

如何解决分散的组织结构导致的管理沟通障碍和文化融合传播障碍？

如何加强总部对各部门、下属企业的生产、经营、销售、财务等信息的了解与掌控？

如何解决信息的非协同性、信息孤岛现象、信息的非结构化、信息的非个性化？

随着业务的不断发展，长扬集团形成了多点运营的运作格局，依托传统的电话、邮件、纸质办公模式已不能满足管理的时效性和准确性的要求。因此，为了提升经营管理水平，规范行政办公和业务运作流程，提高各部门的协作沟通效率，实现内部知识共享，减少资源消耗，需要建设一套符合企业自身特点的协同管理系统，实现集团总部、各分公司、各部门跨地域、高时效的协同工作。

1. 企业现状与问题

（1）流程制度落实与优化方面

集团各下属企业地理位置分散，产品类型和客户定位不同，部门分工和岗位设置有一定的自主性，所以各下属企业的生产经营管理体系不尽相同，基本上自成体系。对于集团总部制定的一些规章制度，各下属企业理解不清晰，导致制度执行不到位，或者执行起来费时费力，甚至偏差很大。各下属企业自己制定了一些规章制度，集团与下属企业的流程制度缺乏标准化、规范化管理。业务审批采用纸质文档、人工找领导审批的方式，审批效率低下。有些流程执行滞后，部门或人员相互指责推诿，没有流程的分析与监控，流程的优化改善无从下手。

（2）工作的沟通与协调方面

企业日常工作中存在大量的跨部门、跨机构、跨区域的业务协作，不同的部门承担的职责各有分工，部门之间、不同部门的员工之间对事情的判断和处理会出现分歧，甚至出现部门间的工作衔接不顺畅的情况。目前，企业主要使用电子邮件、会议、口头传达、电话、QQ、微信等方式进行沟通和协调，沟通方式看上去很灵活，但是一些信息在传递过程中没有被记录存档，一些信息传递失真，有时候也会出现多重信息源，导致信息不对称和混乱。

（3）知识经验分享方面

集团研发中心的技术文档采用PDM系统统一存储和管理，下属企业的业务数据通过各自的ERP系统管理。管理制度的纸质文件由各部门存档，电子文档存储在员工各自的电脑中。文档管理分散，一些文档资料往往会随人员的流动而丢失。对员工的隐性知识缺乏有效的管理机制，整个企业没有建立自己的知识体系。文档资料的周期、版本、安全管理也缺乏统一的管理机制。

（4）信息传递方面

企业的规章制度、新闻、公告、资讯、通知等主要通过传真、邮件、电话、公告栏、网站等方式发布，下属企业的生产业务信息主要通过ERP系统传递。在大部分情况下，员工需要主动去系统或网站中查询信息、获取资源。每个员工所处部门、所在岗位不同，日常工作所需关注的信息和处理事项是有差异的，各种信息资源越来越丰富和多样，员工对信息的个性化需求也日益旺盛，目前还没有根据不同对象有针对性地进行信息和资源的聚合并主动推送的手段。

（5）组织运作透视方面

集团下属企业的运营业务数据基本来自 ERP 系统。当 ERP 系统本身提供的报表不能满足管理层的要求时，往往需要工作人员对应用系统的数据进行加工处理，以手工方式生成报表。有些数据要分别取自不同的系统模块，处理起来费时费力。决策者关注的关键业务数据指标和执行情况的分析结果有一定的延迟，不能实时呈现，呈现的结果也不够直观，缺乏对指标的逐层深化和深入分析。

（6）信息资源整合方面

集团与下属企业的应用系统不能支持跨企业的业务协作，各个系统之间也难以紧密集成，企业不得不花大量的人力、物力在不同的应用系统之间切换，造成运营效率低下。不同的信息（如 E-mail、PPT、文本、图片、视频等）以不同的结构在不同的数据库、主机、文件服务器、应用系统上存在，而这些系统缺乏相互连接的信息渠道，数据缺乏系统的关联，从而给企业获取有用信息带来很大的障碍。

由于职能、部门、产品线或地理位置之间的界限，一些部门、下属企业拥有的外部资源（合作伙伴、供应商、客户等）不够开放，致使信息资源冗余，或者不能被有效充分地利用。

（7）企业文化融合方面

"诚信、创新、自律、和谐"是企业的价值观，但由于地理位置的分散，集团各个分部的沟通交流较少，管理者难以及时了解企业员工的基本素质、工作状态和关注员工的个人修养、敬业态度等，不利于企业文化的融合及企业凝聚力的形成。

2. 管理需求

对于集团企业，规模不等于效益，做大不等于做强，尤其是对于多地、多企业的长扬集团，必然会遇到战略分散、组织分散、流程分散、信息分散、资源分散、文化分散的发展瓶颈，必须通过信息化手段来推动管理的"六大整合"目标（见图 2-2）：战略一致、组织扁平、流程优化、信息集中、资源共享、文化统一。这样突破瓶颈，从做大走向做强，从实现规模扩张走向实现规模效益。

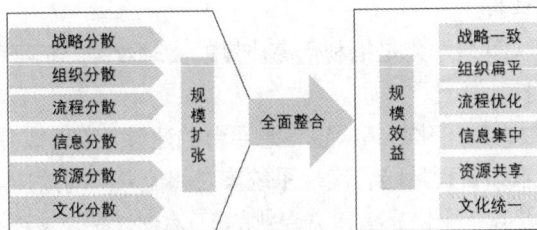

图 2-2　长扬集团的管理需求

（1）从"战略分散"到"战略一致"

在集团统领下，向原来各自为政的下属企业统一传递、执行与落实共同的企业战略，为同一个目标而不是各自的目标而共同努力。

（2）从"组织分散"到"组织扁平"

面对不同管理模式的下属企业，基于扁平式组织管理模式，建立系统、科学、规范的管理制度体系，以保障企业管理有序、高效运行。

（3）从"流程分散"到"流程优化"

企业当前有大量的工作缺乏约束和指导，尚未形成规范的工作流程体系。下属企业自身存在各种显性与隐性流程，应在集团范围内进行流程清洗、梳理、整合、优化并贯彻执行。

（4）从"信息分散"到"信息集中"

随着企业的日益发展，各种信息资源也越来越丰富多样，但分散在集团各部门和各下属企业的信息资源缺乏有效的管理，应以领导决策为导向，在集团范围内进行信息的采集、汇总、存储、管理、统计分析、统一发布。

（5）从"资源分散"到"资源共享"

集团总部与各下属企业都有广泛的内部企业资源与外部社会资源，这些都是集团发展壮大的宝贵资源。唯有将资源进行一体化整合、管理与利用，才能发挥集团整体综合优势。

（6）从"文化分散"到"文化统一"

面对具有多种多样的部门文化的下属企业文化，应从集团统一的文化的高度去整合各种文化，取其精华，继承、发展并将其融合为全新的、集团统一的企业文化，并向集团各部门与下属企业进行传播、实践与再创新。

3. 信息化需求

为了支撑上述六大管理目标的达成，长扬集团的信息化目标是：在集团范围内实现数字化的运营与管理，以全面实现信息化对业务流程的支持为起点，通过提高信息质量、整合信息管理，满足集团专业化和精细化的管理需求，借助先进的协同技术和管理平台，实现集成的、科学的、精细化的企业管理体制。

长扬集团的信息化目标具体分为以下6个方面。

（1）流程规范化。流程规范化是指集团总部实行标准管理，各个部门与下属企业执行相对标准的流程，通过信息系统得以推行和固化。

（2）资源一体化。资源一体化是指实现信息建设的统一标准、统一平台、统一数据库和统一网络。

（3）管理精细化。管理精细化是指不但利用信息化保障管理水平的提升，而且通过信息手段来驱动企业管理变革。

（4）决策科学化。决策科学化是指利用高质量的实时数据分析经营现状、预测趋势，为经营决策提供有力的支持。

（5）数据集中化。数据集中化是指通过信息平台的建设，实现核心应用数据的集中管理，从而共享资源，降低成本和管理风险，实现系统集成和信息协同效应。

（6）服务专业化。服务专业化是指建立专业的 IT 治理体系，关注核心领域，拓展差异化优势，外包非核心领域。

表 2-1 所示为长扬集团的信息化需求。

表 2-1　长扬集团的信息化需求

需求分类	需求描述
信息门户	门户子系统为用户提供基于 Web 的信息服务门户平台，基于多层体系结构，具有高度可扩充性、个性化、成员管理、聚合和安全等服务的能力
流程管理	实现全企业统一的工作流程管理，采用电子化的流程，突破各种边界，进行跨部门、跨企业的即时沟通，构造协作的环境。能快速定义流程，支持流程之间的数据关联、流程查询、统计、效率分析

需求分类	需求描述
知识管理	实现内部知识文档积累、共享、利用和创新，构建内部的知识管理体系。提供快捷的检索工具、有效的安全性控制机制、灵活的知识分享与利用的途径
移动办公	支持 iOS、Android 等主流操作系统的移动 OA，方便员工通过手机完成日常问题处理与工作交流，同时实现与微信企业号集成
综合办公	提供车辆、办公用品、办公设备、会议、日程和计划管理等日常办公管理工具
应用拓展与集成	实现单点登录，支持拓展应用，如项目、合同等管理业务；支持与其他异构系统，如财务系统、ERP 系统的集成，整合业务数据，实现综合数据分析与呈现

▶▶▶ 二、项目目标

1．建设目标

构建开放性好、兼容性强的协同 OA 管理平台，并在此统一平台上部署企业信息门户、智能数据分析等扩展系统，实现事务联动和业务整合，这是本项目总体建设目标。

总体上，充分考虑未来发展的需要，协同 OA 项目要进行统一规划、分步实施、逐步扩展，保证系统的完整性，做到统一标准、统一交换、统一管理、统一认证、互联互通和资源共享。该平台不仅要能支撑目前的应用软件，还要能支持日后各种可能的应用软件，如费用管理、合同管理、项目管理、人事管理等各种业务系统。

系统将方便协同工作，保障办公管理向规范化、信息化、和谐化发展，注重知识管理的实际应用，融协同作业、实时通信、信息发布、资源管理、行政办公、流程管理、信息集成于一体，为管理决策层提供各种决策参考数据，为员工提供良好的办公手段和沟通协作平台，提高工作效率。

系统将按照"一套系统、一个平台、一个门户、二级应用"的总体建设思路，构建一个基于互联网的、一体化的、覆盖企业信息产业的、统一的现代化办公协同平台和企业信息门户，满足企业跨时间、跨区域、跨部门的集团化协同办公要求。根据不同的业务，建立分类的企业知识库，形成企业的知识地图，将人员、客户、项目、流程和业务知识紧密集成在一起，促进信息的有效利用和科技创新。图 2-3 所示为协同 OA 项目的目标实现路线。

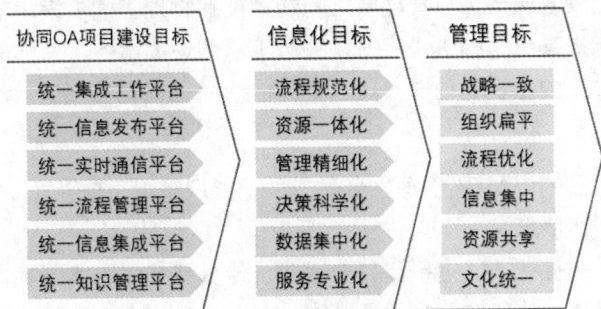

协同OA项目建设目标	信息化目标	管理目标
统一集成工作平台	流程规范化	战略一致
统一信息发布平台	资源一体化	组织扁平
统一实时通信平台	管理精细化	流程优化
统一流程管理平台	决策科学化	信息集中
统一信息集成平台	数据集中化	资源共享
统一知识管理平台	服务专业化	文化统一

图 2-3　协同 OA 项目的目标实现路线

信息系统应用与建设是解决企业实际管理问题、实现企业信息化目标的手段与工具。针对企业管理需求与信息化需求，长扬集团将在协同 OA 管理平台上实现以下建设目标。

（1）统一集成工作平台

企业各级领导与人员都以协同办公系统作为工作的主要平台，平台除了能集成本项目各种办公应用，还具备充分的扩展性，能够连接和集成目前与未来各种业务应用系统，使所有用户在统一的页面使用不同的软件系统。并且，平台的集成框架具备个性化定制能力，可以按照不同部门、不同领导的需要，为不同类型的用户实现不同的页面风格、定制不同的软件功能使用权限。通过网络与通信平台的支持，使出差或外地人员可以随时随地实现移动办公。

（2）统一信息发布平台

无论在办公室办公还是移动办公，企业各级领导与各部门、下属企业都以协同办公系统为工作的主要平台，个性化使用各种办公应用与业务应用。协同办公平台也是一个内部信息发布系统，能为信息发布交流提供有效的场所，实现企业内部各种信息（办公信息、文件、函件等）的统一管理和发布，以及提供个性化服务。平台能够支持发布互联网上的各种信息，包括行业信息、社会信息以及网上订票订购、网上银行等在线服务。

（3）统一实时通信平台

实时通信平台提供点对点的多样化信息通信功能，包括电子邮件、即时通信、短信收发、网上传真、留言、意见征询、文件传阅、视频会议等，它为企业提供快捷、灵活、方便的信息传递机制，实现用户文件共享、文字信息、语音信息、视频信息的传递及积累。系统中的工作流以及待办事宜等信息可以发送到相关人员的手机上，解决外出工作人员的后顾之忧。

（4）统一流程管理平台

流程管理平台实现企业内各种业务工作与管理工作的电子化流转，范围基本覆盖纸质办公的所有工作流程类别，各种工作流程均采用电子起草、传阅、审批、会签、签发、归档等电子化流转方式，尊重工作人员的传统办公习惯，采用人性化设计，真正实现无纸化办公。

（5）统一信息集成平台

信息集成平台集成与汇总企业内各部门、各下属企业目前与未来各种业务系统独立的、静态或者动态的业务数据，包括财务系统、ERP 系统等，并进行统一的统计分析，为企业领导决策服务。这些数据、信息还可以集成到工作流平台中，使用户能有效获取处理信息，提高整体反应速度与工作效率。

（6）统一知识管理平台

系统利用长久积累的信息、文档、知识资源与专家技能，改进行动决策能力、快速响应能力、提高工作效率和员工整体素质。平台将传统的垂直化领导模式转化为基于项目或任务的扁平式管理模式，使普通员工与管理层之间的距离在物理空间上缩小的同时，心理距离也逐渐缩小。平台还能提高企业的协作能力，将员工从烦琐的事务、森严的等级、刻板的环境中解放出来，激发员工的主观能动性。

2．预期效益

长扬集团希望企业的协同 OA 管理平台建成后，能取得以下效益。

（1）可量化的成本降低

降低纸张费用、差旅费、通信费用、电话费、传真费和邮寄费等基本的行政费用。通过车辆的合理调配和管理节约用车成本，通过统一电子发放如文化手册、规章制度、月刊刊物等资料降低纸质存档管理费用，通过行政流程审批间接降低企业内部来回沟通的隐性成本。

（2）广泛的沟通渠道

实现全企业协同工作，通过电子化的工作流程将集团本部与分散在各地的管理人员、业务人员连接起来，配合大量现代通信手段，包括电子邮件、网上即时通信、网上传真、手机短信等，使员工尽管在地理上分散于各地，却在同一个企业信息空间中实现实时交流。

（3）规范的制度流程管理

通过工作流引擎，将管理路线规范化、标准化和流程自动化，有效提高业务运作效率。利用丰富的流程控制手段，满足企业灵活的管理需要。将符合企业管理规范的表单、流程固化到协同 OA 管理平台，将制度转化为可见的管理行为进行约束，保证制度执行的准确、高效、可跟踪及可追溯。

（4）全面的信息共享

通过在集团范围内共享各种通知、公告、大事记，各类文档、社会新闻、行业新闻等，各职能部门与业务部门即时发布行政业务信息，所有员工第一时间获得所有信息，实现信息统一传达。

（5）深入的系统集成

随着信息化建设的深入，各大应用系统必然要进行面向用户业务处理过程的整合。除了实现统一登录以外，协同办公系统将与财务系统、ERP 系统、PDM 系统等在业务逻辑与数据层面上进行广泛的整合，以满足复杂业务自动化处理的需要。同时，协同办公系统将与企业门户系统紧密集成与整合。企业门户系统配合流程优化工作，在管理上与技术上，与各大业务系统实现初步的流程整合。企业门户系统不但融合、内嵌了协同办公系统，还全面集成各大业务系统，以业务处理为中心，为每项业务将不同系统的相关操作页面统一到一个页面中，使应用功能相互联动、底层信息数据共享与交互。

（6）知识化的业务运作

根据不同用户的知识使用需求来设计与建造全面的知识管理系统，围绕用户的业务处理过程自动提供所需的数据、信息与知识，充分利用用户在日常工作中沉淀下来的信息与经验，充分发挥信息化资源服务业务、服务管理、服务决策的价值。

（7）全新的企业文化应用

基于网络的文化建设阵地，实现企业使命、企业愿景及企业文化的高效传播，如企业精神宣传、精神文明建设、企业期刊发布、员工风采展示等，使集团全员上下一心，产生认同感、归属感、集体荣誉感与主人翁精神。

💡 **小贴士**

IT 规划

IT 规划（IT planning）是信息化规划的简称，是指在理解企业发展战略和评估企业 IT 现状的基础上，结合所属行业信息化方面的实践和对最新信息技术发展的认识，提出企业信息化建设的远景、目标和战略，以及具体信息系统的架构设计、选型和实施策略，全面、系统地指导企业的信息化建设，满足企业可持续发展的需要。图 2-4 所示为 IT 规划的框架内容。

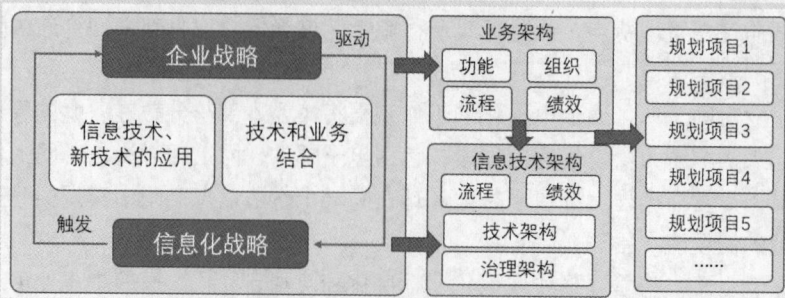

图2-4　IT规划的框架内容

目前，针对业务需求的IT应用越来越多，信息化所需的投资越来越大，各企业不可能同时上所有的应用系统，因此，根据业务需求的轻重缓急以及各个业务系统之间的关系进行必要的规划，逐步上系统，是更好的选择。另外，很多应用的信息化本身也有先后次序的要求，也需规划。最后，针对具体的业务需求而言，也常常存在逐步实施的必要，因为若系统实施过于复杂，不仅会导致项目管理难度增大，而且会牵扯过多人员的精力，从而影响企业的日常工作。

IT规划是对信息化工作的一种规划。信息化是有目的的，无论是上财务系统还是OA系统，都是为了满足某些具体的信息化管理需求，企业在进行IT规划时需要思考：有哪些业务需要IT技术的支持，如财务、OA还是具体的某项业务；各种需求之间的关系是怎样的，如财务系统中的哪些数据需要OA来提供，OA的哪些应用需要财务系统提供相应的数据以供分析；未来理想的信息化目标是什么，根据各类需求的轻重缓急，应该先上什么系统、再上什么系统，并充分考虑投资预算，以便逐步达到目标。

IT规划有两点含义：第一，IT战略要与组织战略相一致，并在较长时期内作为企业信息系统建设的依据；第二，IT项目的选择要基于IT战略，要符合IT战略的要求。

任务思考

（1）协同OA项目规划包括哪些内容？

（2）企业对日常的办公管理有哪些需求？

（3）简述协同OA管理平台如何满足企业的信息化管理需求。

【任务2-2】 协同OA软件选型

任务导读

围绕协同OA项目的整体建设目标，结合企业自身的管理需求、信息化需求和投资预算情况，企业如何选择适合自己的协同OA软件？软件选型的关注点在哪里？对于品牌、技术、产品、服务、价格应该如何考虑和衡量？如何判断软件供应商的实力？这些问题都是企业在软件选型时要面对的问题，也是非常难以抉择的问题。

任务实施

>>> 一、软件选型原则

市场上的 OA 软件林林总总，各厂商有不同的产品理念，基于不同的技术体系，所设计开发出来的产品往往表现出较大的差异。在激烈的市场竞争环境下，OA 标准化的软件已经非常成熟。标准化的软件研发是基于最佳实践的设计思想，以合适、科学、严谨的理念来设计软件。而现实中企业的经营管理不可能与最佳实践一样，软件的客户化实施过程不可避免，所以企业在软件选型时不仅要考虑企业的需求和软件的功能、技术，还必须考虑软件供应商的实施和服务能力等，从多方面进行评价和衡量，否则就会造成最终的应用效果和目标无法达成的情况。不管基于哪些考虑，软件选型还是有一些明确的原则的。

1. 成熟稳定性原则

软件成熟稳定意味着软件系统设计合理、运行稳定可靠。OA 软件要想保障企业运营的畅通有序，软件的稳定性是基础。OA 软件里流转了大量的管理数据，因此 OA 软件必须是可靠的，一般的人为和外部的异常事件不应该引起系统的崩溃。当 OA 软件出现问题后能在较短的时间内恢复，并且软件的数据是完整的，不会引起数据的不一致。这就要求 OA 软件底层架构必须具有较高的稳定性。此外，随着企业的发展，OA 软件的使用者可能会越来越多，在访问量和业务量加大的情况下，要实现负载均衡和应用稳定，要求 OA 软件必须具备超大用户、高并发应用的稳定性。

软件的成熟稳定性可通过软件获得的资质证书，如软件著作权、软件登记证、软件测试报告等进行评价，也可以从软件在市场上的应用推广情况进行判断。成熟的软件一般都经历了多年的研发与应用，有明确的研发思路和管理模型，并积累了一定数量的客户实践案例。

2. 适用性原则

软件的适用性主要是指软件是否满足用户个性化的管理需求、是否适合用户应用的现状，这主要偏重于软件与用户应用需求的契合度，是软件价值兑现的保障。不同厂商的软件有不同的定位，选择适合企业自身需求的软件非常重要。

适用性可以从以下 3 个方面进行评估。第一，软件是否适合企业的管理架构，如多层集权式集团管理架构、多层分权式集团管理架构、单一经营主体管理架构、合作伙伴式管理架构等，每种管理架构对软件会有不同的要求。第二，软件是否适合企业现有的 IT 环境，IT 环境是指网络、服务器、支撑软件、系统安全、数据存储方面的环境，如基于 Linux 部署、非 IE 浏览器使用、内外网双向应用、系统与数据的分享存储等，这些 IT 环境对软件的选型也会产生影响。第三，软件是否满足企业的 IT 规划要求。有的企业将 OA 软件作为独立的应用软件进行部署，有的企业将 OA 软件作为信息化平台软件，要求与其他软件进行业务整合，这也是企业在软件选型时要慎重考虑的方面。

3. 开放性原则

一个成熟先进的 OA 软件需要具有良好的扩展性和二次开发能力，才能满足企业发展变化的需求，被企业深入和长久地应用。软件具有开放性意味着软件可以独立于硬件和操作系统，在软件开发建设中能够获得更多的技术支持，容易升级。具有开放结构的 OA 软件才能和企业已有的信息资源集成。

不管是功能升级还是资源集成，软件的开放性应用到实际，就是要求软件可根据用户需求实现敏捷开发和动态部署，最大限度地降低开发周期和费用。软件能够动态适应未来的升级和变化，才能保证企业的长期投资价值。

数据孤岛、信息孤岛、应用孤岛已经成为多年信息化建设的后遗症，而解决这些孤岛的关键因素在于软件的开放性和标准化。如果有整合的需求，企业在选择 OA 软件时一定要考虑软件的可拓展性以及软件是否留有接口与其他软件快速整合。

4. 易用性原则

OA 软件在企业管理软件中是非常基础、应用率较高的软件。为了确保具有不同计算机应用水平的工作人员均能快速掌握和操作 OA 软件，要求 OA 软件具有友好的页面，直观、简洁、操作简单的人性化设计。管理落地必须面向全员，管理软件也必须能够被全员接受。如果易用性不强，员工就不会主动去应用并充分发挥软件的功能和价值。

易用性的评价与每个用户的审美观、使用习惯、喜好有很大关系，如有人喜欢所有的信息一览无余，有人则喜欢分栏或分层展开，有人觉得树状列表更清晰，有人觉得图标显示更直观。总体来说，人机交互不能太复杂，软件的操作流程应简单明了，尽可能增加系统的智能化、自动化处理能力，减少人为操作等，这些都属于软件易用性方面的设计。

5. 实用性原则

企业在 OA 软件选型时不能一味追求功能上的"大、多、全"，应以目前的应用需求为基础，充分考虑发展的需要以确定系统规模。OA 软件要注重功能的实用性，即要考虑到最大限度地增加系统的价值，最大限度地吻合各应用者的需求，充分考虑系统今后功能扩展、应用扩展、集成扩展多层面的延伸，实施过程应始终贯彻面向应用、围绕应用、依靠应用部门、注重实效的方针。同时又要兼顾成本控制、项目周期控制等因素，因此在功能的部署上也需要遵循实用性原则。

OA 软件如果只是用来管理简单的审批、员工的日常工作汇报和考勤等，这就是轻应用，按 OA 软件所需的功能选型就可以了，建议直接使用 SaaS 模式的 OA 软件。企业如果想用 OA 软件打造企业管理平台、整合企业的内外部业务，就不能只看功能，还要考虑 OA 软件的厂商、OA 软件的稳定性、实施能力等。

6. 安全性原则

OA 软件既要考虑信息资源的充分共享，又要注意信息的保护和隔离，因此软件应分别针对不同的应用、不同的网络通信环境和不同的存储设备，采取不同的措施，包括软件安全机制、数据存取的权限控制等，以确保软件的安全性。软件采取的措施包括但不限于以下方面。

平台安全。架构设计应考虑安全性要求，使软件平台达到安全设计标准。

应用安全。应用安全支持权限控制，支持身份认证接口，保证防篡改、防暴力破解等措施完善，并且可以跟 USBkey、CA（Certificate Authority，证书授权）、IP（Internet Protocol，互联网协议）地址限制等各种安全措施进行方案组合。

数据安全。数据安全支持文档安全软件整合技术，做到数据传输加密、远程安全访问、数据存储加密，并且可与虚拟专用网络等各种安全方式进行绑定，支持入侵检测与防御系统、防火墙的应用。

管理安全。管理安全提供完善的日志功能，能够记录软件使用人员的关键操作，保证软件应用的安全。

密码策略。密码策略提供多种密码策略设置功能，如初始密码强制更改、启用图形验证码、支持 USBkey 接口、密码过期控制、密码错误次数控制、密码强度设置等，从而防止暴力破解和恶意攻击。

总体而言，OA 软件的安全性要求 OA 软件具有完善的用户/权限管理体系，可统一进行用户/权限的管理，实现字段级的查询、修改、管理权限控制。系统提供用户认证、数据传输、数据存储、数字签名等安全手段接口，可在各个环节提供对第三方安全认证软件的支持。

小贴士

软件服务

软件服务是指把管理软件和实施服务一体化打包的软件服务模式，它包括提供成熟的软件、优质的实施培训服务、企业管理咨询服务、后期持续提升服务等。在目前的市场上，主流软件服务有 5 种模式，分别为：以开发和销售为主的外包模式；基础设施即服务（Infrastructure as a Service，IaaS）模式；平台即服务（Platform as a Service，PaaS）模式；通信即服务（Communications as a Service，CaaS）模式；软件即服务（Software as a Service，SaaS）模式。

5 种软件服务模式主要划分为两大类：云计算类和非云计算类。云计算类的软件服务是将应用软件统一部署，通过 Internet 向用户提供在线的租赁式软件服务。用户无须独立购置和部署硬件、网络及应用软件，只需按租约缴纳服务费用，即可直接使用软件。外包模式开发的软件服务模式是非云计算类。云计算类的软件服务模式包括 IaaS、PaaS、CaaS 和 SaaS。

IaaS（基础设施即服务）。服务商为客户提供云储存和云计算的基础设施服务，如一家企业想在网上运作企业的应用，就可以向 IaaS 公司租用服务器而不用自己去购买，简单来说就是为客户提供基础设备以及运算服务。

PaaS（平台即服务）。服务商在网上提供各种开发和分发应用的解决方案，如虚拟服务器和操作系统、网页应用管理、应用设计、应用虚拟主机、存储、安全以及应用开发协作工具等。

CaaS（通信即服务）。服务商将传统电信的能力如消息、语音、视频、会议、通信协同等封装成应用程序接口（Application Programming Interface，API）并通过互联网对外开放，提供给第三方使用，将电信能力真正作为服务对外提供。

SaaS（软件即服务）。Saas 模式是一种通过 Internet 提供软件的模式，软件公司将应用软件统一部署在自己的服务器上，用户可以根据自己实际需求，通过互联网向软件公司定购所需的应用软件服务，按定购的服务多少和时间长短向软件公司支付费用。

这 4 种软件服务模式在用户群体上是有一定区分的。IaaS 更偏向于基础设施，非常适合有很强研发能力的大型企业，IaaS 服务商可以帮助这类企业解决大量数据存储和运算的难题；PaaS 比较适合有自主开发能力的软件研发企业，这类企业可以通过 PaaS 模式进行应用管理、应用设计，节省在硬件上的费用；CaaS 主打协同，在企业的联合办公方面比较擅长，企业可以通过这类模式开发的软件建设自己的呼叫中心，或者开展远程教育、远程医疗等业务。SaaS 是目前最适合为数众多的中小型企业的软件服务模式。这种模式将软件进行模块化部署，把繁多的软件功能按照用途划分为很多模块，企业可以根据自己的需求进行自由组合。

▶▶▶ 二、软件选型流程

管理软件选型一般分为 3 个阶段，分别是准备阶段、初选阶段和谈判阶段，主要包括成立选型小组、分析内部需求、供应商演示、提交解决方案、商务谈判和签约 6 个环节，如图 2-5 所示。由于每个企业的情况不同，各家企业在上述选型流程中可以根据自己的情况做调整或增加项目。

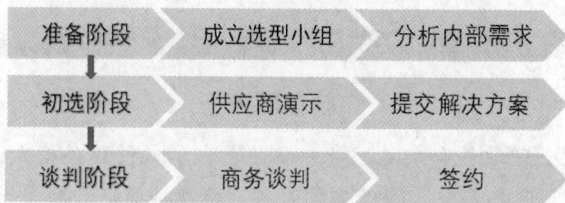

准备阶段	成立选型小组	分析内部需求
初选阶段	供应商演示	提交解决方案
谈判阶段	商务谈判	签约

图 2-5　管理软件选型流程

1. 准备阶段

准备阶段是整个软件选型过程的基础，包括成立选型小组、分析内部需求等主要环节。

企业管理软件选型要成立选型小组，选型小组一般由企业高层管理者、业务部门、IT 部门的人员构成。高层管理者考察软件的管理思想是否符合企业自身的管理理念、是否能为企业后期的发展提供支撑；业务部门负责人或业务骨干只对本部门的功能负责；IT 部门要把握管理软件技术和总体架构的合理性以及未来的可扩展性、前瞻性等。这样就形成了一个合理的团队，有负责操作层面的，有负责管理层面的，还有负责技术层面的。企业管理软件选型是一个高层管理者负责、全员参与的工程，缺少哪个环节都会存在一定的问题。

企业在招标前要对自身的需求进行广泛调研，对主要业务流程进行分析和优化，确定信息化的总体规划、实施方案、资金预算和数据规范等内容。需求调研一方面要结合企业现有的管理要求和管理水平，通过流程分析和瓶颈问题分析，整理出企业自身的信息化需求；另一方面要与企业的发展战略相结合，并充分考虑企业当前应用系统以及未来一定时间内不同应用系统间的集成问题。需求调研可由企业自己完成，也可以委托专业的管理咨询公司完成。

在需求明确后，企业要制订详细的招标流程。企业在招标文件中分别拟定技术和商务条款，并根据自身特点将各个条款赋予不同的权重，建立软件选型的考核与评分体系，并要求备选 IT 企业在解决方案中必须逐项明确回复。

2. 初选阶段

在初选阶段，企业应先进行标书评定，剔除无效标书；然后通过流程模拟来分析软件解决问题的能力，充分评价供应商的项目实施和服务能力，考察软件典型用户的应用情况；最后结合信息化需求，考虑当前和未来系统间的集成方案。

首先，企业通过公开招标或邀标等方式，邀请软件供应商投标。招标书中明确规定投标方应严格按照招标书规定的格式和内容撰写。在收集投标书后，应首先对投标书进行内容审查，查看投标书撰写是否规范，分析投标书内容是否针对招标书中提出的问题和要求进行全面、明确的回答，并对供应商进行资格审查，分析供应商的重视程度。经过分析、比较，剔除无效或不能满足要求的投标书。

其次，企业通过方案讲解演示、流程模拟和做考题等多种形式考察软件功能和供应商解决问题的能力。其中，流程模拟和做考题是非常好的做法，也就是根据企业信息化需求的重点及流程，要求备选供应商按照企业事先提供的基础数据，进行现场演示和流程模拟，这样做既可以使企业变被动为主动，把握重点需求，又可以使企业在较短的时间内了解备选供应商软件的功能、模块之间集成程度和解决问题的能力。经过分析、比较，剔除明显不能满足需求的供应商。

在演示过程中，重点关注以下7点。

（1）软件流程是否符合企业作业流程。

（2）软件是否可解决企业目前存在的问题。

（3）软件是否满足企业的管理需求。

（4）软件数据处理是否及时、准确。

（5）软件操作是否简便。

（6）软件数据安全是否有保障。

（7）软件是否满足企业的扩展需要等。

最后，对备选供应商和典型用户进行考察。在大型信息化项目实施过程中，实施顾问尤其是项目经理的能力和实施经验非常关键，但由于高级人才缺乏，使"高级顾问打单、初级顾问实施"的现状在软件供应商中普遍存在。因此，要重点考虑备选供应商的行业背景、人才现状和本地化服务能力，包括服务网点设置、本地服务的技术力量和水平、响应时间、二次开发能力等因素，以保证项目后期可以得到及时的服务。由于软件供应商一般在典型用户中都有"关系户"，所以在考察典型用户之前，要对考察的内容仔细进行策划，在现场交流与沟通的过程中有目的地要求对方介绍相关情况，考察的重点是典型用户的集成应用情况。

随着信息化技术的发展，信息化项目越来越复杂，采用的信息系统也越来越多，而各系统的集成问题成为目前信息化实施过程中的瓶颈。因此，这要求备选供应商提供与已有或将应用的软件的集成方案。

完成以上步骤后，选型小组召开会议，依据评分表对备选供应商进行评分，最终选择2～3家符合条件的软件供应商进入谈判阶段。

3. 谈判阶段

IT 项目在实施过程中会出现很多需要解决的问题，如果在合同中没有明确规定，则 IT 供应商将有权不承担相应责任。在技术协议中，企业应结合招标文件，逐项列出项目涉及范围、软件应实现的功能和技术水平、实施计划和各阶段进度、项目各阶段验收的流程和标准、二次开发的范畴和内容、项目经理和实施团队的人选、信息集成方案、实施过程中应提交的文件等内容。只有这样，才能做到实施过程"有章可循"。此外，还应明确规定监理方的权力和职责，其中最重要的是要赋予监理方审核各类资料、对项目的实施进行监控的权力。

企业进行商务合同谈判时除了注意软件价格外，还需注意咨询实施、服务、培训和二次开发费用等情况，以保证总体成本最低。同时，企业应注意各阶段的付款条件，将付款条件与项目的实施进度和实施效果挂钩。此外，企业还需注意违约条款等关键条款的制订，如对项目延期、二次开发、实施顾问变更、系统运行达不到预算效果、需求变更等情况的处理方式，以促进项目的顺利推进。在商务合同的谈判过程中，要做到"有理、有利、有节"，在切实保证供应商合理利润的基础上，寻求双方都能接受的合理价位。

值得指出的是，上述软件选型流程是针对大中型信息化项目而言的，对于小型项目则可以对选型流程进行精简。同时，企业应该根据软件本身的复杂程度、实际需求的复杂程度进行优化，控制选型成本和选型周期。

▶▶▶ 三、软件选型评价指标

管理软件选型是一项复杂的工程，要做到知己知彼，选型时企业首先要考虑自身的特点，即企业的层次、所处行业、规模和性质。其次才是对软件供应商的评价，考察供应商的共性、个性、层次和规模。选型过程中应该借助各种方法和工具来评价供应商，以选择最适合企业的软件。

管理软件选型要重点考核的内容包括行业匹配度、软件成熟度、软件特点、系统功能、系统性能（包括开放性、可扩展性、配置能力等）、方案水平、典型用户、实施顾问团队（尤其是项目经理）、供应商实力、供应商本地化服务能力等方面。

选型评价表是一种常用的工具，企业可根据自身的需要，结合选型的原则，对软件供应商和软件进行量化评价。管理软件选型评价指标主要包括以下6个方面。

（1）供应商的资格与资信。对于供应商的信誉度、专业能力、可持续发展能力方面，一般从供应商的资质、背景、发展方面来考虑，同时参考客户数量、项目完成率以及典型应用案例的情况。

（2）软件的技术性能。软件不能采用过于陈旧的技术，采用的至少是未来几年主流发展方向的技术；技术要成熟、稳定，具有较好的开放性，能兼容企业现有的信息化系统技术体系等。

（3）软件系统功能。软件各模块功能满足企业的管理和应用需求，页面友好、操作方便、功能完善。软件系统具有一定的扩展性，能支撑后续新的应用。

（4）项目实施方法。在科学可行的项目实施方法指导下，有阶段性的推进目标、方法和时间表，有项目的风险管控机制、项目文档管理、项目质量保障以及验收标准等。

（5）项目实施服务。由专业的团队提供实施、推广和服务，有相应的体系机制支持双方的沟通与合作，如售后服务机制、现场服务机制等。

（6）投资与商务条款。从软件的性价比方面综合考虑投资与效益。协同管理软件可以采用产品化实施，也可以采用项目化定制，或者选择标准产品加定制开发的方式。不同的实施方式，项目的周期和成本有较大的差异。

表 2-2 所示为协同 OA 选型评分表。

表 2-2　协同 OA 选型评分表

一级指标	二级指标		分值（%）	评分
供应商的资格与资信（10%）	1.1	供应商自身规模和实力	6	
	1.2	供应商在我国的用户情况	3	
	1.3	典型案例分析	1	
软件的技术性能（10%）	2.1	系统性能	6	
	2.2	系统的网络架构、操作系统和数据库	2	
	2.3	硬件要求	2	
软件系统功能（40%）	3.1	信息发布	10	
	3.2	综合办公	10	

一级指标	二级指标		分值（%）	评分
软件系统 功能（40%）	3.3	流程管理	10	
	3.4	知识管理	5	
	3.5	信息集成	5	
项目实施办法 （5%）	4.1	实施方法论	1	
	4.2	项目实施周期及交付成果	2	
	4.3	项目质量控制体系	1	
	4.4	项目风险管理体系	1	
项目实施服务 （20%）	5.1	项目实施团队	5	
	5.2	项目培训安排	5	
	5.3	供应商对项目的承诺与支持	5	
	5.4	后期推广与服务	5	
投资与商务条款 （15%）	6.1	初始投入成本	5	
	6.2	用户数扩充成本	3	
	6.3	全周期成本	2	
	6.4	商务条款	5	

任务思考

（1）软件选型有哪些原则？这些原则是否有冲突，请举例说明。

（2）软件选型要综合考虑哪些方面？

（3）设计软件选型评分表，软件可以选择 ERP、CRM 或 MES，也可以自定。

【任务 2-3】 协同 OA 项目实施

任务导读

　　长扬集团的软件选型小组最终选定的协同管理软件是致远 A8 集团版，接下来的工作就是企业与供应商一起完成软件的实施。大量的软件项目实施案例证明，软件项目能否成功、能否真正发挥价值，项目实施是关键。

　　为了协同 OA 项目的顺利推进和成功实施，需要企业和实施方密切配合，按照一套科学的体系和方法指导项目实施的全过程，并从组织、制度、方法、时间、技术等多方面提供足够的保障。如何建立完整的项目组织管理体系，以什么流程和标准实施，实施的每一阶段的工作任务是什么，如何有效应用实施工具和文档，如何推进项目进展，如何控制风险等，都是项目实施过程中需要了解和掌握的内容。

任务实施

▶▶▶ 一、项目实施目的与风险

项目实施是在企业信息化建设过程中，由相关人员组成特定项目组，根据用户的需求，向企业提供的一种个性化、专业化的服务。项目实施为企业提供一种有助于其实现管理目标的、有价值的一整套解决方案，并指导用户完成管理软件的用户化工作，帮助企业实现科学管理，降低成本，提高效率。

长扬集团希望通过协同 OA 项目实施达到以下目的。

（1）采用规范化的实施方法，保证实施项目的顺利推进。

（2）提高项目的成功率，降低实施风险，缩短实施时间。

（3）帮助企业优化管理流程，规范、完善现有的管理模式。

（4）为企业培养一批技术和业务能力兼备的系统管理人员及应用管理人员。

（5）将软件与管理紧密结合，最大限度地发挥软件的管理思想。

协同 OA 项目是一项结构复杂、功能强、涉及面广的信息系统集成和开发的工程，在实施的过程中，不同业务职能部门或多或少会被一些本位思想左右，从而造成实施的过程中出现一些阻力。为确保项目达到预期的目标，企业必须做到在项目实施前就能预测到项目可能遇到的各种风险，并准备好项目风险的控制方法。

（1）项目目标的风险

企业制订的项目实施目标要合理。项目实施目标太大，一般会体现在两个方面，一是企业希望一期的实施就能够覆盖所有的机构、部门和岗位，二是企业希望一期的应用就能够覆盖全部功能。这些都有可能造成项目实施进展缓慢，甚至相互扯皮和拖延。

企业在细化需求与调研分析的过程中，需要明晰实施和推广的范围，针对这些范围进行详细的分析并制订相应的推广方法。当然，实施目标也不能太小，否则容易造成上线运行一段时间后应用都是非常简单的功能的情况。

一般制订的实施目标从用户和应用两个范围来分别选择。用户范围选择一些信息化水平和认知比较成熟的部门作为试点，从中可以积累到相关的实施经验，便于后续向其他部门或机构快速复制。应用范围抽取一些比较有代表性的、能够快速见效又相对比较容易的应用入手。

（2）需求变更的风险

协同 OA 系统的上线推广由不同的环节和一系列工作组成，一般需求确定后就要形成系统的初始化、开展系统上线的培训推广等工作，若是需求经常不断地变更，就必然造成这部分的需求无法初始化、无法正常上线，甚至导致整个项目都无法正常运行下去。所以，企业要尽可能地避免需求的不断变更，对不同性质的变更采取不同的措施。

需求的确认。在分析需求的前期就需要充分考虑需求是否足够完整、是否已经考虑到相应的一些细节、是否预留了可调整的空间等。只有把前期的需求分析做足功课，后期要变动的频率才会降低。同时，针对整理分析出来的需求，需要相应的部门进行书面确认，以提高需求部门对这个事情的认知。

需求的成熟度。一般出现需求不断变更的原因是当初没有考虑清楚，特别是那些本身不是很明确的需求，或运行不够成熟的需求。一般针对这种情况，特别是在项目前期实施推广阶段，可以暂缓这类需求，或者抽出其中部分成熟的需求先作为试点实施，待这些需求有相应的成熟度并有相关的经验参考后再进行完善。

对前期协同 OA 系统的推广，需要把握住一些使用频率高、起效快、价值大的应用，将这些应用作为关键需求推进。

（3）项目人员的风险

企业项目组人员发生变动是经常遇到的事情，一般会由 3 个方面的原因造成：一是时间冲突，这是因为临时组建小组中的项目人员本身还有很多业务在进行，很难集中时间在 OA 项目的配合上；二是内部管理，造成人员的临时变动甚至离职；三是主观因素，如认为这个事情对自己帮助不大，不是非常愿意投入时间、精力去做，或者是自身的能力有问题。

项目组人员变动对项目实施的影响是非常大的，本来 OA 项目的实施就需要人力的推动，一旦有变动，新接手的人员对项目情况不了解，需要一定的时间来过渡，这样必然会造成内部资源的耗费和返工。

要避免这方面的风险，需要在选人时把好关，同时在实施执行的过程中能够及时在内部进行协调，一旦发现有这方面的前兆显现，需要提前在内部进行沟通和协调，避免变动的情况发生。例如，可与其上级及时沟通是否能够把业务上的工作进行部分交接、转移；或者由上级对其进行沟通，把 OA 项目实施配合的工作作为比较重要的事情来进行；或者对其适当引导，从主观意识上加强其认知。

（4）认知意识的风险

在 OA 项目的实施中，存在很多认知误区。

有的人认为，IT 部门和人员可以搞定所有的事情，如需求可以由 IT 部门来整理和完成、系统的初始化可以由 IT 部门来完成、培训工作可以由 IT 部门来完成等。实际上在我国的很多企业中，IT 部门本身具备的资源和内部号召力还是比较低的，IT 部门也不熟悉业务职能部门的运作过程和流程。一般情况下，系统初始化和基本的培训工作可以直接由 IT 部门人员来完成，但针对用户的详细需求和持续的培训，还是需要业务部门来推进。

有的人认为，项目可以一步到位、立竿见影。随着项目周期的加长，耗费了很大的人力、物力，实际的效果却不大。如果一件事情一直重复进行，需求不断变更，就会造成相关人员的状态疲软，甚至令其形成消极的想法。

对于认知意识的风险，可以通过不断引导、培训、激励、循序渐进的成果推出等方式来加强认知，避免由此带来的关联性影响。

建立一个良好的项目管理制度、严密的组织实施计划、严格的监督检查机制，对保证项目的成功至关重要。实施方法论是一套体系和方法，用于指导项目的实施，提供各种实施工具和文档。从项目风险管控的角度来看，实施方法论一方面可以有效界定需求边界，降低不必要的需求风险，保证既定目标的实施；另一方面可以有效控制项目的交付周期，保证项目按期上线，降低项目的进度风险。

▶▶▶ 二、项目组织管理

协同 OA 项目规模较大，参与人员众多，如何将人员有效地组织起来、最大限度地发挥他们的工作效率，对成功完成该项目极为重要。在建立组织时，一般遵循层次型组织结构，实行岗位责任制，避免造成混乱。

由于完成项目工程涉及的专业部门多，为了保证项目按时、保质地完成，同时考虑到系统建成后的维护技术支持工作，企业要与实施方组成一个联合项目实施团队来保证项目的成功进行。其中包括项目的决策者、项目管理者、实施人员、关键用户。图 2-6 所示为联合项目实施小组的组织架构。

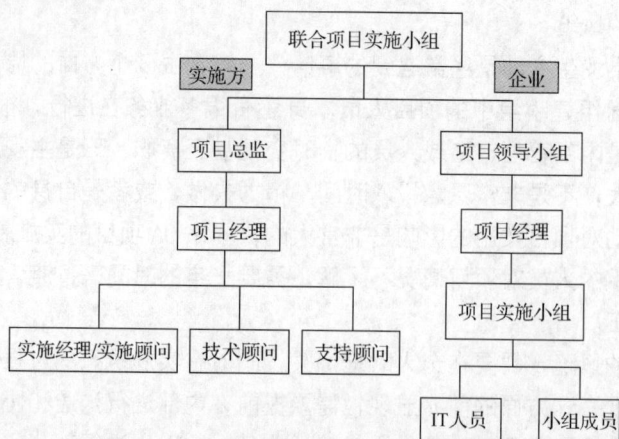

图 2-6　联合项目实施小组的组织架构

1. 企业项目组

企业项目组包括项目领导小组、项目经理、项目实施小组。

项目领导小组：由企业决策人员和相关业务高级管理人员组成。项目领导小组的职责主要有以下 9 方面。

（1）对项目实施小组提供承诺、支持、指导。

（2）为项目的实施提供人力、财力、场地等的支持。

（3）负责实施项目形成的管理制度、规程的审批。

（4）决定对与项目相关部门及责任人的奖惩。

（5）解决项目工作小组无法解决的重大问题（或扩大化问题）。

（6）审定项目的各项方案和项目实施目标。

（7）检查、考核项目实施工作，保证项目制度落地，确保项目实施按计划进行。

（8）督促各部门与甲乙方项目组及技术支持单位进行工作协调。

（9）在每个阶段的关键点，组织项目阶段实施工作鉴定，负责项目组验收和监督系统切换运行。听取工作汇报，提出指导性意见，解决重大问题。

项目经理：由企业指派与实施方的联系渠道，解决有关业务部门等方面的问题。项目经理的职责主要有以下 8 方面。

（1）与实施方项目经理及相关人员一起检查工作说明书及附件。

（2）根据要求，定期向项目领导小组通报项目的进展，并在必要时寻求支持和进行干预。

（3）指派和管理参与项目组的企业员工。

（4）组织安排合适的高级管理人员、内部用户、信息技术人员接受访谈、参加研讨会和工作会议。

（5）及时解答实施方的实施咨询并提供实施方所索取的信息、文档资料。

（6）与实施方项目经理协调处理项目计划、进度或工作范围可能出现的偏差。

（7）进行授权范围内的决策。

（8）签收项目实施中交付的各种交付件资料。

项目实施小组：由各部门行政业务主要经办人员、信息人员组成项目实施小组，在项目经理的领导和管理下，与实施方项目组一起进行项目的实施工作。项目实施小组的主要职责有以下 9 方面。

（1）根据实施顾问的要求提供详细的需求和信息。

（2）收集和确认现有业务流程。

（3）随同实施顾问对企业现状和将来的发展进行评估。

（4）协助项目组进行业务流程的调研。

（5）掌握实施顾问进行的系统知识的培训内容。

（6）进行各种业务数据的整理（包括测试数据、正式运行数据）。

（7）参加对项目进行的应用测试。

（8）和实施顾问一同进行业务流程设计和重整工作。

（9）和工作组成员审核项目交付件资料。

2. 实施方项目组

实施方项目组包括项目总监、项目经理、实施经理、实施顾问、技术顾问、支持顾问等。项目总监监督项目团队的实施工作，协调企业资源对项目进行支持。

项目经理的主要职责有以下 9 方面。

（1）做好项目管理工作，控制项目目标与范围，控制项目风险，控制客户期望值，保证项目的质量和进度。

（2）监督项目组完成对实施项目的前期调研、需求确认。

（3）组织项目组成员制订项目实施方案、项目实施目标、项目实施总体计划。

（4）负责审核项目实施工作的具体安排，确保项目实施按计划保质保量完成，督促、协调和安排项目组成员工作，以及与企业项目经理进行日常沟通、工作任务安排与协调。

（5）负责编制项目实施工作任务书，并与企业项目经理进行确认。

（6）负责项目阶段成果确认和整个项目的验收工作，提供项目实施总结及验收报告，并获得用户的签字。

（7）协助企业项目经理开展工作。

（8）组织讨论、编写项目实施方案，并和企业项目经理进行书面确认。

（9）决定项目组人员的分工和具体工作安排。

实施经理的主要职责有以下 8 方面。

（1）完成对实施项目的前期调研，并直接向项目组报告。

（2）协助项目经理共同编写项目实施方案，制订项目实施目标、项目实施总体计划和实施的详细计划。

（3）按实施合同、实施方案界定的工作范围及项目实施总体计划确定的时间进度开展实施工作，服从项目经理的工作安排，与企业项目经理协调与沟通，保证项目实施工作的正常开展。

（4）负责实施过程中各种实施文档的提供、整理与确认。

（5）负责业务分析及应用设计，指导实施顾问进行系统各模块初始化工作。

（6）编写日常操作流程指导性文档及操作注意事项说明书。

（7）组织培训并制订培训计划。

（8）组织客户编制客户化手册。

实施顾问（实施工程师）的主要职责有以下5个方面。

（1）负责项目数据库和协同OA系统的安装、调试。

（2）与技术支持人员合作，配合解决企业协同OA系统的相关问题。

（3）在项目经理的指导下完成系统各模块初始化工作。

（4）负责系统工作量级的实施工作。

（5）按计划完成各项实施任务并提交相关报告。

技术顾问（技术工程师）在项目实施过程中，完成服务器、客户端的环境准备，准备协同OA系统运行所必需的网络、设备，保证系统的正常运行。

支持顾问为项目维护提供支持，在项目组工作繁忙或有需要时，随时增援项目组的工作。

▶▶▶ 三、项目实施流程

致远公司遵循先进的项目管理理论，结合多年的实施经验，建立了自己的实施方法论。致远公司将项目实施过程划分为不同的实施阶段，每一个实施阶段均定义明确的任务、工作标准阶段性成果，确保实施工作有序进行。致远A8项目的实施流程分为项目启动、需求调研、系统建设、系统上线和持续服务5个阶段，如图2-7所示。

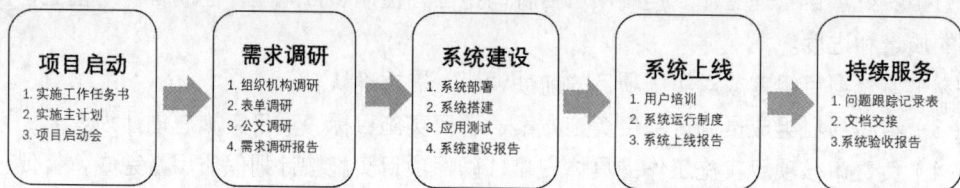

图2-7 致远A8项目实施流程

1. 项目启动阶段

项目启动阶段的目的是：对现有业务和信息化现状进行调查和初步诊断，明确咨询与实施的目标与范围，根据现状制订具体的实施工作任务书、项目实施主计划；确定合适的项目经理，建立双方的项目组；召开双方项目小组会，建立项目组高效决策和解决问题的机制，并在项目组内部对项目的目标达成共识；召开项目启动会，使企业高层以及全体员工对因项目实施带来的工作方式和方法及习惯的变革有清楚的认识，同心协力，推进项目的实施。

表2-3所示为项目启动阶段的工作任务。

表2-3 项目启动阶段的工作任务

实施方	企业
（1）组建项目组 （2）制订项目实施主计划 （3）编写项目实施方案 （4）起草实施工作任务书 （5）召开项目启动会	（1）组建项目组 （2）准备系统服务器、网络等环境 （3）参加项目启动会及周例会 （4）了解项目的管理规范和沟通原则 （5）明确自己的角色与责任 （6）审核和签署项目实施主计划、实施工作任务书

阶段预期成果：企业与实施方就项目的目标、范围、计划和管理规范达成共识，确认项目人员的角色、责任及必要的技能。

项目实施主计划详细地描述了项目的进程，并明确了资源配置和项目各阶段应该完成的内容。表 2-4 所示为项目启动阶段的实施主计划内容。

表 2-4　项目启动阶段的实施主计划

××××——OA 项目实施主计划

序号	阶段	任务	活动	实施方分工	客户方分工	开始日期	结束日期	项目文档
1		项目内部交接	项目背景、需求等进行交接	销售经理 项目经理				《销售—实施项目交接表》
2		确定项目组成员	确定双方项目组成员	项目经理	项目经理			《双方项目组成员名单》
3	1 项目启动	确认软硬件环境	网络、服务器、操作系统、数据库等相关环境准备	项目经理	项目经理			《系统应用环境确认单》
4		召开项目启动会	召开项目启动会	项目组成员	项目组成员			《项目启动会议纪要》
5			整理会议纪要					《项目启动会 PPT》
6		项目章程	项目章程确认	项目组成员	项目组成员			《项目章程》
7		确定实施计划	签字确认项目实施主计划	项目经理	项目经理			《项目实施主计划》《实施工作任务书》《致远项目实施验收标准》

2. 需求调研阶段

需求调研阶段的目的是：实施方对企业实施范围内的业务进行深入、全面的分析，明确和还原企业的需求，形成需求调研报告；根据需求调研的情况，并结合产品拟定可行性较高的实施方案。

表 2-5 所示为需求调研阶段工作任务。

表 2-5　需求调研阶段工作任务

实施方	企业
（1）调研准备 （2）组织模型调研、角色权限调研、表单流程调研等 （3）分析相关的岗位职责 （4）编写需求调研报告 （5）编写实施方案 （6）召开调研汇报会	（1）协调组织需求调研阶段的各种培训 （2）协调组织关键用户参与调研 （3）收集各部门需求调研表 （4）协调调研结果确认 （5）参加调研汇报会 （6）签署需求调研报告和实施方案

阶段预期成果：完成需求调研表、需求调研报告、项目实施方案以及召开企业领导小组汇报会。

表 2-6 所示为需求调研阶段的实施主计划。

表 2-6　需求调研阶段的实施主计划

××××——OA 项目实施主计划

序号	阶段	任务	活动	实施方分工	客户方分工	开始日期	结束日期	项目文档
8	2 需求调研	产品安装	安装调试产品	实施顾问/技术顾问	系统管理员			《产品安装确认单》
9		系统管理员培训	系统部署和环境维护培训	实施顾问	系统管理员			
10			系统基础设置与维护培训	实施顾问	系统管理员			《管理员培训确认单》
11		基础数据设备	组织结构调研	实施顾问	关键用户			《组织机构调研单》
12			人员信息调研	实施顾问	关键用户			《人员信息调研表》
13		业务需求调研	准备调研提纲、问卷	实施顾问	项目经理			《用户需求调研计划》
14			表单流程调研与确认	实施顾问	关键用户			《表单流程调研与确认》
15			公文流程调研与确认	实施顾问	关键用户			《公交流程调研确认单》
16			公共信息调研与确认	实施顾问	关键用户			《公共信息调研与确认》
17			文档管理调研与确认	实施顾问	关键用户			《文档管理调研与确认》
18			角色权限调研与确认	实施顾问	关键用户			《角色权限调研与确认》
19		需求调研确认	需求调研阶段工作确认	实施顾问	项目组成员			《需求调研及分析报告》《实施方案》

3. 系统建设阶段

系统建设阶段的目的是：实施方根据实施工作任务书的约定进行系统的安装、部署，并根据企业签字认可的需求调研报告和项目实施方案进行系统初始化和应用搭建，完成系统平台的建设工作。

表 2-7 所示为系统建设阶段工作任务。

表 2-7　系统建设阶段工作任务

实施方	企业
（1）系统部署 （2）培训系统建设方法、集团管理员和单位管理员 （3）指导完成系统的初始化和人员权限的设定 （4）根据需求调研报告进行业务分析、应用设计、应用搭建 （5）指导项目组完成应用测试 （6）编写基于主要角色的客户化操作手册 （7）完成系统建设确认书	（1）协助系统部署 （2）组织模型与基础信息搭建 （3）角色权限设置 （4）表单流程设置 （5）组织各单位管理员完成各单位应用建设 （6）签署系统建设确认书

阶段预期成果：完成系统建设确认书、客户化标准操作手册、系统建设报告。

表 2-8 所示为系统建设阶段的实施主计划。

表 2-8　系统建设阶段的实施主计划

××××——OA 项目实施主计划

序号	阶段	任务	活动	实施方分工	客户方分工	开始日期	结束日期	项目文档
20	3系统建设	组织建设	组织架构设计	实施顾问	系统管理员			
21			基础数据录入、权限设置	实施顾问	系统管理员			
22		应用构建	表单流程分析与设计制作	实施顾问	系统管理员			
23			公交流程分析与设计制作	实施顾问	系统管理员			
24			公共信息设计	实施顾问	系统管理员			
25			角色权限设置	实施顾问	系统管理员			《需求变更确认单》
26			义档应用分析与设置	实施顾问	系统管理员			
27			应用测试与确认	实施顾问	系统管理员			
28			应用设计培训（表单管理员、公共信息管理员）	实施顾问	系统管理员/表单管理员			
29			其他插件的设置部署	实施顾问	系统管理员			
30		系统建设确认	系统建设阶段工作确认	项目经理	项目经理			《系统建设报告》

4. 系统上线阶段

系统上线阶段的目的是：实施方完成知识的转移工作，知识转移的方式以培训为主，包括系统管理员培训、关键用户培训、普通用户培训、领导培训；为了确保知识转移的效果，普通用户的培训工作主要由企业的关键用户完成，实施方提供技术支持；加强对关键用户和系统管理员的培训工作，协助企业建立内部支撑保障系统；系统上线后，实施方对出现的问题进行分类并快速解决，并把常见问题的解决方法传递给企业管理员。

表 2-9 所示为系统上线阶段工作任务。

表 2-9　系统上线阶段工作任务

实施方	企业
（1）编制培训计划 （2）完成关键用户培训 （3）完成领导培训 （4）交付培训文档 （5）系统使用考试 （6）提供系统运行制度模板 （7）编写完成系统上线报告	（1）组织各类培训 （2）组织有关系统使用技能的考试 （3）签署培训确认书 （4）制订系统运行制度 （5）签署系统上线报告

阶段预期成果：完成培训计划、各类培训确认书、系统上线报告。

表 2-10 所示为系统上线阶段的实施主计划。

表 2-10　系统上线阶段的实施主计划

××××——OA 项目实施主计划

序号	阶段	任务	活动	实施方分工	客户方分工	开始日期	结束日期	项目文档
31	4 系统上线	终端用户培训	用户培训计划准备	实施顾问	项目组成员			《用户培训方案》
32			培训前环境、文档准备	实施顾问	项目经理/关键用户			
33			终端用户基础操作培训	实施顾问	项目经理/终端用户			《培训考勤记录》
34			领导应用操作培训	实施顾问	项目经理公司领导			
35		用户培训确认	培训阶段工作确认	项目经理	项目经理			《用户培训确认单》《领导培训确认单》
36		系统上线	系统上线	项目经理	项目经理			

序号	阶段	任务	活动	实施方分工	客户方分工	开始日期	结束日期	项目文档
37	4 系统上线	系统上线	上线运行现场、远程支持	实施顾问	关键用户			《系统运行问题跟踪记录单》
38			指导建立运行管理制度	实施顾问	关键用户			《系统运行管理制度（参考）》
39		上线总结	上线报告确认	项目经理	项目经理			《系统上线报告》

5. 持续服务阶段

持续服务阶段的目的是：企业内部支撑保障体系对系统上线后出现的问题进行归类分析和快速处理，将不能解决的问题移交给实施方的实施顾问，并全力协助实施顾问解决问题；实施方运维人员进入项目后期的支持维护工作；实施方项目组进行项目文档的整理，并和企业项目组完成项目文档的交接工作。

表 2-11 所示为持续服务阶段工作任务。

表 2-11 持续服务阶段工作任务

实施方	企业
（1）提供运行支持 （2）记录与反馈运行问题 （3）签署项目验收报告 （4）整理与交接项目文档	（1）加强内部支撑体系 （2）对运行问题进行答疑 （3）对各类应用进行完善 （4）交接项目文档 （5）签署项目验收报告

阶段预期成果：完成问题收集及反馈表、项目验收报告以及项目实施文档清单。

表 2-12 所示为持续服务阶段的实施主计划。

表 2-12 持续服务阶段的实施主计划

××××——OA 项目实施主计划

序号	阶段	任务	活动	实施方分工	客户方分工	开始日期	结束日期	项目文档
40	5 持续服务	标准功能验收报告	软件标准功能验收报告	项目经理	项目经理			《项目验收报告》
41		实施满意度调查	客服部实施满意度调查	客服部	项目经理			《满意度调查报告》
42		内部交接	实施部与客服部进行交接	技术服务工程师	项目经理			《项目内部交接单》
43		技术持续服务	客服部提供持续服务支持	客服部				

▶▶▶ 四、项目实施成功因素

1. 需求不要贪大求全

协同 OA 系统的应用范围非常广，可以覆盖日常工作中的大部分业务。如果在需求调研阶段中，对系统需求贪大求全，会导致需求扩大、重点不明确；系统建设阶段实施精力分散，造成重点的需求无法满足、非重点需求做了却无人使用，最终导致系统价值无法体现，上线使用率低，项目实施失败。

建议在需求调研和系统建设阶段，把实施精力放在企业业务较为核心的几个重点需求上，集中精力满足需求，在核心需求应用顺畅的基础上，再扩展到其他需求，逐步推进应用，可以避免贪大求全的风险，保证项目实施成功。

2. 高层领导的重视

协同 OA 系统是全体员工每天都会使用的系统，使用人员多、应用范围广。如果在实施和使用过程中高层领导没有给予重视，在需求调研、系统建设以及应用推进过程中都会遇到很大的阻力，大大增加项目实施的风险，导致项目实施延期甚至失败。

所以在项目实施过程中，高层领导要对项目给予重视和关注，使需求调研、系统建设以及应用推广可以顺利进行，保证项目实施成功。

3. 建立良好的企业内部支撑体系

协同 OA 系统是企业长期使用的软件，需要技术的保障以提供更高质量的服务，建立企业内部支撑体系非常必要，在集团及各分公司、子公司设立系统保障人员，可以及时调整业务变更、处理系统运行中出现的问题，保证系统正常、高效运行。

系统保障人员需要具备广博的知识和深入的技术能力，企业应重视系统管理人员、IT人员和关键用户的培训，在保证系统稳定运行的前提下提升效率，满足各类业务需求。系统保障人员和用户主动挖掘业务的痛点和改进方法，能让系统实现更多的价值。

4. 做好系统的知识转移工作

协同 OA 系统是全员使用的系统，但往往企业的员工计算机水平参差不齐，知识转移是否做得好将直接影响员工对系统的应用热情。知识转移工作做得不好，会打消员工使用系统的积极性，影响系统的应用推广，导致系统价值无法实现。

企业要和实施方共同做好员工的知识转移工作，让员工认识到系统的价值，主动利用系统功能，提高工作效率，形成良性循环，保证项目实施成功。

5. 设立带激励的系统运行制度

协同 OA 系统的应用往往涉及企业员工工作习惯、方式、理念的变化，甚至是利益的冲突，造成员工对系统的推广和应用持消极、抵制的态度。制度是刚性的，也是最有效的推广促进办法。协同 OA 系统是企业长期使用的系统，企业必须制订相应的系统运行制度，鼓励、规范用户的系统使用行为，保证系统稳定、高效地运行。

此外，实施方的项目经理是极其重要的角色，优秀的项目经理需要熟悉业务，有非常好的理解、分析能力，能够把握企业需求，做到准确分析、客观引导，还要有非常好的协调、沟通能力，能够协调项目组成员和企业资源，积极推进项目实施。协同 OA 项目实施需要各方积极、密切的配合，实施方及时提供项目状态报告，及时反馈项目进度和风险。因此，高素质的项目实施团队也是项目实施成功的重要保障。

（1）对协同 OA 系统，采用产品化实施和项目化实施的方法有何区别？

（2）根据协同 OA 项目组织成员的工作职责，分析这些岗位的人员应具备的能力和素质。

（3）根据协同 OA 项目实施流程，分析各个阶段存在的风险及应对措施。

（4）协同 OA 项目的实施工具有哪些？

项目小结

企业信息化项目投资大、历时长、涉及面广，在建设之前首先应进行项目的规划，根据组织的目标和发展战略以及管理信息系统建设的客观规律，科学地制订项目的长期发展战略，并进行项目总体方案的规划，合理安排项目建设的进程，从而保证项目建设的成功性和有效性。

长扬集团从企业的发展战略出发，以实现数字化的运营与管理为目标，对协同 OA 系统进行规划和设计。首先调研企业目前协同工作现状与存在的问题，统一各部门和下属企业的协同管理需求，从而确定即将建设的协同 OA 的目标和范围，并在此基础上设计可行的建设方案。软件选型小组结合企业需求，从产品性能、功能，供应商资质与能力等方面综合评价，确定最适合企业的软件。为保证项目的成功实施，在实施方法论的基础上，企业与实施方组建联合项目实施小组，制订相应的实施计划，明确在什么时间点、什么阶段，由哪些人员来完成哪些具体工作事项，理清流程，明确职责，分阶段推进，有效地降低了项目风险，保证了项目的上线运行。

图 2-8 所示为本项目的知识（技能）框架。

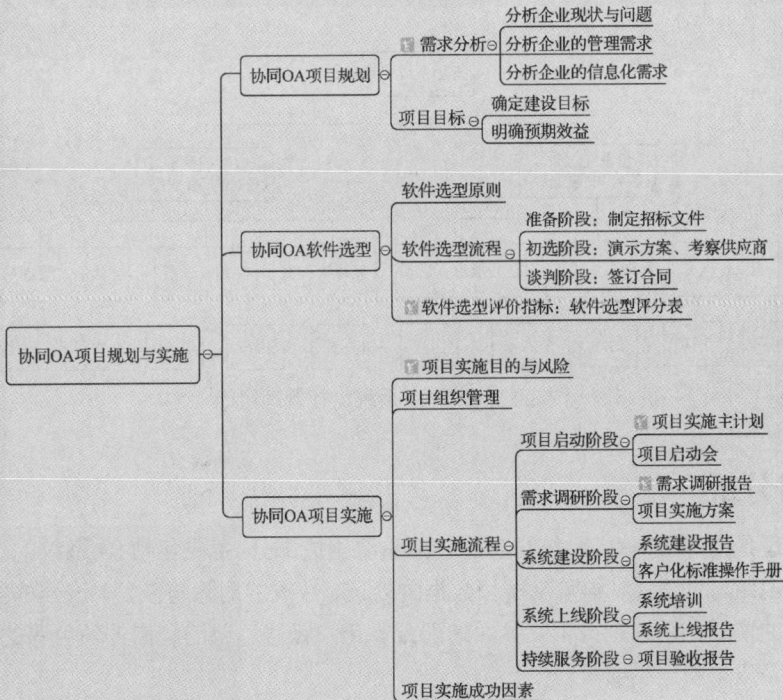

图 2-8 项目二的知识（技能）框架

项目三
系统管理

项目导入

为保障协同 OA 系统安全、有效运行，充分发挥系统的作用，推进集团管理工作制度化、标准化和规范化发展，长扬集团制订了协同 OA 系统运行管理办法，明确了以下内容。

（1）组织管理与职责，包括部门职责和运行管理人员职责。

（2）日常使用规范，是指员工使用系统的规定和要求。

（3）业务管理规则，是指协同工作、表单管理、会议管理、文档管理、公文管理等业务处理规定和要求。

（4）应急处理、安全保障、违规处罚等。

任何管理信息系统都是由硬件、软件、数据资源、人员、管理制度和规范组成的人机系统。其中人是系统的主导，协同 OA 系统运行管理人员包括系统管理员和应用管理员，如图 3-1 所示。

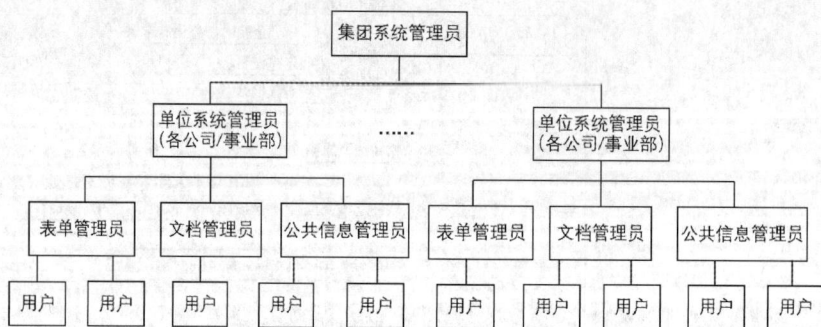

图 3-1　协同 OA 系统运行管理组织

项目分析

系统管理是支撑协同 OA 系统正常运转的重要组成部分，主要包括 OA 系统的启动与停止，系统日志的追踪与查看，对异常流程和数据的处理，数据的删除与恢复，流程的监控与处理，系统崩溃后的恢复，系统运行相关参数的配置，用户账号、部门、岗位角色等的管理，人员权限的设置，应用管理授权等。

系统管理员的工作与 IT 技术密切相关，在日常工作中往往还要解决软件使用方面的各种问题，进行流程搭建和优化，制订系统运行的工作规范和管理制度等。企业不仅需要具备 IT 基础和企业管理知识的系统管理员，还需要协同 OA 系统为系统管理员提供强大的后台管理工具，以满足在集团化组织模型下，兼顾集团的统一性以及各单位的相对独立性，进行系统应用的统一部署、分级管理的要求。

项目知识点

协同 OA 系统架构，系统管理员后台管理功能，系统初始化内容。

项目技能点

系统管理员后台管理。
集团应用初始化。
单位应用初始化。

【任务 3-1】 系统管理基础

任务导读

致远 A8 系统有哪些应用？系统管理员如何授权？不同级别的系统管理员的权限有什么区别？ OA 系统的组织机构模型是怎样的？基础设置有哪些？与系统安全相关的设置有哪些？如何监控系统运行状态？这些都是系统管理员必须掌握的基本知识。

任务实施

一、系统应用架构

致远 A8 集团版作为目前市场上主流的协同管理软件，除了提供综合办公、表单流程、门户管理、知识管理等 OA 系统的基础应用功能，还提供业务定制的扩展应用功能以及集成应用功能，图 3-2 所示为致远 A8 系统应用框架。

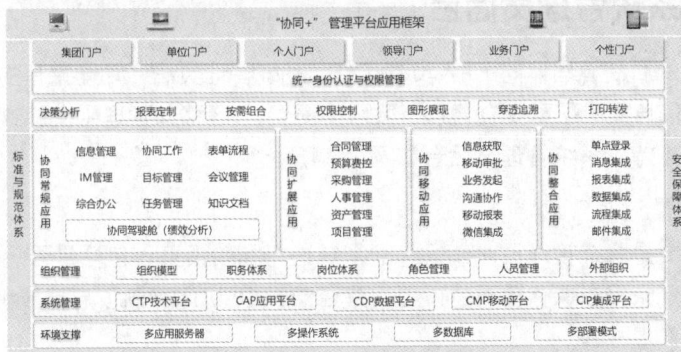

图 3-2　致远 A8 系统应用框架

系统的总体架构分为 4 层，底层是技术层，致远 A8 系统是基于致远 V5 平台技术上研发的面向集团型企业的应用系统。致远 V5 平台由协同技术平台（Collaboration Technology Platform，CTP）、协同应用平台（Collaboration Application Platform，CAP）、协同移动平台（Collaboration Mobile Platform，CMP）、协同集成平台（Collaboration Integration Platform，CIP）、协同数据平台（Collaboration Data Platform，CDP）五大基础平台组成，支持多种应用服务器、操作系统、数据库，可以安装部署在企业私有的服务器上，也可以进行公有化部署。

技术层上面是基础数据层，协同管理是以人为中心的业务协作体系，企业的组织机构、部门、岗位、职务、人员、角色等组织信息，成为整个组织协同应用的基础数据。

应用层包括常规应用，如信息发布、协同工作、表单流程、知识文档等，基于业务定制开发的扩展应用，如合同管理、项目管理、采购管理等，以及基于移动端的应用和与其他系统进行整合的集成应用。

表现层为用户提供统一的系统访问入口，通过个人计算机（Personal computer，PC）端和移动端建立相应的数据信息推送门户，根据权限和数据内容的要求获取信息资源。

致远 A8 系统支持分级授权管理，系统管理人员包括系统管理员、集团管理员、单位管理员、审计管理员。

系统管理员。系统管理员的缺省用户名为"system"，完成系统正常运行的基本环境设置。管理的功能模块包括：系统设置、系统维护、系统日志、信息集成配置、安全管理等。

集团管理员。集团管理员的缺省用户名为"group-admin"，完成集团内的单位信息和单位管理员账号的建立，配置集团职务级别，建立集团空间的文化建设板块等。管理的功能模块包括：组织模型管理、基础功能设置、工作流管理、系统维护、系统日志、门户配置平台、CIP 集成平台、M3 移动管理平台等。

单位管理员。单位管理员设置单位的部门、职务级别、岗位、人员等基本组织信息，并创建各个应用的基础信息。管理的功能模块包括：组织模型管理、基础功能设置、工作流管理、系统维护、系统日志、门户配置平台、CIP 集成平台、M3 移动管理平台、CAP 应用定制平台、报表中心等。

审计管理员。审计管理员的缺省用户名为"audit-admin"，系统管理员在安全管理模块中设置是否开启审计管理，开启后，审计管理员可以完成系统运行过程中登录日志和应用日志的审计和查询。审计管理员只能管理系统日志功能模块。

▶▶▶ 二、系统管理员后台

系统管理员的后台管理偏向 IT 人员的工作。系统管理员后台功能菜单主要包括：系统设置、系统维护、信息集成配置安全管理、微服务配置、M3 移动管理平台、致远开放平台、云联中心、系统日志等。系统管理员后台如图 3-3 所示。

1. 系统设置

系统设置主要是系统管理员对致远 A8 系统进行初始设置，包括是否启用登录验证码、附件是否加密、登录日志保存期限的设置、是否启用 IP 访问控制、启用或者停用某些模块、设置系统消息邮件提醒等。

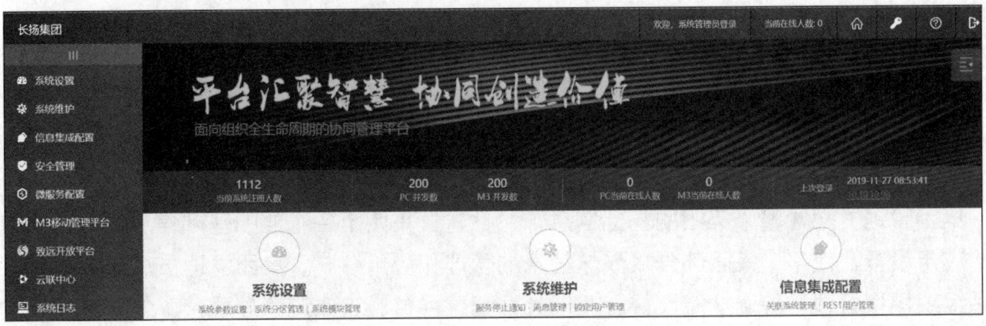

图 3-3　系统管理员后台

2. 系统维护

系统维护主要用于记录和管理系统的日志、消息、通知等。系统维护的主要功能菜单有以下几个。

系统服务停止通知。当服务需要停止时，系统管理员设置预留时间，通知用户保存信息，并禁止用户登录。预留时间结束后，系统将停止服务。

消息管理。消息管理是将系统中无存在价值的消息进行清理，包括在线消息和系统消息，以优化系统性能。

锁定用户管理。展现系统所有被锁定的账号信息。当用户登录错误次数超过系统限制后，则账号被锁定，可通过系统管理员解除锁定。

系统监控。系统监控用于监控系统运行状态，分析性能问题。

3. 安全管理

安全管理包括身份认证、密码安全管理、安全审计、数据保护、安全检测。

身份认证。身份认证是指提供密码安全管理和登录验证设置，对用户进行身份唯一性鉴别。

密码安全管理。密码安全管理用于配置所有用户密码安全设置的信息，如密码强弱验证判断，设置系统所有用户允许登录失败的次数，设置禁止登录的期限，设置系统用户修改密码过期的天数等。

安全审计。安全审计覆盖系统中所有用户、事件的安全操作，包括用户登录信息、表单操作、模块操作等，涉及审计内容包括操作类型、时间日期、时间、IP、操作者信息、岗位、描述、结果。

数据保护。数据保护对平台的敏感数据进行加密设置，如设置移动端（M3、微协同）查看公告、新闻、文档、通讯录内容时，显示水印内容。

安全检测。安全检测工具有两项：弱口令检测和结构化查询语言（Structured Query Language，SQL）注入检测。

4. 系统日志

系统日志用于查看和统计系统的登录情况。

统计概要。统计概要用于查看设定时间段内的总访问量和日均访问量。

时长统计。时长统计用于查看设定时间段内的所有用户或指定用户的在线总时长，也可以查看其具体明细。

明细查询。明细查询是指根据设定的查询条件，查看用户的登录时间、退出时间、在线时长和 PC 端的 IP 地址。

未登录查询。未登录查询用于查询设定时间段内没有登录过的用户。

》》》三、集团管理员后台

集团管理员配置整个集团的基础信息，包括建立集团下各企业的基础信息，并进行集团初始应用设置，使整个集团部分权限与信息的管理和应用统一。集团管理员后台的功能菜单包括组织模型管理、基础功能设置、V-Portal 配置平台、工作流管理平台、知识管理、文化建设管理、CIP 集成平台、M3 移动管理平台、致远开放平台、系统维护和系统日志，如图 3-4 所示。

图 3-4　集团管理员后台

1. 组织模型管理

致远 A8 系统采用基于体系化的组织模型构架，由集团、单位、部门、人员构成组织机构树，提供职务级别、岗位和各种业务角色的自定义，并支持一人多岗、一人多单位兼职、内部人员和外部人员的区分机制，以支持集团化管控。组织模型架构如图 3-5 所示。

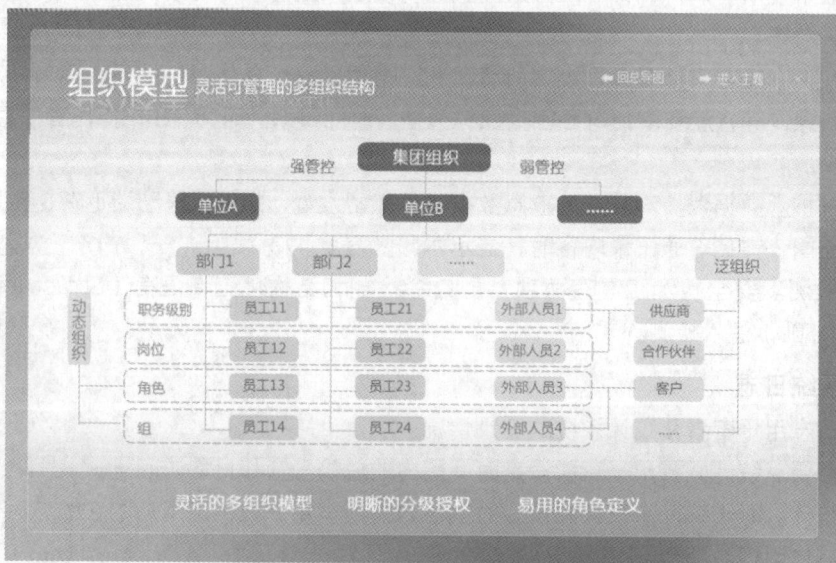

图 3-5　组织模型架构

组织模型管理模块可以建立整个集团组织架构，进行集团机构、职务级别、集团系统组、集团标识等组织信息设置，包括以下功能菜单。

组织机构管理。创建整个集团下的单位，并设置各个单位的上级单位、访问权限及单位管理员用户名和密码。

基准岗管理。建立整个集团的基准岗，以供各单位参考使用。

集团职务级别。建立整个集团的职务级别，职务级别是整个集团标准的管理级别，是一个线性结构。新建单位会自动复制集团职务级别到本单位。

角色权限设置。角色权限决定菜单资源。集团管理员可以维护集团角色、单位角色、部门角色。集团管理员可以新建、修改、删除角色，并对角色的状态进行调整，查看和分配角色的菜单资源，对集团角色分配人员，将修改后的角色权限同步到各单位。注意：系统预置了 6 个单位角色和 3 个部门角色，系统预置的角色不能删除，集团管理员只能对集团角色分配人员。图 3-6 所示为"普通人员权限"角色的菜单资源。

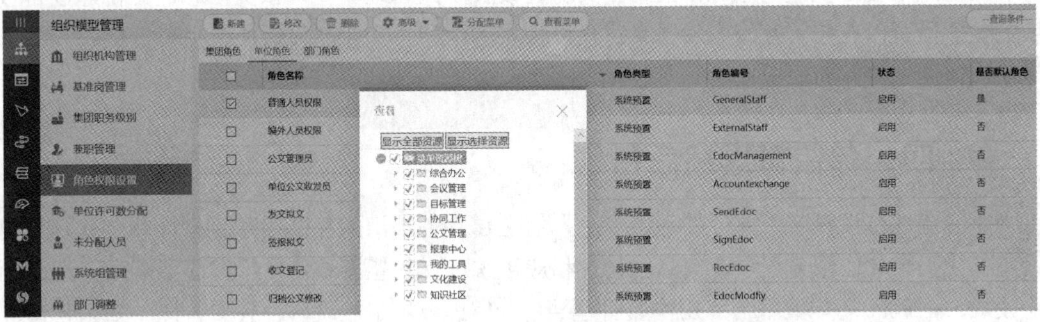

图 3-6 "普通人员权限"角色的菜单资源

系统组管理。对经常合作工作的人员，可以将其组成系统组，在系统组管理中统一管理。系统组中的人员可以是集团管理员在整个集团各单位内选择的人员。

2. 基础功能设置

集团的基础功能设置模块的功能菜单包括以下几个。

常用格式设置。常用格式设置用于设置新闻和公告常用的格式。

代理人设置。当用户在某段时间无法处理工作时，集团管理员可为该用户设置代理人代其处理工作。

工作时间设置。工作时间设置用于设置工作日、休息日、法定节假日、工作时间。

枚举管理。枚举管理用于设置系统的公共枚举数据、系统枚举值，查看各单位的枚举数据。

3. V-Portal 配置平台

V-Portal 配置平台也称为高级门户配置平台，主要用于设置系统登录页面、用户系统首页的样式，设置集团空间的布局，对空间使用和管理授权，启用/停用门户空间，配置栏目及布局，提供丰富的门户模板样式供用户调用。

4. 工作流管理平台

工作流管理平台的功能菜单主要包括以下几个。

流程管理。流程管理主要用于对集团内的协同、表单、发文、收文、签报进行流程管理。

集团管理员可修改流程、撤销流程、终止流程，其中修改流程是指集团管理员对于流程中的某个节点，可以进行增加节点、替换或删除当前节点、设置节点属性等操作。

流程统计。集团管理员按单位/部门/人员统计待办、已办、已发、超期4个类别的协同、公文、表单，并且可以查看各类别中具体内容。

流程绩效。流程绩效主要用于监控、统计全集团模板的流程运营情况，包括流程运营总览、指定时间段运营总览、指定时间段运营明细，以及单位流程和模板流程的排行榜。指定时间段运营明细可以按月穿透到排行榜。

5. 知识管理

知识管理模块用于管理集团的文档中心，包括设置集团文档库管理员、增加或修改集团文档库、设置集团文档库的内容类型和文档属性，以及设置知识建立与使用人员的知识积分。

6. 文化建设管理

文化建设管理模块中可以设置集团文化建设板块的管理员、审核员信息，文化建设各板块的管理员可以在集团空间内发布文化建设板块的内容。文化建设板块包括公告板块、调查板块、讨论板块和新闻板块。

▶▶▶ 四、单位管理员后台

单位管理员设置整个单位的基础信息，包括建立各部门的基础信息、进行单位初始应用设置，使整个单位部分权限与信息的管理和应用统一。功能菜单包括组织模型管理、基础功能设置、V-Portal配置平台、工作流管理平台、CAP应用定制平台、公文管理、知识管理、文化建设管理、CIP集成平台、M3移动管理平台、报表中心、其他应用管理、系统维护和系统日志，如图3-7所示。

图 3-7　单位管理员后台

单位管理员管理单位的基础信息，集团管理员管理集团的基础信息，两者的管理级别和权限范围不同，从功能模块上看，单位管理员后台增加了CAP应用定制平台、公文管理、其他应用管理、报表中心功能模块，但是没有致远开放平台功能模块。表3-1所示为集团管理员后台和单位管理员的后台各模块的功能菜单对比。

表 3-1　集团管理员后台和单位管理员的后台各模块的功能菜单对比

功能模块	集团管理员	单位管理员
组织模型管理	管理集团组织信息：组织机构、基准岗、集团职务级别、兼职管理、集团角色权限、系统组、部门调整	管理单位组织信息：单位、部门、岗位、职务级别、人员、组、兼职人员、角色权限设置、工作范围管理、编外人员管理、通讯录设置
基础功能设置	常用格式设置、代理人设置、工作时间设置、枚举管理	消息提醒设置、常用语设置、枚举管理、电子印章管理、存储空间管理、代理人设置、工作时间设置、公式配置
V-Portal 配置平台	登录管理、PC 门户管理、PC 空间管理、移动门户管理、样式库、资源库	PC 门户管理、PC 空间管理、移动门户管理、样式库、资源库
工作流管理平台	流程知识中心、流程管理、流程统计	流程知识中心、节点权限设置、协同模板管理、流程管理、流程仿真、流程统计
知识管理	文档中心设置、知识积分设置	文档中心设置
文化建设管理	集团的新闻、公告、讨论、调查设置	单位的公告、调查、讨论、新闻设置
CIP 集成平台	第三方应用、集成资源库、主数据同步、数据交换、业务流程集成、ERP 集成插件、集成维护、协同+集成插件	协同+集成插件
M3 移动管理平台	授权管理、个性化配置、集成管理	应用管理、消息管理、个性化配置、安全管理
系统维护	锁定用户管理	锁定用户管理
系统日志	登录日志、应用日志	登录日志、应用日志

小贴士

集团管理模式

组织架构是一个企业最基础的信息，企业的工作内容架构以及协同管理平台的实际应用，都必须基于组织和人员之上才能得以很好地体现。对集团公司来说，总部对下属组织的管控模式，按总部的集权、分权程度不同而划分成操作管控型、战略管控型、财务管控型 3 种模式，表 3-2 所示为不同集团管控模式的比较。

表 3-2　不同集团管控模式的比较

管控模式	财务管控型	战略管控型	操作管控型
公司与下属分公司的关系	以财务指标进行管理和考核，总部无业务管理部门	以战略规划进行管理和考核，总部一般无具体业务管理部门	通过总部业务管理部门对下属企业的日常经营运作进行管理
发展目标	投资回报；通过投资业务组合的结构优化追求公司价值的最大化	公司组合的协调发展；投资业务的战略优化和协调；战略协同效应的培育	各分公司经营行为的统一与优化；公司整体协调成长；对行业成功因素集中控制与管理

续表

管控模式	财务管控型	战略管控型	操作管控型
管理手段	财务控制、法律、企业并购	财务控制、战略规划与控制、人力资源	财务控制战略、营销/销售、新业务开发、人力资源
应用方式	多种不相关产业的投资运作	相关型或单一产业领域内的发展	单一产业领域内的运作，有地域局限性

影响集团公司组织结构具体形式的因素有竞争环境、公司战略、业务组合、行业特点、组织规模、管理传统、政策法律、集团所处的不同发展阶段等，因而集团公司的组织结构往往以一种混合的形式存在，大部分以母子公司制为基础，同时混以事业部制和直线职能制。

【任务 3-2】 系统管理应用

任务导读

长扬集团的协同 OA 系统启用之前，系统管理员、集团管理员和单位管理员将按照系统管理的需求，对 A8 系统进行初始化设置，并根据企业的组织架构、部门、岗位、人员档案、用户及权限等基础信息，建立集团和单位的组织模型，为系统应用奠定基础。

任务实施

一、系统初始化设置

【任务要求】

（1）设置系统中公开显示流程的已读状态。

（2）启用登录验证码。

（3）设置系统所有用户允许登录失败的次数为 3 次，设置禁止登录的期限为 1 天。

（4）查看系统的登录日志。

【操作指导】

操作人员：系统管理员。

（1）操作路径：【系统设置】|【系统参数设置】，如图 3-8 所示。

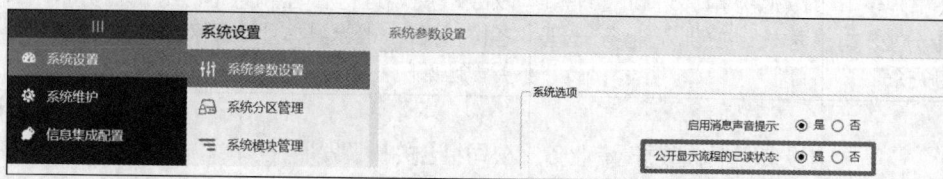

图 3-8　系统参数设置

（2）操作路径：【安全管理】|【登录验证设置】，如图 3-9 所示。

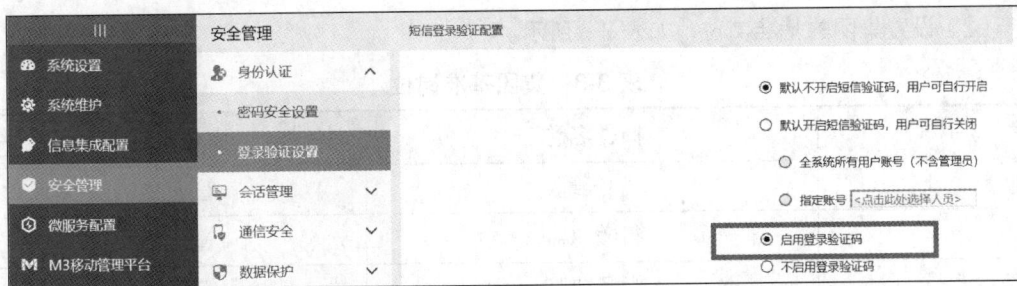

图 3-9　登录验证设置

（3）操作路径：【安全管理】|【密码安全设置】，如图 3-10 所示。

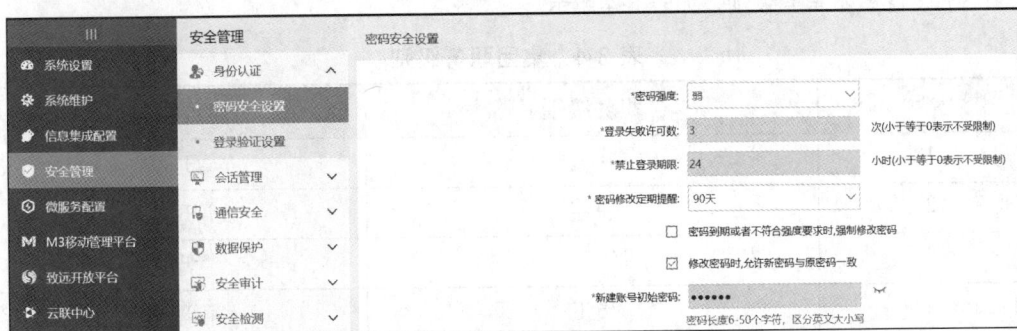

图 3-10　密码安全管理

（4）操作路径：【系统日志】|【登录日志】，如图 3-11 所示。

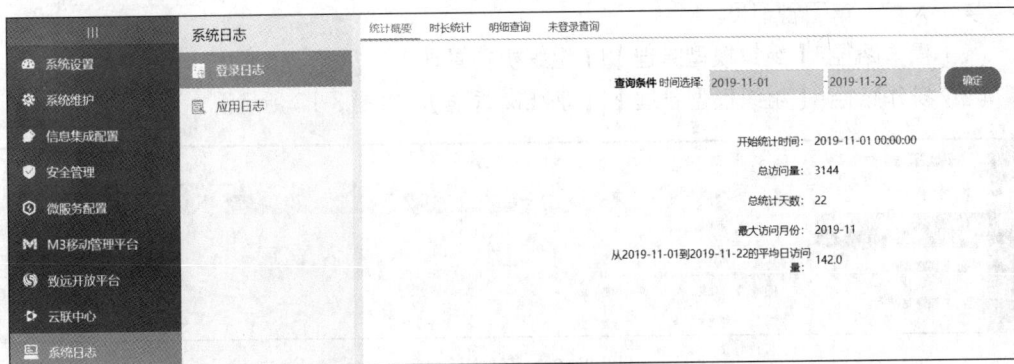

图 3-11　登录日志

▶▶▶ 二、集团应用初始化

【任务要求】

（1）建立集团的组织架构，如图 3-12 所示，设置各单位管理员的登录名称。

图 3-12　长扬集团的组织架构

（2）设置集团的基准岗位，如表 3-3 所示。

表 3-3　集团基准岗位

序号	岗位名称	岗位类别
1	总经理	管理类
2	行政总监	管理类
3	财务总监	管理类
4	运营总监	管理类

（3）设置集团职务级别，如表 3-4 所示。

表 3-4　集团职务级别

序号	职务级别	岗位类别
1	总经理	管理类
2	总监	管理类
3	经理	管理类
4	员工	管理类

（4）查看系统预置的岗位类别。

【操作指导】

操作人员：集团管理员。

（1）操作路径：【组织模型管理】|【组织机构管理】。

（2）操作路径：【组织模型管理】|【基准岗管理】，如图 3-13 所示。

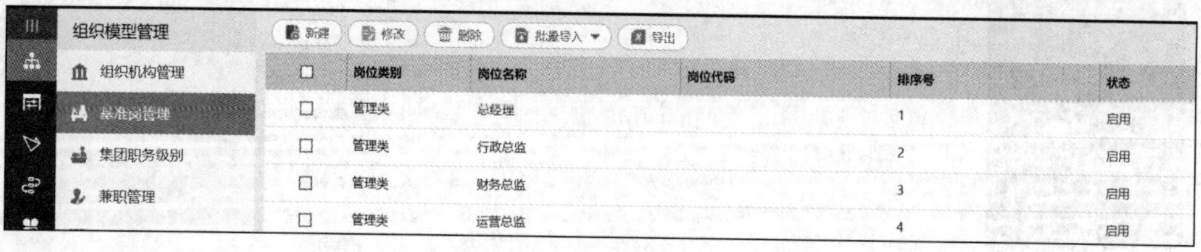

图 3-13　基准岗管理

（3）操作路径：【组织模型管理】|【集团职务级别】，如图 3-14 所示。

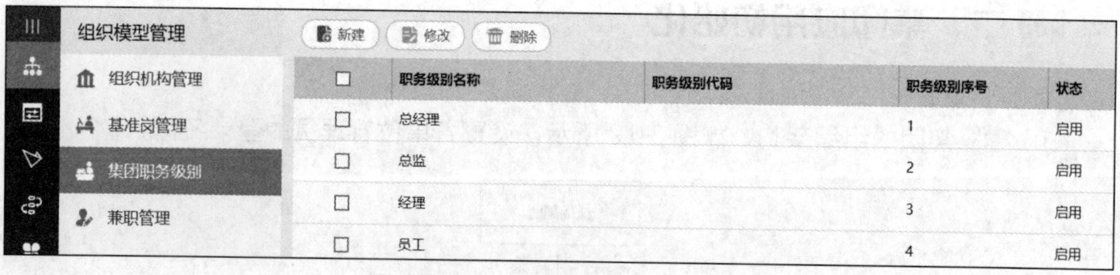

图 3-14　集团职务级别

（4）操作路径：【基础功能设置】|【枚举管理】|【系统枚举】，如图 3-15 所示。

图 3-15　系统枚举

▶▶▶ 三、单位应用初始化

【任务要求】

（1）设置集团总部的单位信息，修改集团总部管理员密码。

（2）设置集团总部的组织架构，如图 3-16 所示。

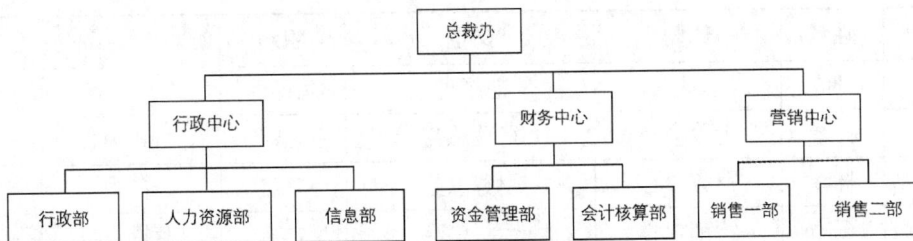

图 3-16　集团总部的组织架构

（3）设置集团总部的岗位信息，如表 3-5 所示。

表 3-5　集团总部的岗位信息

序号	岗位名称	岗位类别	岗位类型
1	总经理	管理类	集团基准岗
2	行政总监	管理类	集团基准岗
3	财务总监	管理类	集团基准岗
4	运营总监	管理类	集团基准岗
5	行政部部长	管理类	单位自建岗
6	人力资源部部长	管理类	单位自建岗
7	信息部部长	管理类	单位自建岗
8	资金管理部部长	管理类	单位自建岗
9	会计核算部部长	管理类	单位自建岗
10	销售一部经理	营销类	单位自建岗
11	销售二部经理	营销类	单位自建岗
12	IT 专员	技术类	单位自建岗
13	人事专员	职能类	单位自建岗
14	行政专员	职能类	单位自建岗
15	档案管理员	职能类	单位自建岗
16	销售专员	营销类	单位自建岗
17	会计	职能类	单位自建岗
18	出纳	职能类	单位自建岗

（4）设置集团总部的职务级别，如表 3-6 所示。

表 3-6　集团总部的职务级别

序号	职级
1	总经理
2	总监
3	经理
4	员工

（5）建立集团总部的人员档案，如表 3-7 所示。

表 3-7　集团总部的人员档案

序号	姓名	部门	岗位	职级	职务
1	刘成	总裁办	总经理	总经理	集团总经理
2	钟智	行政中心	行政总监	总监	行政中心分管领导
3	林玲	财务中心	财务总监	总监	财务中心分管领导
4	李昂	营销中心	运营总监	总监	营销中心分管领导
5	张阳	行政部	行政部部长	经理	部门主管
6	夏刚	行政部	行政专员	员工	
7	张琳	行政部	档案管理员	员工	
8	李平	人力资源部	人力资源部部长	经理	部门主管
9	陈丹	人力资源部	人事专员	员工	
10	郭涛	信息部	信息部部长	经理	部门主管
11	田宇	信息部	IT专员	员工	
12	沈毅	会计核算部	会计核算部部长	经理	部门主管
13	吴欢	会计核算部	会计	员工	
14	赵华	会计核算部	出纳	员工	
15	徐洪	销售一部	销售一部经理	经理	部门主管
16	唐龙	销售一部	销售专员	员工	
17	徐田	资金管理部	资金管理部部长	经理	部门主管
18	周海	资金管理部	会计	员工	

（6）设置 OA 项目小组：OA 项目小组包括各部门 OA 应用的管理人员，项目组领导为集团的行政总监。

【操作指导】

操作人员：集团总部的单位管理员。

（1）操作路径：【组织模型管理】|【单位管理】。

（2）操作路径：【组织模型管理】|【部门管理】，如图 3-17 所示。

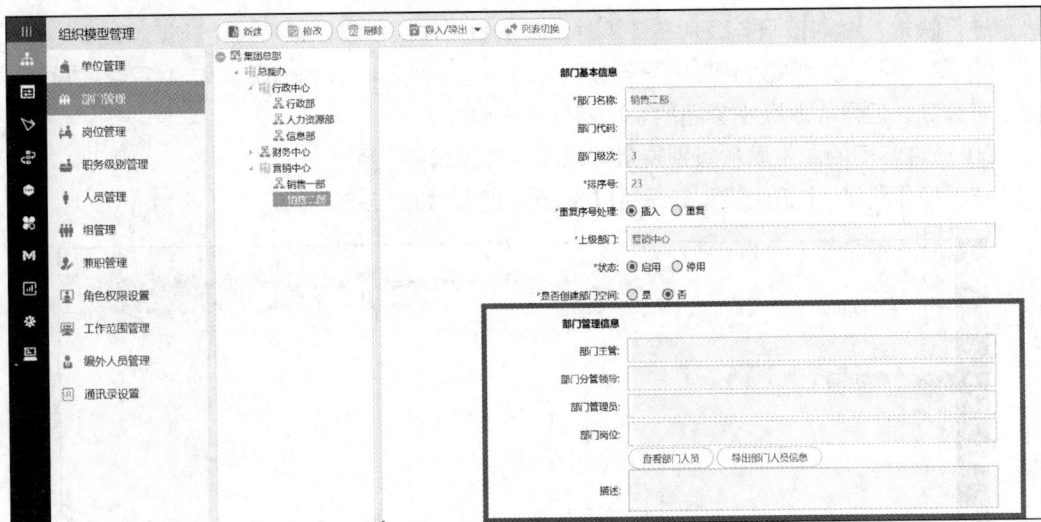

图 3-17　部门管理

新建部门时，由于人员信息尚未建立，所以不用填写部门的管理信息。人员信息录入完成后，需要修改部门信息，设置各部门的主管领导、分管领导，否则系统在处理工作流程时，如果涉及处理节点是岗位或者角色时，会无法对应到具体的处理人员。

（3）操作路径：【组织模型管理】|【岗位管理】，如图3-18所示。

图 3-18　岗位管理

新建岗位的岗位类型为单位自建岗，如果直接引用集团基准岗，或者将岗位与某个集团基准岗绑定，则岗位类型为集团基准岗。

（4）操作路径：【组织模型管理】|【职务级别管理】，如图3-19所示。

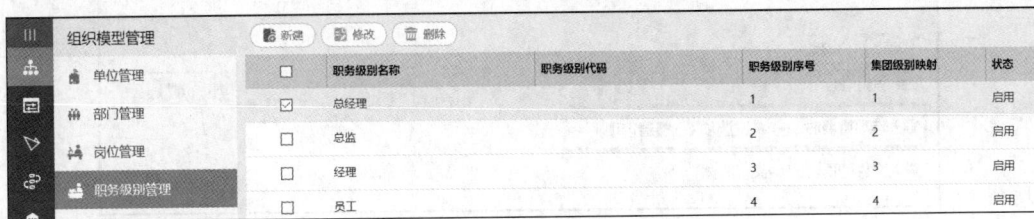

图 3-19　职务级别管理

进行职务级别管理时需注意以下3点。

① 如果定义了集团职务级别，在建立单位的职务级别时，要将单位职务级别与集团职务

级别进行映射，否则该职务级别在计算时，默认被当作最低集团职务级别计算。

② 单位职务级别映射到集团职务级别时，不能出现不一致的情况，如 A 职级在单位中比 B 职级高，但是 A 职级在集团的映射却低于 B 职级。

③ 允许不同的单位职务级别映射到相同的集团职务级别。

（5）操作路径：【组织模型管理】|【人员管理】，如图 3-20 所示。

图 3-20　人员管理

新建人员时，如果先选择部门，单击"新建"按钮，默认建立该部门的人员。带"*"的数据项为必填项，密码默认为"123456"。

人员管理页面帮助集团总部的单位管理员实现本单位人员信息的管理，具体功能包括新建、修改、删除、导入、导出、批量修改、人员调出、人员过滤以及查询本单位人员信息、办理单位人员离职等，并提供导入模板下载渠道。

通过模板导入人员信息时，模板文件中的姓名、登录名、所属单位、所属部门、排序号、主岗、职务级别的信息为必填项，且所属单位、所属部门、主岗、职务级别必须在系统中已经存在。导入人员重复时，可以选择跳过或者覆盖，如图 3-21 所示。

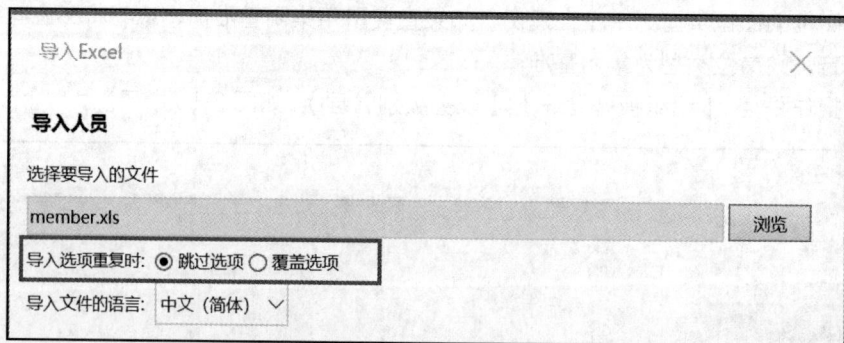

图 3-21　导入人员信息

人员信息维护完成后，需要修改部门信息，设置各部门的主管领导、分管领导，如图 3-22 所示。

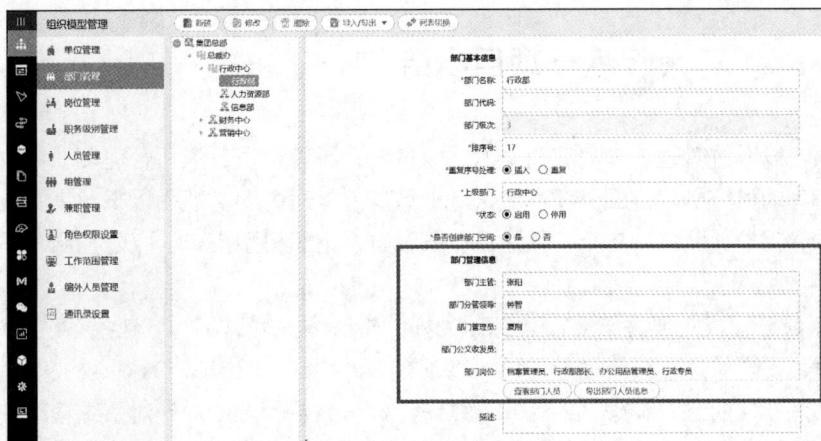

图 3-22　修改部门信息

（6）操作路径：【组织模型管理】|【组管理】，如图 3-23 所示。

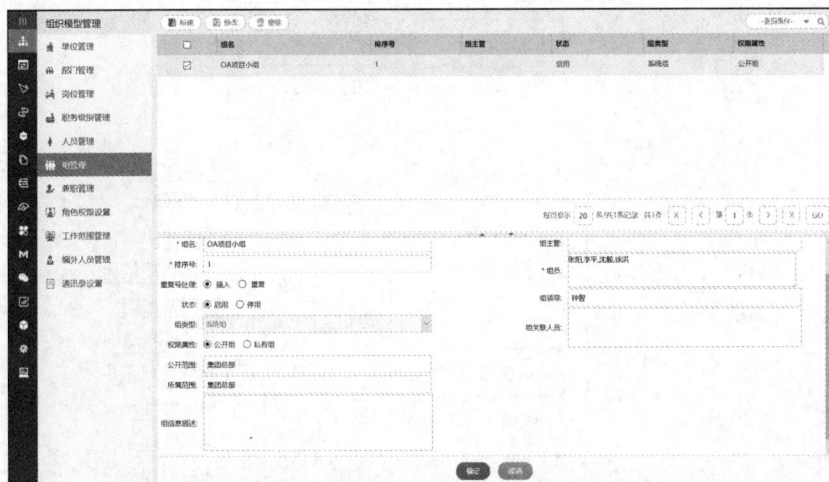

图 3-23　组管理

 举一反三

建立长风电机制造有限公司组织架构，如图 3-24 所示。要求：通过 Excel 模板文件将部门、岗位、人员信息导入系统。

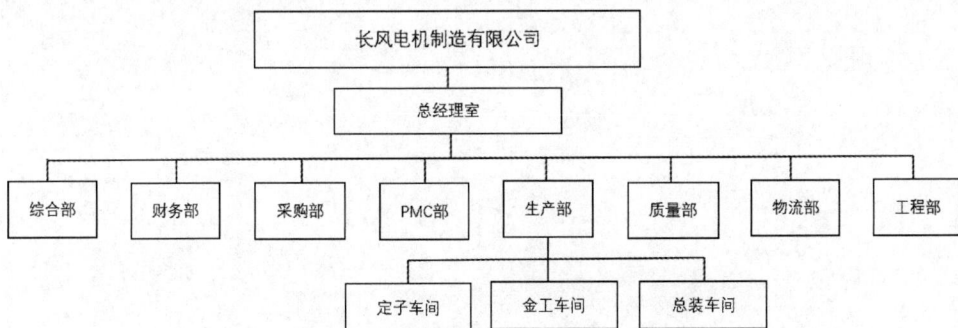

图 3-24　长风电机制造有限公司组织架构

　　本项目以系统管理工作内容为导入，通过对系统管理员、集团管理员、单位管理员的后台管理功能分析，全面介绍了致远 A8 系统的管理内容。然后以长扬集团为案例，进行系统基础参数配置、应用子系统的基础设置、组织模型搭建、权限控制、系统维护等相关操作。

　　OA 系统管理员主要进行 OA 系统日常的运行、维护、管理工作，包括系统资源管理、设备管理、安全管理、系统性能监测、基础数据维护等，以确保 OA 系统的安全与稳定运行。熟悉软件的系统管理功能，掌握系统设置与维护的方法，是对系统管理员最基本的要求。

　　图 3-25 所示为本项目的知识（技能）框架。

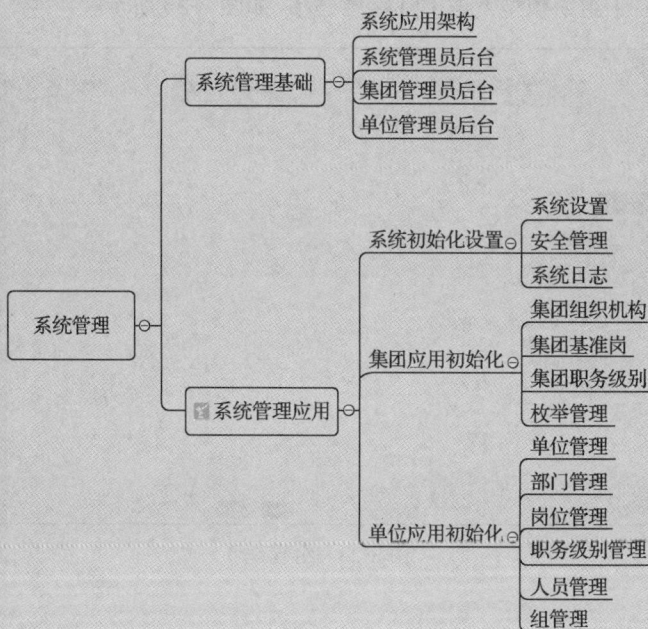

图 3-25　项目三的知识（技能）框架

项目四
协同工作

项目导入

协同工作是现代企业规范化、透明化和高效化管理的一个重要组成部分，因为在企业的运营过程中有许多既定的业务处理流程，包含大量因事而定的人与人之间的信息沟通与合作。这种为达成某个目标，在多个参与者之间按照某种设定规则自动传递文档、信息，并且整个传递过程具有可交互、可监测、可控制等性质的群组工作方式即为互联网环境下的协同工作。

企业协同工作场景有：行政会议通知、车辆安排、接待任务等事项的请示汇报，销售合同审批、采购付款审批、差旅审批、项目签证、技术改进等各种业务审批，资料传递、业务交流等，上下游单位协作，供应商供货沟通，意见反馈，订单的商务沟通等。

项目分析

纸质审批、当面汇报的传统工作方式导致工作效率低下、工作资料无法统一共享。如果一个事项经过多次往复，还会造成处理意见、事项信息、业务数据无法形成有效关联和管理的情况。

在以人为核心的工作流中，人的因素带来了众多的不确定性：工作流很可能在某个人为环节被迟滞或截断；某项工作因为领导不在公司而没法审批，或者因为领导工作繁忙而几天都没有审批；发申请给经理，经理说权限不够，此申请的处理过程就中断了。为了解决这些问题，企业需要设计出一套流程管控机制，为流程运行提供推动力。

企业需要将内部甚至外部的工作进行衔接和沟通，通过电子化的方式进行管理，消除不同员工对纸质管理制度有不同理解的现象。让所有工作流程按照企业制订的规章制度贯彻执行，同时给每一个流程的参与者提供检查、监督、监控以及督促流程进展的方法和手段，以形成电子化的运营和规范作业体系，满足企业复杂、多变、可控的事项和业务审批的流转与管控需求。

项目知识点

流程，流程管理，流程管理技术，协同工作模块功能。

项目技能点

协同事项的创建、编辑、发送与督办。

待办事项的处理。

已办事项的管理。

【任务 4-1】 协同工作基础

任务导读

（1）什么是流程？

（2）为什么要管理流程？

（3）流程如何管理？

流程化是提高效率的方法，也是管理的工具和手段。从流程的基本概念出发，掌握流程管理的思想理论和技术方法，是应用流程管理工具提升企业的柔性与活力，实现企业一体化、精细化管理的基础。

任务实施

一、流程管理

1. 流程

不论是在生活中还是在工作中，我们都会遇到"先做什么，后做什么"的问题，其实这就是流程。在实际的生活和工作中，我们除了思考做事情的先后顺序以外，往往还需要思考谁来做更合适、需要什么资源来完成。

流程是一种将输入转化为输出的相互关联和相互作用的活动。因此，我们认为流程就是一系列活动的组合，这一组合接受各种输入要素，包括信息、资金、人员、技术等，最后产生客户所期望的结果，包括产品、服务和某种决策结果。例如，面包制作过程中的"混合原料""揉面醒发""整形""烘烤"等一系列活动构成了面包的制作流程。

流程具备6个要素：输入、活动、活动间的相互作用、输出、服务对象和价值，如图4-1所示。

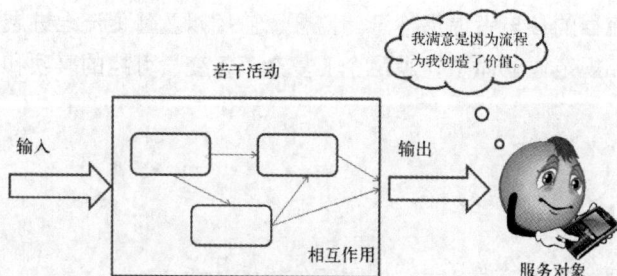

图 4-1 流程的要素

（1）输入。输入是流程必须有的要素，在面包制作流程中，输入就是制作面包所需的各种原料。

（2）活动。活动是指一些具体的工作，如面包制作流程中的"混合原料""揉面醒发""整形""烘烤"等。

（3）活动间的相互作用。活动之间是相互影响的，而且会有较强的因果关系，如只有经过"混合原料"后才能进行"揉面醒发"，然后才能完成"整形"等。

（4）输出。有输入必然就有输出，面包制作流程中的输出就是香喷喷的面包。

（5）服务对象。流程是为某类服务对象（即客户）服务的，服务对象有显性和隐性之分。在某些流程中，服务对象是显性的，也就是实实在在的人，如买面包的顾客。但是在细分的某些流程中，可能存在完全自动的任务，即组成流程的所有活动都是无人参与、自动执行的，那么此时流程的服务对象就是隐性的，也就是说我们不能直接看出此流程的服务对象是谁。这样的流程一般都是和其他流程一起发挥作用的，不会孤立存在。我们认为引用这个流程的流程就是服务对象。

（6）价值。流程必须有输出结果，如果流程的服务对象对流程的输出结果感到满意，此流程就是有价值的，如果服务对象不满意，就需要对流程做出调整，直到他们满意为止。例如，由于工序清晰有序，杜绝了错误，保证了质量；又如，在最短的时间内，顾客能够买到自己想要的面包，顾客满意了，就会多买面包，从而为企业带来可观的利润。

通过对流程及其要素的分析，可以总结出流程的特点。

（1）目标性。流程有明确的输出（目标或任务），输出可以是一次满意的客户服务，也可以是一次及时的产品送达。

（2）相关性。流程的活动是互相关联的，一个流程至少由两个活动组成，活动之间建立一定的结构或关系。

（3）动态性。流程的活动具有时序关系，从一个活动流转到另一个活动。

（4）层次性。组成流程的活动本身也可以是一个流程。流程是一个嵌套的概念，流程中的若干活动可以看作是子流程，子流程可以继续分解为若干活动。

（5）结构性。流程的执行有串联、并联、反馈等结构，不同的结构会给流程的输出效果带来不同的影响。

在现代企业管理中，流程变成了标准化的操作手册和管理规范，形成了企业的管理行动路线，明确了做事情的顺序、内容、方法和标准。流程是确保企业经营和管理活动有序进行的保障。从部门内工作的协调到部门间工作的协调，再到企业间工作的协调，从提高工作效率到降低管理成本，从降低运营成本到提升企业竞争力，流程在企业运营中发挥着越来越重要的作用。

2. 流程管理

流程管理也称为业务流程管理（Business Process Management，BPM），是一种以规范化的构造端到端的卓越业务流程为中心，以持续地提高组织业务绩效为目的的系统化方法。流程管理的核心是从流程角度出发，关注流程是否增值，最终建立一套符合企业自身经营管理的、具有统一标准的企业管理体系。

流程管理的目的是帮助企业管理和优化企业的业务流程，并从优化的业务流程中创造更多的效益，主要体现在以下6个方面。

（1）梳理。工作顺畅，信息畅通。

（2）显性化。通过制度或规范使隐形知识显性化。

（3）标准化。建立工作准则，规范员工行为，便于管理模式复制。

（4）优化。不断改善工作，提升工作效率。

（5）监控。找到监测点，监控流程绩效。

（6）监督。便于上级对下级工作的监督，通过精细化管理提高下级的受控程度。

流程管理自 20 世纪初产生以来不断发展，流程管理的成熟度不断提高，经历了专业化的流程管理阶段到自动化和集成化的流程管理阶段，再到智能化的流程管理阶段，如图 4-2 所示。

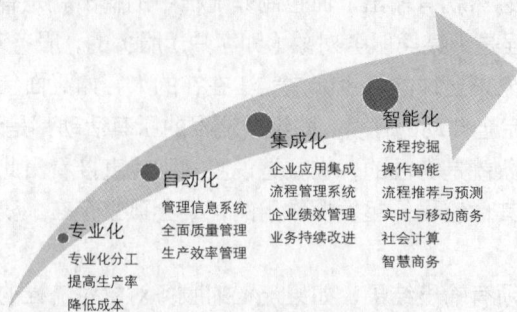

专业化
专业化分工
提高生产率
降低成本

自动化
管理信息系统
全面质量管理
生产效率管理

集成化
企业应用集成
流程管理系统
企业绩效管理
业务持续改进

智能化
流程挖掘
操作智能
流程推荐与预测
实时与移动商务
社会计算
智慧商务

图 4-2　流程管理成熟度的发展历程

流程管理的思想萌芽于工业时代后期。被誉为"科学管理之父"的泰勒强调了业务管理的重要性，他主张通过建立优化的工作流程提高产品生产的效率，并提出了科学管理的思想。在此基础上，福特公司对汽车制造流程进行分解和优化，提高了生产环节的专业化程度，使用流水线的方法提高制造流程的效率。受当时信息技术的约束，流程管理虽局限于专业化分工，但利用流程活动的专业化、标准化来提高业务绩效的方法对 BPM 的发展产生了深远的影响。

自 20 世纪 70 年代以来，信息技术的发展推动业务流程管理进入信息时代。借助信息技术，企业运营的效率得到了显著提高。

（1）全面质量管理。20 世纪 80 年代中后期，计算机自动化技术开始起步，一些企业借助管理信息系统提高流程管理的自动化水平，信息化得到初步发展。这个阶段出现了全面质量管理等流程管理方法。全面质量管理（Total Quality Management，TQM）强调产品质量的优化应从企业的流程着手，通过连续、渐进的业务流程改善、提高企业的生产效率。受限于当时的信息技术水平，TQM 主要通过标准化、规范化的流程管理提高企业产品的质量。

（2）业务流程再造。20 世纪 90 年代，随着企业客户意识的增强和信息技术的发展，美国著名企业管理大师迈克尔·汉默提出业务流程再造（Business Process Reengineering，BPR）的管理思想，以业务流程为改造对象，关心客户的需求和满意度，从产品质量的角度对现有业务流程进行重新思考和彻底的再设计，通过持续优化流程来提高生产效率。在此期间，融入了 BPR 管理思想的 ERP、CRM、SCM 等集成化的管理信息系统帮助企业对流程进行管理。业务流程再造以价值链理论为基础，实现以客户为导向的价值创造，充分利用信息技术优化业务流程，提高企业的客户满意度。

（3）业务流程管理。进入 21 世纪，从业务流程的角度对企业进行科学的管理得到了重视，随之诞生了业务流程管理（Business Process Management，BPM）方法论。与 BPR 相比，BPM 强调以流程为核心的企业管理模式，持续改善业务流程的质量，提高企业的运营效率。通过业务流程管理系统（Business Process Management System，BPMS）提供的覆盖流程全生命周期的流程建模、流程仿真、流程监控与流程优化等集成化的流程管理工具，企业可以对流程绩效进行实时、有效的分析与监控，找出业务流程结构或参数的不足，对流程资源进行预测和优化，利用信息技术提高流程性能，改善流程绩效。

3. 流程管理技术

流程管理思想及方法论的发展，深刻影响着流程管理技术的发展，而流程管理技术的发展则促进了流程管理思想的发展，二者相辅相成、互相促进。工作流管理技术和业务流程管理技术是信息化时代主流的流程管理技术。

（1）工作流管理

工作流管理技术解决的是流程的自动化问题。

1993年成立的工作流管理联盟（Workflow Management Coalition，WfMC）是工作流管理的标准化组织。WfMC对工作流给出的定义为：工作流是指一类能够完全自动执行的经营过程，其根据一系列过程规则，将文档、信息或任务在不同的执行者之间进行传递与执行。

简单地说，工作流就是将日常工作中相对固定的流程计算机化。工作流要解决的主要问题是：为实现某个业务目标，在多个参与者之间，利用计算机，按某种预定规则自动传递文档、信息或任务。

工作流管理技术是工作流程的计算模型，即在计算机中将工作流程中的工作前后组织在一起的逻辑和规则以恰当的模型进行表示，并对其实施计算。

工作流管理系统（Workflow Management System，WfMS）是实现工作流定义、执行、监控、管理的人机系统，它和工作流执行者（人、应用）交互，推进工作流实例（具体的企业业务流程）的执行，从而实现企业的管理职能。

工作流管理系统的主要功能如下。

① 业务过程建模，对工作流过程及其组成活动进行定义。

② 业务过程分析，帮助发现业务过程中存在的问题和性能瓶颈，优化业务过程。

③ 实现业务过程的规范化设计与管理，提高业务过程的柔性。

④ 实现业务过程的自动执行和监控。

手工处理工作流程，一方面无法对整个流程状况进行有效跟踪和了解，另一方面难免会因为人为的失误和时间上的延误而效率低下，特别是无法进行量化统计，不利于查询、编制报表及绩效评估。采用工作流管理系统实现工作流程自动化，可以提高业务流程的规范性，减少人为差错和延误；同时还可以跟踪业务处理过程、量化考核业务处理效率，提高工作效率。

（2）业务流程管理

工作流管理强调的是流程的自动化，重点关注实现企业内、部门内流程的自动化，不能很好地覆盖企业流程管理的整个生命周期和管理目标。

在业务流程为主导的管理思想下诞生的业务流程管理（BPM）要解决的问题是，怎样以业务流程为中心全面串联企业的经营活动。BPM关注企业流程的管理本质和业务目标，通过对业务流程全生命周期的信息化管理有效支撑流程管理的优化目标。BPM强调全企业乃至跨企业流程的整合，因此企业的应用集成技术是BPM中最关键的技术。

我们可以这样来理解BPM：首先，BPM是一种管理方法，是一种以规范化的构造端到端的业务流程为中心，以持续提高组织业务绩效为目的的系统化方法；其次，BPM是一个IT技术应用体系，是在工作流管理技术集成上发展起来的，其基于业务流程建模，支持业务流程的分析、建模、模拟、优化、协同与监控等功能的企业应用管理系统。

BPM以企业战略为基础，从流程建模（含流程仿真）开始，到在信息系统中实施流程，再到自动监测和评估流程绩效以及考核关键业绩指标，并结合市场和企业的需求不断调整、优化，从而形成业务流程管理的完整闭环，如图 4-3 所示。

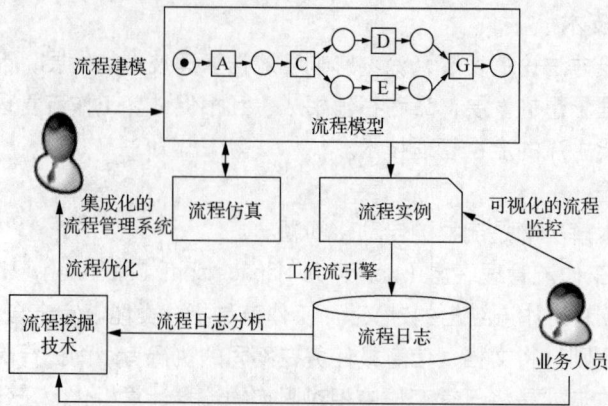

图 4-3　业务流程管理的完整闭环

企业所有的经营管理及业务活动都是由各种流程组成的。流程是实实在在的活动过程，是企业和组织内被管理和支撑的对象，它承载着企业和组织的运营。流程管理是管理领域的方法论，用这些方法论来管理企业和组织内的流程。流程管理技术则是对流程管理方法论的支撑和实现，将流程管理的方法论在软件系统、软件工具中体现。业务应用是流程管理技术在实际工作中的具体应用。它们四者的关系如图 4-4 所示。

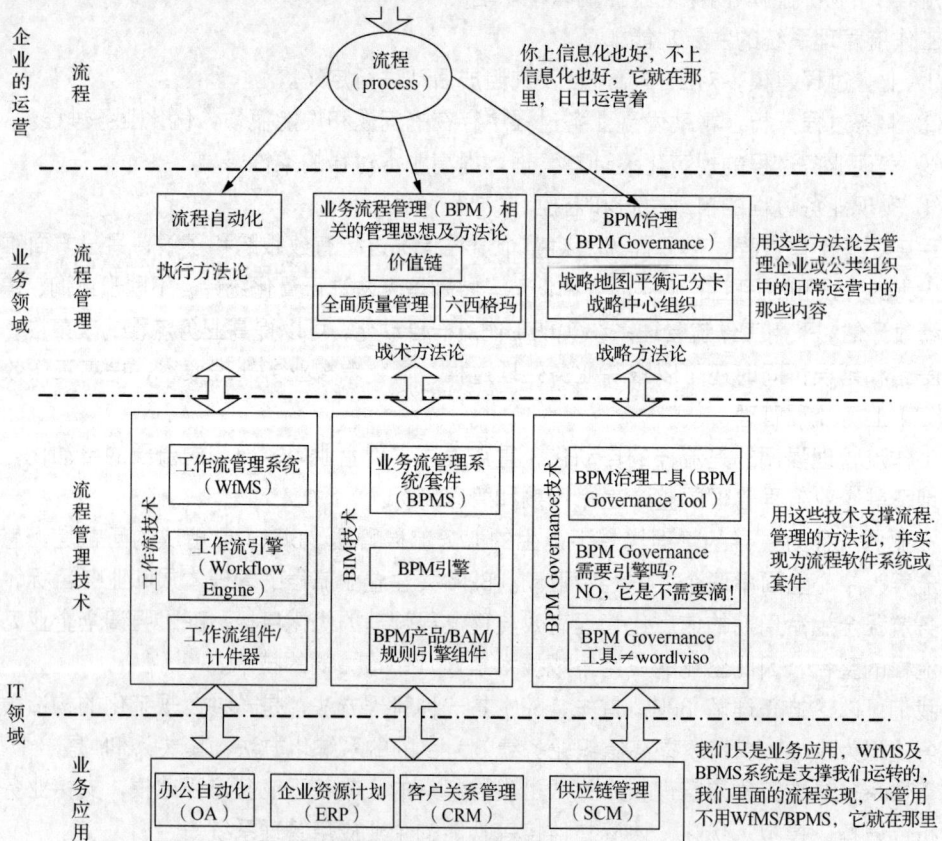

图 4-4　流程、流程管理、流程管理技术、业务应用之间的关系

OA、ERP、CRM、SCM 等属于企业的业务应用软件系统。这些业务应用软件系统中包含大量的业务流程，需要采用流程管理技术对这些业务流程进行管理，而 WfMS、BPMS 属于流程管理技术领域的软件系统，是中间件，是为业务应用软件系统做底层支撑的。

▶▶▶ 二、协同工作模块

致远协同 OA 系统中的协同工作是员工之间传递信息和执行组织管理规则的事务处理工具，用它来完成事务的发起、处理和管理，作为个人、团队、群组记录事务发展过程和结果的工具，由人通过流程规则来完成事务的办理，并支持规则的成型和管理，如图 4-5 所示。

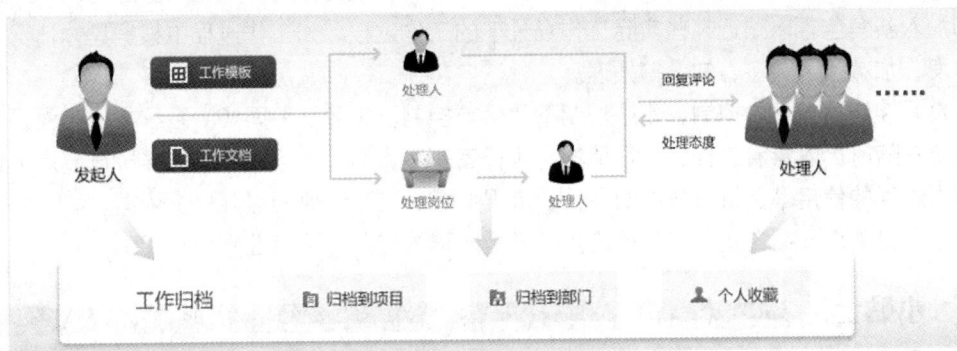

图 4-5　协同工作过程

协同工作模块可以规范管理流程，执行组织制度，充分发挥制度优势，沉淀管理过程与结果，其功能体现在以下 5 个方面。

（1）在多个参与者之间，按照某种设定规则，传递符合系统规范的正文和附件文档，整个传递过程具有可监测、可控制、可交互的特点，实现业务信息在网络办公环境中的展现。

（2）以类图形化方式支持用户自由定义各类复杂流程，以满足不同类型的事务处理需要。

（3）提供流程的二元化工作方式：模板流程和自定义流程。让管理的刚性与柔性得到有益结合。

（4）可以分时异地工作，共享传递信息，提高执行效率。

（5）提供协同流程日志，用户可以了解整个协同的流转状态，便于协同的发起者、处理者、督办人员对协同中每位参与者状况的跟踪。

协同工作模块的功能菜单包括主题空间、新建事项、待发事项、已发事项、待办事项、已办事项、督办事项和流程知识中心 8 个子菜单，如表 4-1 所示。

表 4-1　协同工作模块的功能菜单

功能菜单	功能描述
主题空间	显示与协同相关的菜单栏目数据
新建事项	以调用模板流程方式或自定义流程方式来发起一项跨组织的协同工作
已发事项	系统列出当前用户所有已经发出的协同事项
待发事项	存放新建协同事项过程中"保存待发"或被处理人"回退""撤销""指定回退"的协同事项
待办事项	主要是查看、处理待办协同事项，以及通过关键字对待办事项进行查询
已办事项	系统列出当前用户已经处理的协同事项

续表

功能菜单	功能描述
督办事项	显示督办事项，并支持督办事项的处理
流程知识中心	显示启用的协同、公文、表单模板

致远协同 OA 系统的"协同工作"有两种不同的应用模式，基于模板流程和基于自定义流程的应用模式。基于模板流程的协同工作要求流程中每个角色必须严格按照组织定义的业务或工作流程操作，如请假审批流程、采购审批流程、预算审批流程等。基于自定义流程的协同工作，虽然流程的结构和规则已定义，但是在流转过程中仍可根据需要进行规则外的处理和加入新角色，以贴近某些实际工作场景下的工作过程，如工作过程中根据具体情况进行的转发、加减签、会签、知会等处理。

事后控制不如事中控制，事中控制不如事前控制。在致远协同 OA 系统中，流程是可见的，用户随时可以查看流程的执行情况、执行者的工作情况，可以针对流程执行节点进行分析，为流程的使用率、执行效率的评价，流程质量、流程绩效的提升提供依据。

本项目重点介绍自定义流程的应用，模板流程的应用在项目五中介绍。

小贴士

二元化工作流

现代管理学决策学派代表人物赫伯特·西蒙认为，管理就是决策的过程，决策产生了各种各样的动作和行为，从而引导企业向有序的方向发展，管理决策分为日常的程序决策（对应经常性行为）和不能由程序决策完成的非程序决策（对应例外行为）。这两大类管理决策极大地影响了管理实践者和管理学者。

致远公司通过对管理的审批、决策过程共性的认知总结出基于模板流程的程序化决策，解决组织行为管理中的日常例行活动的管理，如订货、行政审批、材料领用等，公司通过这些决策行为的例行公式化，使组织的内部管理井井有条，从而达成有效的组织管理。这种自循环的系统达成组织级的"协同"被定义为协同工作，成为"二元化工作流"之一元，称为刚性流程。

非程序决策往往是比较重要的活动，如新产品的研究和开发、市场洞察、宏观经济形势的报告流程等，这些创造性的工作和决策很难通过程序决策解决，因而需要"自由"的流程来完成报告、审批和控制，致远公司称之为"二元化工作流"的另一元，即自由流程。它是非程序决策的基础，也是信息传递、沟通，知识和技能分享的基础。

二元化工作流对应刚性流程管理和自由流程管理，二者相辅相成，完成程序决策管理和非程序决策管理，支持组织灵活而高效地运作。

【任务 4-2】 创建协同事项

任务导读

业务场景：会计核算部因业务发展需要扩招人员，会计核算部负责人将人员需求发送给人力资源部审批，人力资源部主管同意后，人事专员发布招聘信息。人事专员筛选应聘人员简历，将拟安排面试人员名单及面试时间同时发送给人力资源部主管和会计核算部负责人审批，然后通知行政专员提前做好会议室安排。面试结束后，人事专员综合记录各方意见，将拟录用人员简历及相关附件先发送给人力资源部主管审批，再发送给会计核算部负责人审批，再送给会计核算部分管领导审批，最后发送给集团总经理审批。

上述企业招聘业务场景可以分为用人部门提出申请，面试安排，拟录用人员审批三个环节，其中用人部门提出申请的工作流程：会计核算部负责人在致远 A8 系统中发起人员需求申请流程，人力资源部主管审批后，知会人事专员发出招聘信息。

任务实施

会计核算部负责人沈毅整理了本部门的用人需求后，在 OA 系统中向人力资源部发起用人申请。

▶▶▶ 一、新建事项

沈毅登录 OA 系统，进入个人空间，如图 4-6 所示。选择【协同工作】|【新建事项】命令，或者选择快捷菜单中的"新建事项"命令，或者单击"新建事项"应用磁贴，进入新建事项页面。

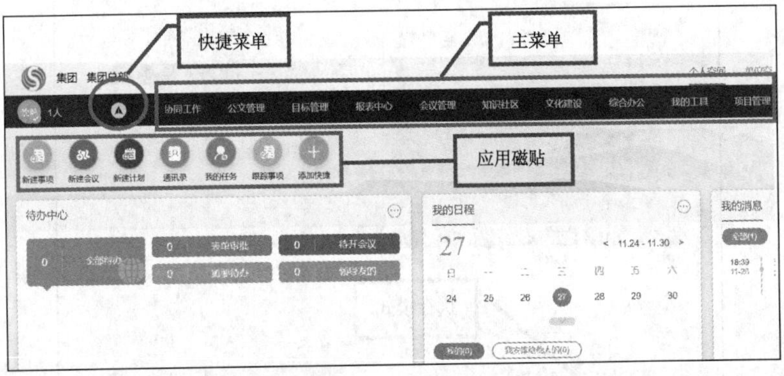

图 4-6　个人空间

在新建事项页面，用户可以进行编辑事项的标题、内容，设置提醒和流程期限等信息，上传附件和关联文档，将新建的事项保存为待发事项或者存为模板，发送事项，打印事项等操作，图 4-7 所示为新建事项页面。

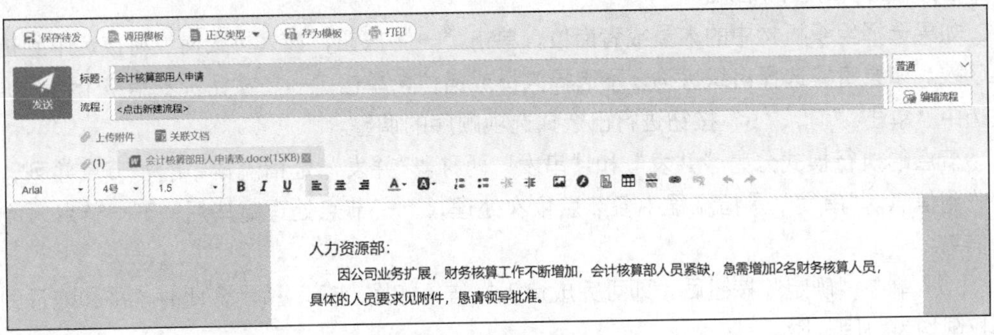

图 4-7　新建事项页面

项目四　协同工作

83

▶▶▶ 二、编辑流程

事项的处理需要多人协作，并遵循企业的工作流程规范和相关规定要求。编辑流程主要是对协同事项的流程定义路径，并对节点属性进行设置。

（1）在新建事项页面，单击"编辑流程"按钮，弹出"编辑流程"对话框，如图 4-8 所示。

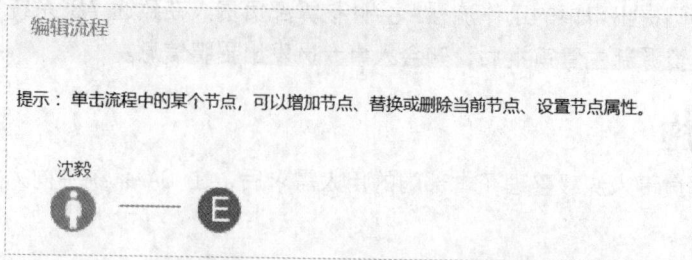

图 4-8 "编辑流程"对话框

（2）单击流程发起人节点，在弹出的选人页面中，选择人力资源部部长李平和人事专员陈丹，执行模式选中"串发"单选按钮，如图 4-9 所示。

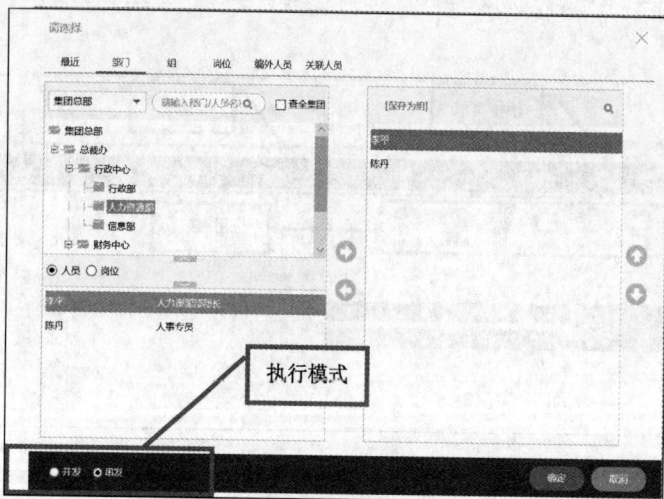

图 4-9 选人页面

选人页面中显示系统设置的所有组织结构，按照部门、组、岗位、编外人员、关联人员 5 个选项卡显示对应的信息。

如果选择组织机构中的人员或者岗位，单击"→"按钮，该人员或岗位将被选中到执行人区域。如果直接选择组织机构，不选择人员或岗位，单击"→"按钮，表示整个组织机构被选中。单击"↑""↓"按钮进行已选择选项顺序的调整。

节点的执行模式分为"并发"和"串发"两种。"并发"是指流程中的各节点并列，同时收到信息。"串发"是指流程中各节点依次处理，上一节点处理完毕后，下一节点才能收到信息。

（3）单击"确定"按钮后，即可完成选人操作，如图 4-10 所示，此时李平和陈丹的操作权限均为协同权限。

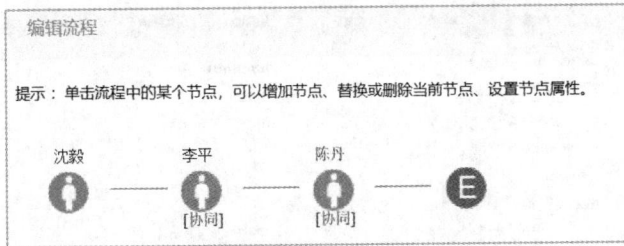

图 4-10　选人操作完成后的流程

（4）修改节点属性，单击流程中的李平节点，弹出该节点的对话框，如图 4-11 所示。

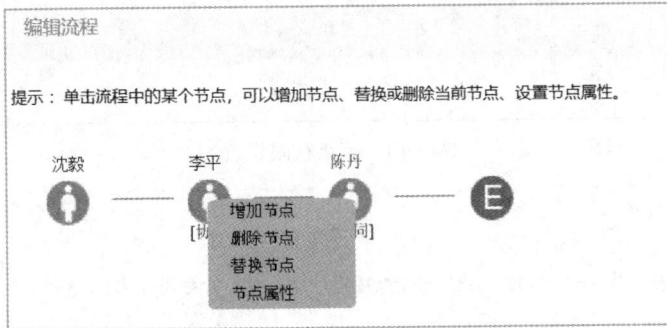

图 4-11　节点操作

选择"节点属性"命令，将李平的节点权限修改为审批权限，如图 4-12 所示。按照同样的操作，将陈丹的节点权限修改为知会权限。

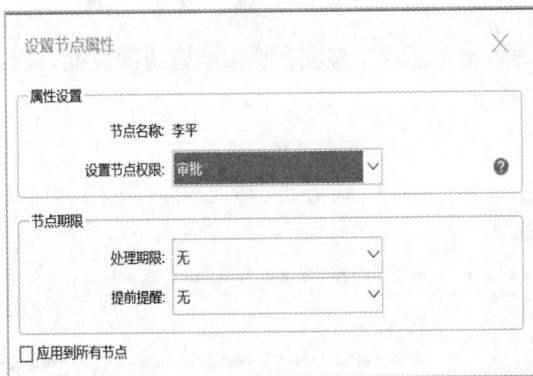

图 4-12　设置节点属性

节点权限包括协同、审批、知会、阅读，由单位管理员选择系统后台的【工作流管理平台】|【节点权限设置】命令进行设置，如图 4-13 所示。

协同。协同是指该节点处理后方可进入下一节点，该节点为同级人员。

审批。审批是指该节点处理后方可进入下一节点，该节点为上级人员。

知会。知会是指该节点收到待办事项详细信息。知会操作不会影响流程的进行，只是增加事项的传播途径和范围。若知会节点在流程中间，系统会跳过该节点进入下一节点；若在最后，则前一个节点处理完成后流程即结束。

阅读。阅读权限与知会权限的区别在于阅读节点不能转发事项。

（5）图 4-14 为节点权限设置完成后的流程。

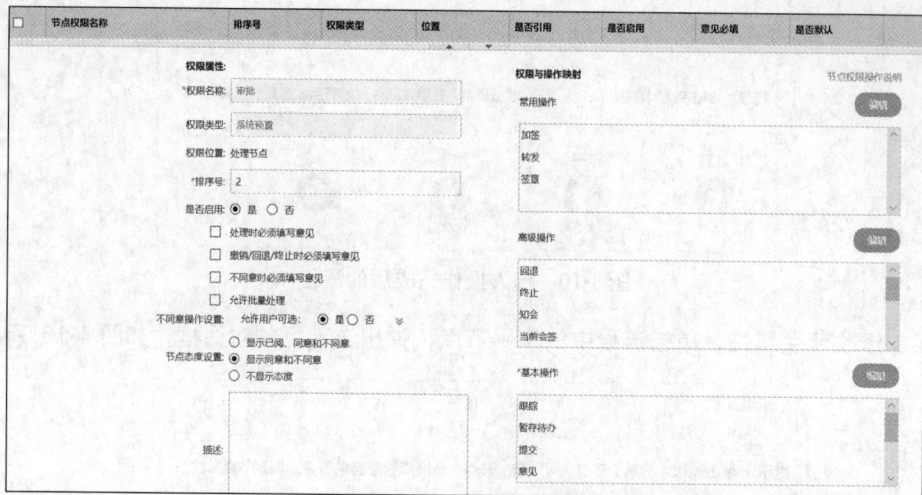

图 4-13　节点权限设置

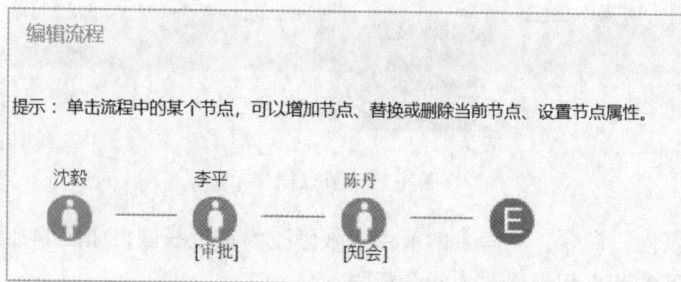

图 4-14　节点权限设置完成后的流程

（6）在编辑流程页面单击"确定"按钮，返回新建协同页面，流程节点的信息显示在流程数据项中，如图 4-15 所示。

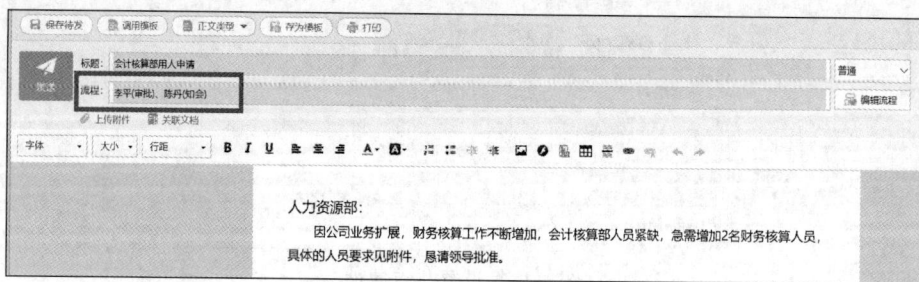

图 4-15　流程信息

▶▶▶ 三、发送事项

协同事项编辑完成后，可以根据工作需要，对事项的重要程度、流程期限、提前提醒等信息进行设置，发起人可以将事项保存为待发事项或者存为模板，或者直接发送。

（1）选择"展开"命令，设定事项的其他管控信息，如重要程度、流程期限、提前提醒、允许操作、督办信息等，如图 4-16 所示。

（2）事项的保存。保存待发是指将已经创建的协同事项暂时放到待发事项中，可在待发事项页面中对事项进行编辑、转发、删除、发送等操作，如图 4-17 所示。

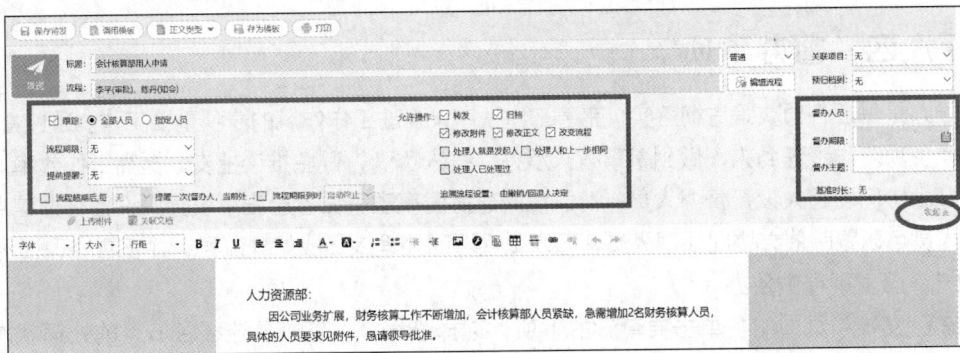
图 4-16　选择"展开"命令显示的数据项

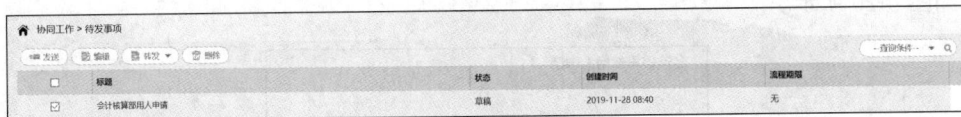
图 4-17　待发事项页面

在存为模板页面中将"协同模板""格式模板""流程模板"3 种模板类型保存到个人模板。其中:"协同模板"用于规范固化的管理或业务行为;"格式模板"用于规范行文格式,有 Html、Word、Excel、WPS 文字、WPS 表格、PDF 和表单 7 种格式;"流程模板"用于规范与格式无关的审批或业务流程。存为模板页面如图 4-18 所示。

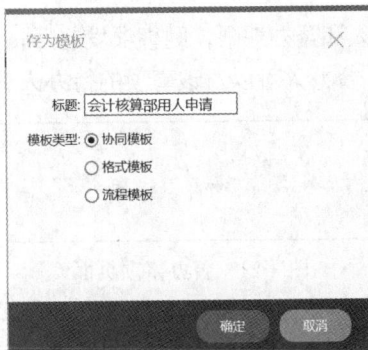
图 4-18　存为模板页面

保存后的模板可以在"我的模板"栏目中查看,选择"调用模板"命令进行调用。调用流程模板,调用者只能引用流程,不允许修改流程。调用格式模板,调用者只能引用正文。调用协同模板,调用者可以引用正文和流程,但不允许更改流程。

(3)选择"发送"命令,将建立好的协同事项进行发送,自动跳转到已发事项页面,发送后的协同事项显示在已发事项页面中,如图 4-19 所示。

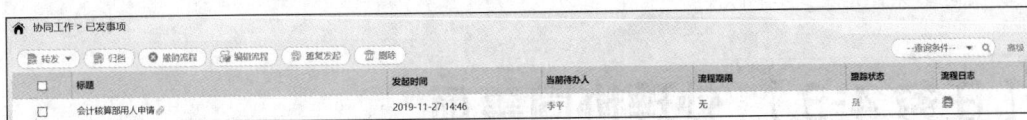
图 4-19　已发事项页面

在已发事项页面中,可以对已发的事项进行转发、归档、重复发起、编辑流程、删除操作,若流程未结束还可以进行撤销操作。

四、督办事项

督办是保证各项决策贯彻落实，完善工作秩序，改进工作作风的一项重要工作。通过督办，可以使各项工作责任到人，做到事事有人承办、有人负责，避免推诿扯皮，提高工作效率。协同督办由协同发起人设置督办人员，可以在新建协同事项页面、已发事项页面设置督办信息。督办人员可以跟踪催办协同处理人员，可以更换协同处理人员或处理流程，并查看处理情况。

（1）已发事项的催办

在已发事项页面中，单击要查看的事项，选择流程，就能查看流程各节点的处理状态，节点右下角的⊗说明该节点尚未处理，单击"催办"按钮，系统将对该节点发送一条催办信息，如图4-20所示。

图4-20　流程催办页面

（2）督办事项的催办

若新建事项时设置了督办人和督办期限，则事项发起后，该事项会出现在督办人的督办事项页面中，如图4-21所示，督办人可以对该事项的待办人进行催办。

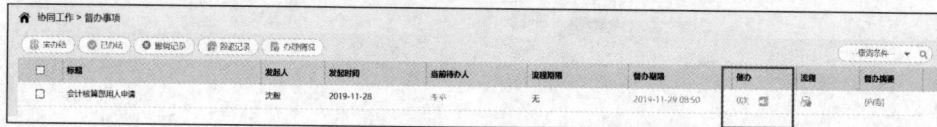

图4-21　督办事项页面

举一反三

在致远A8系统中，完成下列协同事项的创建。

（1）面试安排申请：人事专员提出面试安排的申请，将拟安排面试人员名单及面试时间同时发送给人力资源部负责人和会计核算部负责人审批，然后知会行政专员提前做好会议室安排。

（2）拟录用人员审批：人事专员提出拟录用人员申请，将拟录用人员简历及相关附件先发送给本部门领导审批，然后发送给需求部门领导审批，再发送给需求部门分管领导审批，最后发送给集团总经理审批。

【任务4-3】 处理协同事项

任务导读

协同事项发起后，系统将按照预先设置的流程，自动推送给各个节点处理。处理人可以填写审批意见，也可以根据情况调整或者终止后续流程。对已处理的协同事项，处理人可以进行转发、归档、取回、跟踪、删除等操作。

任务实施

人力资源部主管收到会计核算部的用人申请，签署了审批意见，并加签行政中心负责人审批。

▶▶▶ 一、处理待办事项

人力资源部主管李平登录 OA 系统，在其个人空间的"待办中心"会自动显示需要处理的待办事项，同时在"我的消息"收到事项发起和催办的信息，如图 4-22 所示。

图 4-22　个人空间

李平单击"待办中心"列表的"全部待办"按钮，或者选择【协同工作】|【待办事项】命令，进入待办事项页面，如图 4-23 所示。

图 4-23　待办事项页面

单击待办事项标题，进入待办事项处理页面，如图 4-24 所示。在待办事项处理页面中，处理人可以对接收的协同事项进行正文和流程查看，可以发表意见，可以根据实际情况进行转发、加签、知会、回退、终止等修改流程的操作，还可以对其他处理人的意见进行回复。

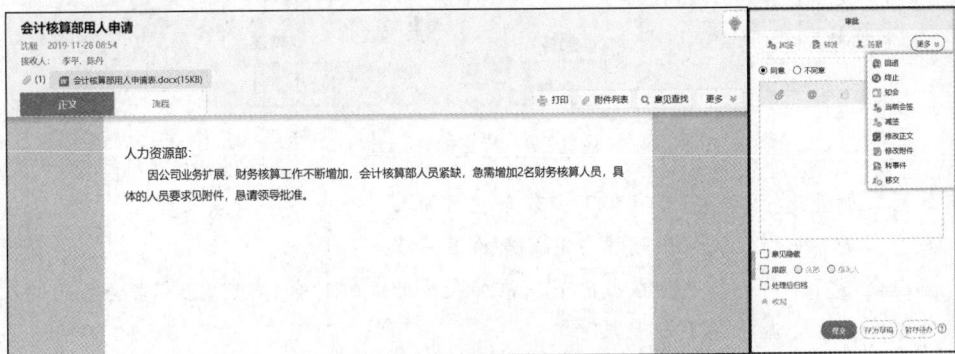

图 4-24　待办事项处理页面

李平填写了审批意见，并加签了行政总监审批，如图 4-25 所示。

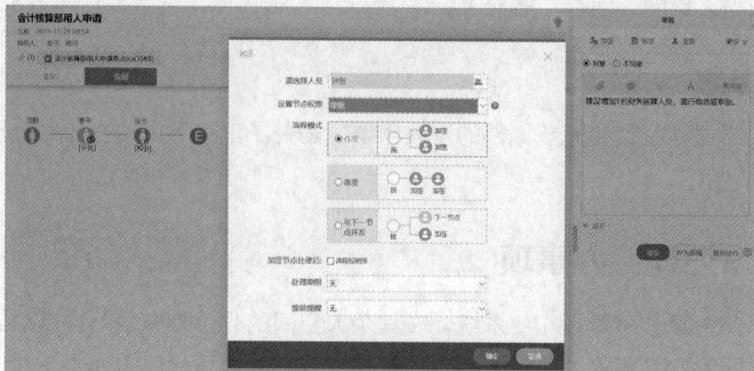

图 4-25　加签行政总监审批

图 4-26 所示为审批结果，提交后完成本事项的处理。

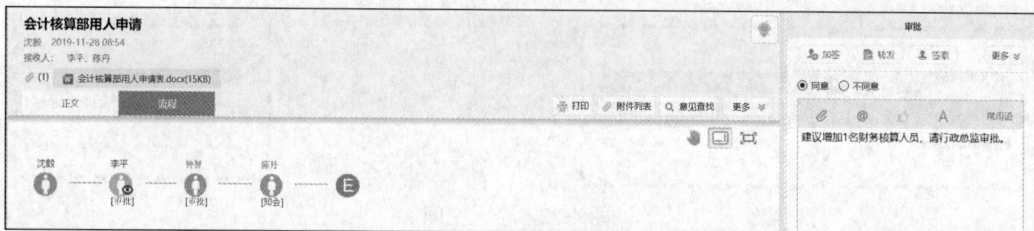

图 4-26　审批结果

小贴士

节点操作

协同事项的处理人通过加签、减签、转发、知会、回退、终止等操作修改流程，图 4-27 所示为不同的操作策略对流程的影响。

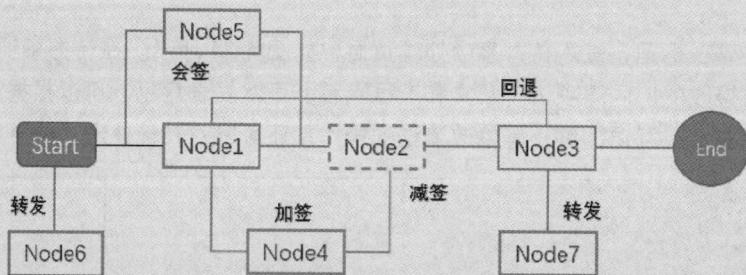

图 4-27　节点操作示意

加签。加签是指在当前节点和下一节点之间加入一个或多个节点人员。

减签。减签是指在流程中删掉当前节点的下一节点人员。

当前会签。当前会签是指在当前节点添加人员形成临时会签组，只有当会签组的人员全部处理完，才会流转到下一节点。

知会。知会是指将当前正在处理的协同事项知会给其他人员。知会操作不会影响流程的进行，只是增加事项的传播途径和范围。若知会节点在流程中间，系统会跳过该节点进入下一节点；若在最后，则前一个节点处理完成后流程即结束，该节点上的处理者会收到待办事项详细信息。

终止。终止是指流程将在当前节点停止流转，流程图上当前节点显示终止状态，后续节点将不会接收该事项。

转发。转发是指当前节点创建一个新的事项，以协同的形式发送给被转发人。

回退。回退是指将流程回退至前一节点。回退后，该协同事项将出现在上一节点的"待办事项"中，上一节点将收到系统自动发出的回退提醒，并可以在"待办事项"中查看回退人员的意见，同时处理该事项。若回退到发起节点，则该协同出现在发起者的"待发事项"中。

指定回退。指定回退是指将流程指定回退到前一个已处理节点。指定回退后，该协同将出现在回退节点的"待办事项"中，被回退节点将会收到系统提示消息。指定回退时，可以选择"直接提交给我"或"流程重走"。选择"直接提交给我"后，该协同仍在"待办事项"中，被回退的人如果是已办人员，那么该协同就会出现在被回退人员的"待办事项"中，重新处理后，流程直接到回退节点；选择"流程重走"，效果与回退操作效果一致。

▶▶▶ 二、管理已办事项

对已经处理提交的协同事项，处理人可以在已办事项页面中进行查看、转发、归档、取回、跟踪、删除记录等操作，如图 4-28 所示。

图 4-28 "已办事项"页面

转发。转发是指将协同事项以协同的形式发送给其他人员或部门。

归档。归档是指将协同事项进行归档保存。在待办列表中做归档操作相当于执行发送并归档的操作，可以进行批量处理。

删除记录。删除记录是指选中的协同事项。

取回。取回是指将已经处理的协同事项取回，取回重新处理后，可以选择是否覆盖原处理意见，被取回的协同事项将显示在当前用户的待办事项页面中，同时在后续节点的待办事项页面中消失。

注意：取回操作的前提是协同事项还没有结束，否则不能取回。

李平单击已办事项的标题，图 4-29 所示为人力资源部主管审批后的流程状态，李平的图标已经打勾，表示处理完成，下一个处理节点是行政总监钟智。

图 4-29 人力资源部主管审批后的流程状态

行政总监钟智登录 OA 系统后，批准了李平的建议，图 4-30 所示为行政总监审批后的流程状态。

图 4-30　行政总监审批后的流程状态

人事专员陈丹登录 OA 系统后，看到会计核算部的用人申请以及领导的审批意见，如图 4-31 所示。

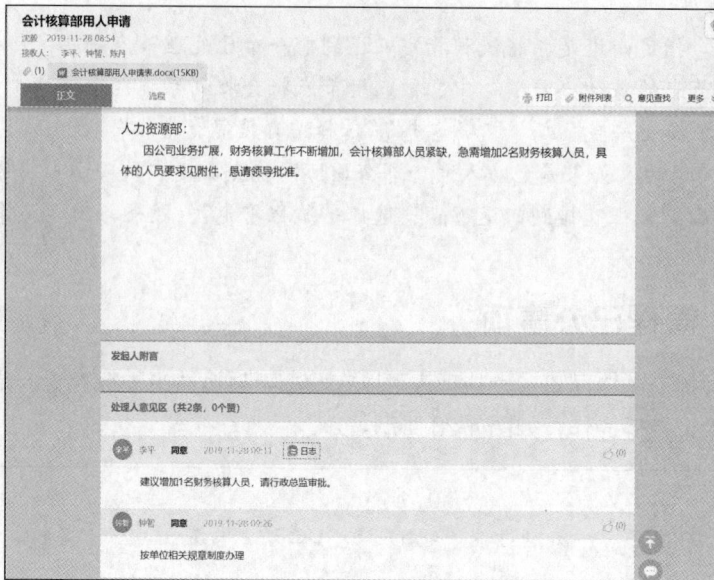

图 4-31　人事专员查看协同信息

至此，会计核算部的用人申请流程全部结束，会计核算部负责人在已发事项中看到该事项为结束状态，所有处理人都已处理完毕，如图 4-32 所示。

图 4-32　流程结束状态

举一反三

在致远 A8 系统中，完成下列协同事项的处理。

（1）会计核算部负责人收到人事专员发来的面试安排申请，发现与其他工作安排冲突，要求人事专员修改面试时间，人事专员修改后重新提交审批。

（2）财务总监审批拟录用人员申请时，将流程指定回退给人力资源部主管，人力资源部主管补充相关文件后，提交财务总监审批，流程继续。

流程是任何企业运作的基础,企业所有的业务都需要流程来驱动,就像人体的血脉,流程把相关的信息数据根据一定的条件从一个人(部门)输送到其他人员(部门),得到相应的结果后再返回相关的人(或部门)。一个企业中不同的部门、不同的客户、不同的人员和不同的供应商都是靠流程进行协同运作的。

企业的日常工作存在大量临时性请示、通知与信息接收、任务通知与工作安排、工作汇报与任务提交、活动筹备与策划等需要多人协同完成的工作。我们把这种多人参与的协作活动定义成按照某种设定规则传递信息和文档的过程。整个传递过程要做到内容真实、流程规范、状态可控,离不开信息化技术和工具的支撑。

致远协同管理平台应用工作流管理技术,实现工作流程从起始到完成,经多个部门、多个岗位、多个环节的协同处理过程。用户可随时掌握流程处理情况和处理效率,实现实时管理监控。企业通过工作流管理提升沟通和信任,增强流程规范性,提高业务工作效率。

图 4-33 所示为本项目的知识(技能)框架。

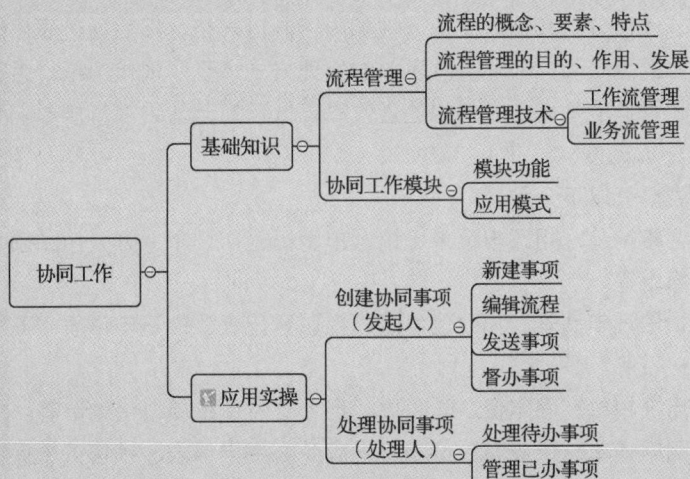

图 4-33　项目四的知识(技能)框架

项目五
表单应用

项目导入

表格和单据是机关、企事业单位日常工作及沟通过程中常用到的信息载体，如物料加工单、合同审批单、费用申请单、采购申请单、用车申请单、请假申请单、工作交接单等。这些被大量使用的表格和单据即为表单。

表单的实质是通过分析和提炼业务属性和内容制订表格，然后通过表格的填写、处理和传递，来规范企业的生产和办公业务。表单的处理方式体现了现代组织行为管理的流程与模式，是组织运作和管理的基础。表单的处理效率高低及规范与否将直接影响企业生产与管理的成效。

企业常用的表单有以下几种。

行政类：访客接待单、用印申请单、请假单、出差申请单、办公用品领用单、用车申请单、办公设备报修单等。

人力资源类：培训申请表、招聘信息表、入职登记表、转正申请表、离职申请表、加班申请单、绩效考核表等。

财务类：费用报销单、固定资产验收单、资金支付审批单、借款单等。

业务类：采购申请单、供应商评价表、供应商变更申请表、销售订单评审表、质量异常信息表、计划变更审批表，以及盘点单等各类业务涉及的表格和单据。

项目分析

以 Excel 为代表的表格处理软件的应用，推动了表单管理的电子化，使表单的编辑、计算、分析、存档变得非常容易。用 Excel 编制财务报表，管理人员只需要输入基础数据，设置好公式和模板便可以轻松完成账簿登记和报表编制。灵活的计算能力和数据透视能力，是 Excel 在企业中被广泛应用的原因。

电子表格难以满足企业数据收集和协作处理方面的需求。例如，企业每月统计各业务部的销售数据时，难免会发生同一份文件重复修改而导致的多次传递的情况。收集完各业务部的销售数据后，还涉及将表单递交给管理层进行审批，然后递交给人事部计算绩效，再流转到财务部进行绩效的发放等一系列业务协作方面的要求。

由此可见，表单除了收集、计算、存储数据，还承载着复杂的业务管控需求，表单和表单、业务和业务、数据和数据之间往往具有关联性。例如，商机、订单、合同、发货各个表单之间，客户信息、项目信息和产品信息应是一致的、共享的、关联的。

协同工作环境下企业需要更加简单、快捷、高效的表单制作工具和管理工具，用户无须编写任何程序代码即可与数据库绑定并实现表单信息的储存和流转，以图形化、透明化、可视化的方式完成流程的控制执行，保证流程执行的准确、高效、可跟踪和可追溯，从而支撑业务处理、优化工作流程和促进企业管理。

项目知识点

工作流程调研，表单，常用控件，结构化数据管理。

项目技能点

业务流程调研表的应用。

表单模板的设计与制作。

表单的应用、查询与统计。

【任务5-1】 表单应用基础

任务导读

纸质表单如何转化为电子表单？

表单的组成元素有哪些？

表单的数据如何管理？

如何制作和应用表单？

在协同 OA 系统中，表单不仅用于日常工作中业务数据的采集、转换、交互和展现，更重要的是表单是业务处理和流程管控的载体。从工作流程对表单的需求出发，结合表单的结构、功能、数据管理方式等，进行规范的设计，是表单制作和应用的基础。

任务实施

▶▶▶一、业务流程调研

业务流程调研是协同 OA 系统实施的重要过程，也是表单设计的前提和基础。实施方通过业务流程调研了解企业当前的业务管理方式、流程及节点处理方式，形成一个原始、清晰的认识；明确与工作流程相关的表单的数据及样式、流程的参与人、各节点处理方式等，确保设计出的工作流程更加合理，更加符合企业管理的需要。

业务流程调研内容包括以下几个方面。

表单角色。表单角色是指表单管理人员范围。

表单样式。表单样式包括纸制版表单或电子版表单。

表单元素。表单元素是指调研表单中每一个项目所填写的内容及其要求，如数据的类型（文本、数字、备注）、填写方式（选择框、文本框）、下拉列表框中的内容、填写及浏览权限等。企业最好提供填写好的范本，并进行必要的标注。

表单授权。表单授权是指表单使用人员范围。

预归档目录。是否需要预归档；如果需要，预归档如何设置分类、权限如何分配、归档后文档管理员的名单等。

流程及节点权限。流程及节点权限包括审批流程调研、节点权限、分支判断设置等。

其他。其他包括表单分类、查询统计方面的要求等。

业务流程调研表是业务流程调研的重要工具，业务流程调研表的样式可以根据调研内容进行设计，表 5-1、表 5-2 和表 5-3 所示分别为业务流程需求调研表、借款申请流程和借款单样式。

表 5-1　业务流程需求调研表

调研日期：

业务名称		涉及部门	
涉及部门领导			
各部门接口人			
调研记录人			
说明：要求清晰记录业务各流程流转过程、节点及权限、业务表单样式			

流程列表：

（举例）

（1）借款申请流程

（2）报销审批流程

……

表 5-2　借款申请流程

流程图	角色/人员	节点操作	备注（条件规则等）
发起人	全体人员	发起	关联报销流程
部门领导	部门领导	审批	
财务部经理	财务部经理：庞颖	审批	
副总经理	副总经理：张荣宝	审批	5 000 元以下（含 5 000 元）
总经理	总经理：王志敏	审批	5 000 元以上
出纳	出纳：李思文	归档	

表 5-3 借款单

借款人		部门		职务	
借款事由（用途）：					
借款金额	（大写）			¥	
借用转账支票	张 号码				
领导审批		财务审核		部门审核	
备注：					

会计　　　　　　　　　　　　　　　　　　　出纳

业务流程调研结束后，实施方开始编写业务流程调研报告，实施方首先对目前存在并计划转为电子流程的流程进行汇总，形成流程调研汇总表，包括流程类别、流程名称、流程描述、授权范围、提交部门、提交人、所属单位、数据关联说明、触发设置说明等。然后重点进行两个方面的说明：一是必须对调整和优化后的流程进行强调和说明；二是对于尚未明确的流程，如表单缺乏严谨的样式、部分审批流程仍需确认等，也要详细说明情况并给出建议。

借助先进的信息交互技术，OA 系统中的电子表单能够为数据录入提供便捷操作，保证数据的完整性，从操作方式上体现流程的优化。图 5-1 所示为 OA 系统中的借款单，所有的部门、人员等组织信息都是系统提供的选项，系统对业务的类型也进行了统一的定义，从而保证数据的规范性。

借款单

借款单位	系统赋值 ▾	借款人	系统赋值 ▾
借款时间		是否有呈批件	是 ☐ 否 ☐
借款类型	现金 ☐ 支票 ☐ 支票类型： ▾	支票号码：	
借款事由及用途			
金额		大写	
部门负责人批准	系统赋值 ▾	财务部经理批准	系统赋值 ▾
财务部分管领导批准	系统赋值 ▾	总经理批准	系统赋值 ▾
核准借款金额		出纳签名	系统赋值 ▾

图 5-1 OA 系统中的借款单

二、表单设计基础

在软件系统中，表单是用来呈现与存储数据的图形化页面，是数据展现、数据存储、用户交互的工具。

1. 表单元素

OA 系统的表单页面由表格框架、文字、控件组成。表格框架用于页面布局，文字用来显示提示信息，控件用来接收用户输入的数据信息。在员工入职登记表中，所有需要员工填写数据的单元格中放置的都是控件，如图 5-2 所示。

致远协同 OA 系统提供的控件分为基础控件、业务控件、组织机构控件、扩展组件、辅助类控件、自定义控件，如图 5-3 所示。

图 5-2　员工入职登记表

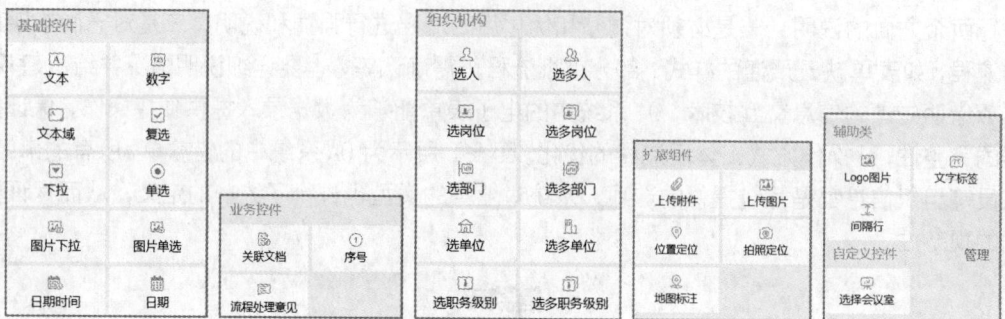

图 5-3　控件类型

表 5-4 所示为常用控件的分类、名称及其用途。

表 5-4　常用控件的分类、名称及其用途

分类	控件名称	控件用途
基础控件	文本	输入与显示文本字符串，支持单行文本
	数字	输入与显示数字
	文本域	输入与显示文本字符串，支持回车换行，支持大文本
	复选	勾选与显示选择项的勾选情况
	下拉	从给定的内容列中选择；显示所选内容
	单选	从全部显示的内容项中选择；显示所选内容
	图片下拉	从给定的内容列中选择图片；显示所选图片及其名称（也可只显示图片或只显示名称）
	图片单选	从全部显示的图片及其名称（也可只显示图片）中选择图片；显示所选图片
	日期时间	输入与显示日期时间
	日期	输入与显示日期，支持中文日期等多种显示格式
业务控件	关联文档	从协同 OA 系统中选择并显示流程、公文、文档、会议
	序号	仅用于明细表中自动显示明细表的行序号
	流程处理意见	仅用于流程表单存储与显示流程中处理意见处输入的内容

分类	控件名称	控件用途
组织机构	选人	从协同 OA 系统组织机构中选择一个人员并显示人员姓名
	选岗位	从协同 OA 系统组织机构中选择一个岗位并显示岗位名称
	选部门	从协同 OA 系统组织机构中选择一个部门并显示部门名称
扩展组件	上传附件	上传文档并显示文档名称，支持多个文档的上传
	上传图片	上传图片并显示图片的缩略图，支持 png、jpg 格式，支持移动端拍照后再上传
辅助类	Logo 图片	显示 Logo 图片，仅在表单设计中可上传图片
自定义控件	查询统计	在页面中插入指定的查询、统计的结果列表（运行时显示按钮）
	电子签章*	在页面中显示电子签章或手写签名

每个控件都有标题，标题作为控件的标识，控件标题具有唯一性。

除了辅助类控件，其他控件都有数据域。数据域是控件数据存储在数据库中的字段，也称为控件字段、数据字段。

控件的数据域名也必须唯一，一般将控件标题和数据域名保持一致。不同类型控件的数据域具有不同的属性。

（1）文本、数字控件可以设置字段长度。

（2）文本、数字、日期、日期时间控件可以设置计算公式。

（3）数字、日期时间控件可以设置显示格式。

（4）下拉、复选和单选控件必须绑定枚举。

（5）流程处理意见控件必须设置意见格式。

（6）文本域和流程处理意见控件的字段类型可以选择文本类型或大文本类型。

（7）单选、复选、下拉控件的字段类型可以选择文本类型，也可以选择数字类型。若选择数字类型，那么这些控件也可设置计算公式。

2. 表单数据的结构化管理

结构化数据是以二维表结构来进行逻辑表达和实现的数据，严格遵循数据格式与长度规范，主要通过关系数据库系统进行存储和管理。

数据库是指储存在计算机内、有组织、可共享的大量数据的集合。数据库中的数据按照一定的数据模型组织、描述和储存。数据库的数据模型分为层次型、网状型和关系型。关系数据库由二维表构成，类似于 Excel 工作表，称为关系或者数据表。一个数据库可以包含多个数据表。表 5-5 所示为学生基本信息表。

表 5-5　学生基本信息表

学号	姓名	性别	出生日期	专业
20190112110	王小明	男	2011-8-2	工商企业管理
20190301207	张娜娜	女	2011-5-9	电子商务
……	……	……	……	……

数据表中的一行即为一个元组，或称为一条记录。

数据表中的一列称为一个字段，每个字段描述了它所含有的数据的意义，数据表的设计实际上就是对字段的设计。创建数据表时，为每个字段分配一个数据类型，定义它们的数据长度和其他属性。行和列的交叉位置表示某个字段值。例如，表 5-5 所示的"姓名"是字段名，"王小明"是字段值。

关键字（也称主关键字、主键或主码），是数据表中用于唯一确定一行记录的数据。关键字用来确保数据表中记录的唯一性，可以是一个字段或多个字段，常用作一个数据表的索引字段。每条记录的关键字是不同的，因而可以唯一地标识一个记录，表 5-5 所示的"学号"就是学生基本信息表的关键字。

数据库系统具有数据结构化、数据可共享和数据独立性高的特点。数据库系统实现数据的整体结构化，这是数据库的主要特征之一。整体结构化是指数据库中的数据不仅仅针对某一个应用，而是面向全组织；不仅在数据内容部分是结构化的，而且整体是结构化的，数据之间具有联系。

例如，一个学校的信息系统中不仅要考虑教务处的学生学籍管理、选课管理，还要考虑学工处的学生人事管理，同时还要考虑留学生部的留学生管理、人事处的教师管理、科研处的科研管理等。因此，学校信息系统中的学生数据要面向各个职能部门的应用，而不仅仅是教务处的学生选课应用。这就要求在描述数据时不仅要描述数据本身，还要描述数据之间的联系。

如果我们用数据库来管理学校信息系统中的所有数据，将各部门管理的数据分别存放在不同的数据表中，则这些数据表之间是有联系的。我们通过学生的学号就能找到对应同一个学生的相关数据信息，如图 5-4 所示。

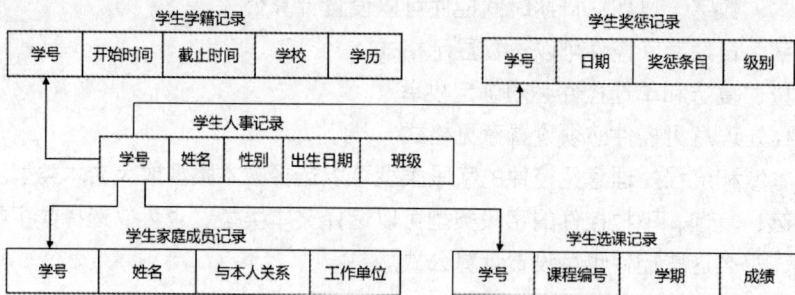

图 5-4　学校信息系统中的学生数据

致远 OA 系统的表单页面可以仅由主表构成，也可以由主表和明细表共同构成，但不能仅包括明细表。如果表单中的数据全部是主表数据，则这张表单的数据全部保存到一张数据表中。如果表单的数据既有主表数据，也有明细表数据，则主表数据存储到一张数据表中，明细表数据存储到其他数据表中。

以员工入职登记表单为例，表单由主表和明细表构成。主表的字段只有一个值，明细表则允许录入多行数据，但是这多行数据同样属于这个员工。如果我们将一张表单中的员工信息全部存储在一张二维表中，就会出现大量主表数据重复存储的情况，如图 5-5 所示。

工号	姓名	性别	出生日期	……	毕业院校	学习开始	学习结束	学历	……
……									
1003	刘明辉	男	1985/2/5		上海大学	2003/9/1	2007/6/30	本科	
1003	刘明辉	男	1985/2/5		复旦大学	2008/9/1	2011/6/30	硕士	
1003	刘明辉	男	1985/2/5		复旦大学	2011/9/1	2016/5/20	博士	
……									

图 5-5　不规范的数据存储

根据数据库的规范化设计，主表和明细表的数据分别存储，表单中主表字段构成数据库中的主表，表单中明细表字段以及主表的关键字段构成数据库中的子表。这样，一张员工入职登记表的信息就分别存储在 3 张数据库表中，主表与子表通过主表的关键字进行关联，从而解决了数据重复存储的问题。图 5-6 所示为员工入职登记表的数据管理逻辑。

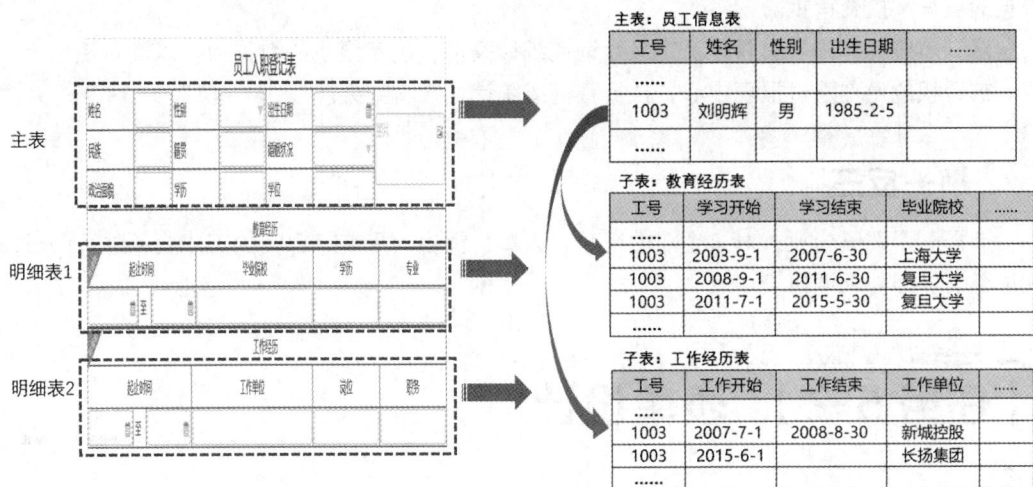

图 5-6　员工入职登记表的数据管理逻辑

▶▶▶ 三、表单制作与应用过程

图 5-7 所示为致远 A8 系统中表单的制作与应用过程。

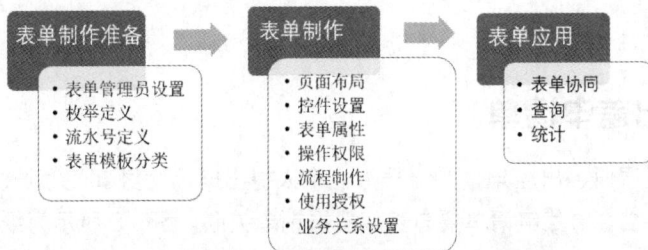

图 5-7　致远 A8 系统中表单的制作与应用过程

（1）表单制作准备

表单制作准备工作分别由系统管理员、单位管理员及表单管理员完成。

表单管理员授权。表单管理员是表单的设计和维护人员，系统中的表单管理员和应用设计师角色都具有表单管理的权限。表单管理员由单位管理员指定一人或多人担任。

枚举设置。枚举设置是对表单填写中需要用到的枚举值进行设置。该操作由系统管理员或表单管理员完成。

流水号设置。表单管理员对流水号进行新建、修改、删除操作。在操作设置中设定字段初始值时，可在系统变量中调用流水号。

表单应用设置。表单应用设置是指设置表单模板的分类存储，由单位管理员完成。

（2）表单制作

表单制作是指表单模板的制作，由表单管理员设计表单样式、定义数据类型、确定录入方式、定义操作权限、指定审批流程，以及对使用者授权等。

（3）表单应用

表单应用包括表单协同、查询和统计。

表单协同。表单模板设计完成后，由被授权的用户新建协同、调用表单模板、完成表单单据的填写和提交审批。

查询与统计。由表单管理员定义查询或统计条件、确定显示的数据项，以及对使用者授权。被授权的用户通过报表中心，执行查询或统计，查看结果。

举一反三

选择一个调研企业，对该企业的行政、人事、销售、采购等部门的工作业务进行调研，完成业务流程需求调研表。

【任务 5-2】 表单设计

任务导读

业务场景：公司考勤制度规定，员工出差应填报出差申请单，经领导批准后交行政部门归档，员工凭出差申请单报销差旅费用。应用设计师根据出差申请单和差旅费报销单的样式和流程要求设计表单模板，并授权单位所有人员使用。

任务实施

一、出差申请单

根据业务流程调研，出差申请的流程为：个人提出申请，经部门领导、部门分管领导审核后交行政部门存档，出差申请单要与差旅费报销单关联。图 5-8 所示为纸质的出差申请单。

出差申请单

出差人员		时间	年 月 日 — 年 月 日	地点	
出差事由：					
部门意见					
领导意见					
备注					

图 5-8　纸质的出差申请单

表单设计人员根据表单流程要求，对表单的数据和样式进行优化，将出差人员进行区分，分为申请人和同行人员，同时考虑出差申请单与差旅费报销单的关联，增加了交通工具的选择以及出差天数的自动计算。图 5-9 所示为优化后的出差申请单。

出差申请单

申请人		所在部门		同行人员	
出差日期		至		共计天数	
出差事由					
出差地点			交通工具		
审批意见栏					
部门主管意见					
分管领导意见					

图 5-9　优化后的出差申请单

1．制作准备

（1）单位管理员设置 IT 专员为应用设计师

单位管理员登录系统，选择【组织模型管理】|【角色权限设置】命令，进入操作页面，如图 5-10 所示。选择"应用设计师"命令，单击"分配人员"按钮，将应用设计师的权限分配给 IT 专员。

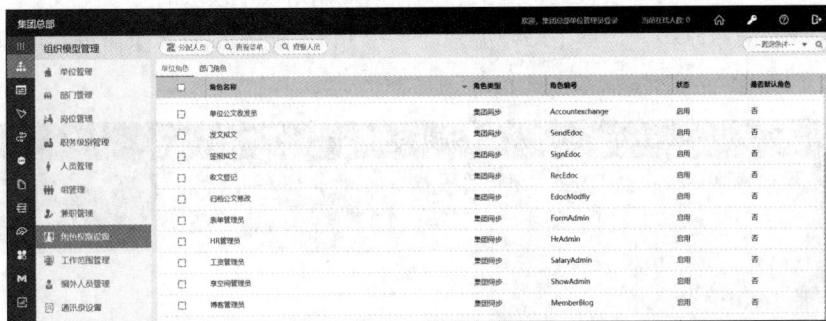

图 5-10　角色权限设置

（2）枚举设置

枚举就是将要用到的数据进行列举，出差申请单中需要填写乘坐的交通工具，我们将常用的交通工具定义成枚举，然后绑定到下拉、复选或单选控件中，用户可以通过这些控件进行选择，以此规范数据填写的内容。

枚举分为公共枚举、系统枚举、单位枚举和单位图片枚举，公共枚举和系统枚举只能由集团管理员维护，供集团下各单位使用。集团管理员还可以维护单位枚举，但不能维护单位图片枚举。单位枚举和单位图片枚举由单位管理员或单位的应用设计师进行维护。已经被表单使用过的枚举不能被删除。

单位管理员登录系统，选择【基础功能设置】|【枚举管理】命令，进入操作页面，如图 5-11 所示。

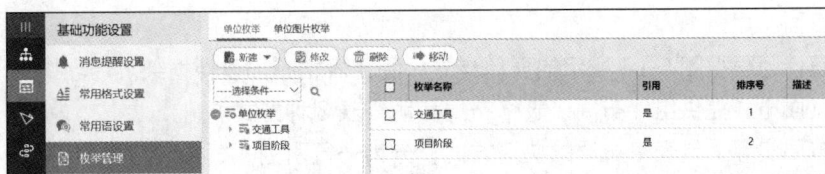

图 5-11　枚举管理

在"单位枚举"页签下，单击"新建"按钮，创建枚举类型和枚举，枚举类型用于对枚举进行分类管理。创建枚举分为两步，先单击"新建"按钮，创建枚举名称，然后选中该枚举名称，再单击"新建"按钮，创建该枚举名称中枚举值对应的名称、枚举值、排序号等，图 5-12 所示为交通工具枚举。

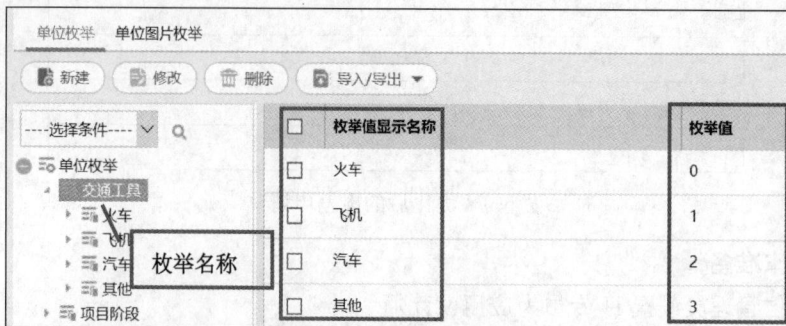

图 5-12　交通工具枚举

（3）表单应用设置

单位管理员可以对表单模板进行分类存储，以便调用表单模板时方便查找。

单位管理员登录系统，选择【工作流管理平台】|【协同模板管理】命令，增加"业务审批"模板，如图 5-13 所示。

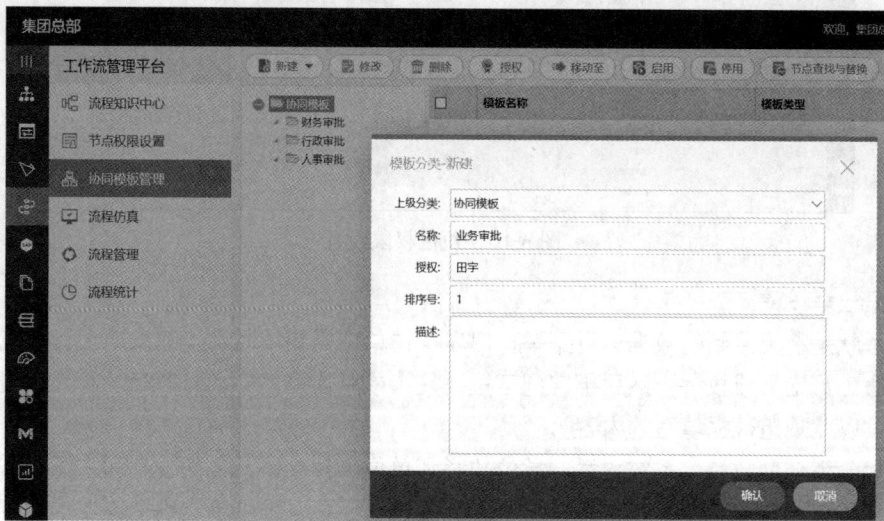

图 5-13　协同模板管理

2. 表单设计

应用设计师登录系统，选择【应用定制平台】|【设计中心】|【表单管理】命令，单击"新建"按钮，进入表单视图的设计页面，如图 5-14 所示。

（1）页面布局

应用设计师根据图 5-14 所示的表单样式，利用表格布局设计框架。

表单页面布局提供组件布局、表格布局和明细表 3 种方式。

组件布局实际上是表格布局的快捷方式，分为一行两列、一行三列两种。

表格布局则由用户自行输入行、列的数量，系统自动根据视图的宽度将视图平分为指定的列数。用户可以自行插入行、列，调整行高和列宽。

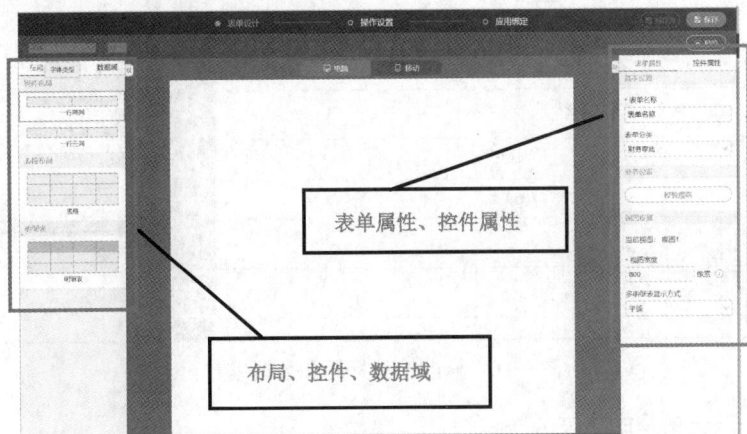

图 5-14 表单视图的设计页面

明细表是用来显示明细项目的特殊表格，由用户自行输入列的数量，系统自动根据视图的宽度将视图平分为指定的列数，用户可自行插入行、列，调整行高和列宽。明细表的明细区不能增加行，表头、表尾可增加行。一般表头存放需要显示的列头文字，表尾则存放进行汇总的文字和控件。

（2）控件设计

拖曳需要的控件到合适的单元格区域，图 5-15 所示为表单中各控件的类型。拖曳控件到视图中后，除辅助类控件外，其他控件均将对应生成相应的数据域。控件是数据域在页面视图中的呈现形式，数据域是表单数据存储在数据库中的字段。

注意：从页面视图中删除控件并不能删除数据域，从数据域列表中删除数据域则会同时删除页面视图中的控件。

出差申请单

申请人	文本	所在部门	文本	同行人员	选多人
出差日期	日期	至	日期	共计天数	数字，计算公式
出差事由	文本域				
出差地点	文本		交通工具	下拉，枚举	
审批意见栏					
部门主管意见	流程处理意见				
分管领导意见	流程处理意见				

图 5-15 表单中各控件的类型

单击某个控件，控件属性窗口会显示该控件的所有属性。系统默认的控件标题和数据域名是以控件类型加序号来命名的，如文本 1、文本 2、文本 3 等，容易混淆。为了规范命名，通常会将控件标题和数据域名改成更有实际意义的名称，便于记忆，如图 5-16 所示。

图 5-16　修改控件标题和数据域名

图 5-17 所示为出差申请表的数据域。

利用"日期差"公式计算出差申请表的共计天数，如图 5-18 所示。此外还要设置交通工具的下拉控件绑定的枚举和流程处理意见控件的意见格式。

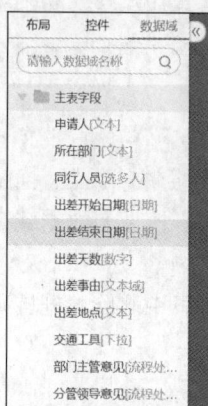

图 5-17　出差申请表的数据域

图 5-18　计算出差天数

控件标题和控件是同步显示的，由于控件标题的字体、字号、颜色等样式均不能调整，所以通常在"控件属性"页签中将控件标题设置为"无标题"，将控件边框设置为"无边框"。然后单击属性右边的格式刷 ，将当前控件的样式应用到视图中的全部控件。

（3）表单属性设置

表单属性主要有表单名称、表单分类、校验规则、多明细表显示方式等。我们为表单设置校验规则，要求表单中的出差结束日期必须大于出差开始日期，图 5-19 所示为出差申请单的校验规则。

表单校验规则用来判断表单中填写的内容是否符合要求、规范，如结束日期应不小于开始日期、请假天数不超过限额等。这样可以防止违反企业、单位规章制度中有关规定的事务发起审批或不正确的数据得以存储，在源头上保障企业、单位的工作质量、数据质量。

3. 操作设置

操作设置是定义表单运行中页面视图内各个数据字段的操作权限和初始值，供表单流程的节点使用。系统提供了 3 种缺省操作权限：填写、审批、显示。系统操作权限如图 5-20 所示。

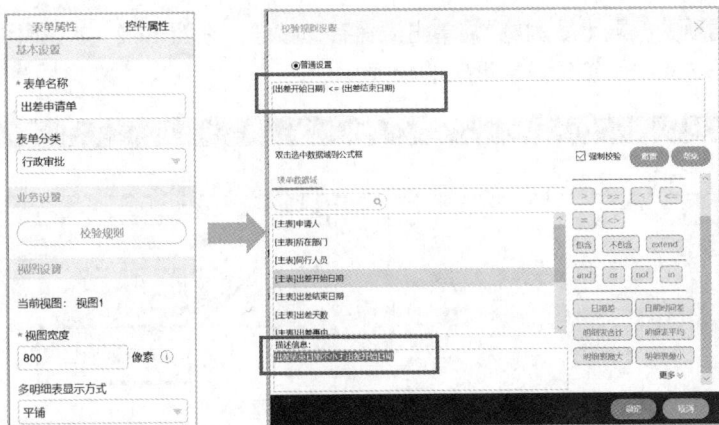

图 5-19　出差申请单的校验规则

图 5-20　系统操作权限

填写权限仅用于表单流程的起始节点,审批和显示权限可以用于表单流程的处理节点和结束节点。应用设计师可以为每一种操作权限针对表单不同数据字段分别设置不同的访问权限,如浏览、编辑、隐藏和追加等。

浏览。浏览表示该操作权限节点对数据项有只读访问权。

编辑。编辑表示该操作权限节点对数据项有修改访问权。

隐藏。隐藏表示数据项对该操作权限节点不显示,以"*"显示。

追加。追加表示该操作权限节点可以在保留原数据项内容不变的情况下增加新内容至数据项中。只有当数据项的录入方式为文本域时,追加才可用。

出差申请单有 3 个流程节点:发起人、部门主管领导和部门分管领导。发起人填写出差信息,系统中新增一张出差申请单,发起人的操作权限是填写。部门主管领导和分管领导审批出差申请单,相当于分别修改出差申请单中部门主管领导意见、分管领导意见对应的数据字段的值,他们的操作权限都是审批。

(1)发起人的权限设置

在权限列表区中,勾选"填写"权限,单击"修改"按钮命令,此时数据项权限区进入编辑状态。将出差申请单中的部门主管意见和分管领导意见设置为浏览权限,其他字段设置为编辑权限,且为必填项。由于表单的发起人就是申请人,所以申请人字段的初始值设置为系统变量:登录人员姓名。所在部门字段的初始值为系统变量:登录人员所在部门。修改填写权限的相关内容如图 5-21 所示。

(2)部门主管领导的权限设置

在数据项权限区中,单击"增加"按钮命令,新增一个操作权限,设置操作权限名称为"主管领导审批",操作类型为"修改"。然后将出差申请单中的部门主管意见设置为"追加"

权限，其他数据项的权限为"浏览"，单击"保存"按钮。在图 5-22 中，可以看到权限列表区中增加了一个名为"主管领导审批"的权限。

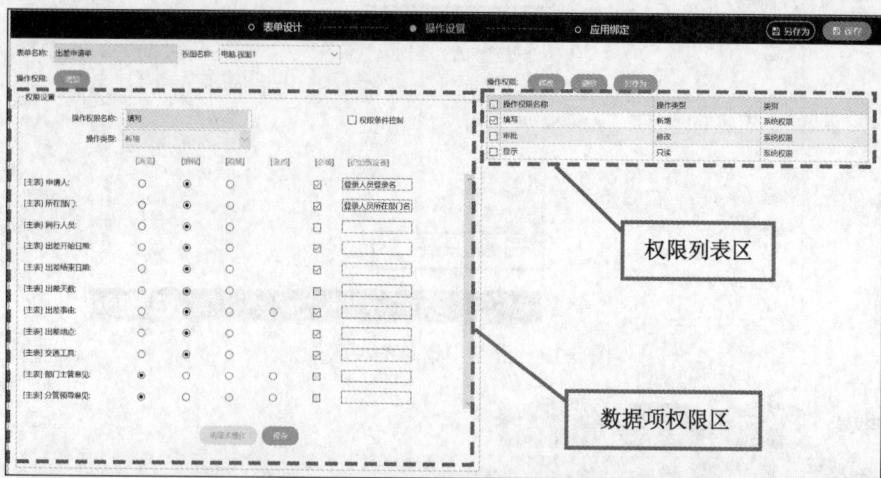

图 5-21　修改填写权限

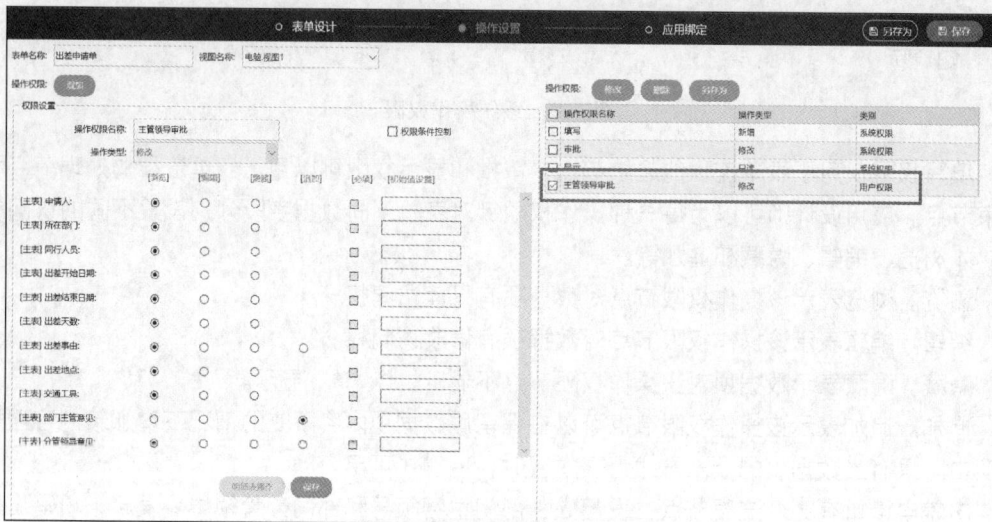

图 5-22　增加主管领导审批权限

（3）部门分管领导的权限设置

在数据项权限区中，单击"增加"按钮，新增一个操作权限，设置操作权限名称为"分管领导审批"，操作类型为"修改"。然后将出差申请单中的分管领导意见设置为"追加"权限，其他数据项的权限为"浏览"，单击"保存"按钮。图 5-23 中，可以看到权限列表区中增加了一个名为"分管领导审批"的权限。

4．应用绑定

应用绑定是设置表单的应用信息，形成表单模板。

（1）基础信息设置

在应用绑定页面，单击"新建"按钮，新建表单模板，同时弹出流程管理页面，在基础信息页面中可以设置模板名称、调用授权等。

图 5-23　增加分管领导审批权限

单击表单流程标题的"设置"按钮，可以自定义流程标题，在弹出的标题文本框里，可以选择表单数据域和系统变量作为自动提取的表单流程标题，如将流程标题定义为"出差申请单-{申请人}-{系统日期}"，则调用此模板新建协同时，自动生成表单协同标题。

设置表单模板的名称和调用授权，将表单模板授权给集团所有人使用，如图 5-24 所示。

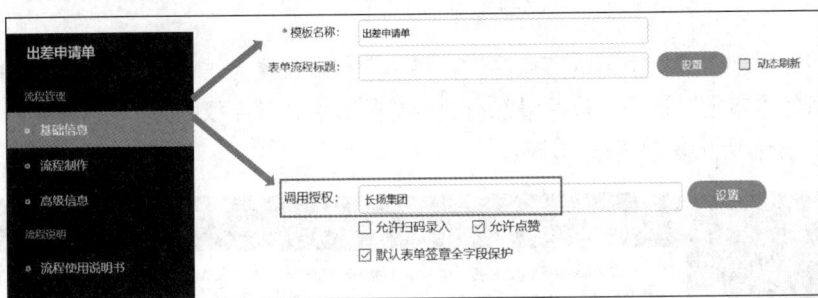

图 5-24　设置表单模板的基础信息

（2）流程制作

在流程制作页面中编辑流程，单击发起者节点，选择"增加节点"命令，由于发起人的部门主管并不是固定的某个人员，所以在选人页面单击"相对角色"页签，设置节点为发起人的部门主管、部门分管领导，流程模式为串发，如图 5-25 所示。

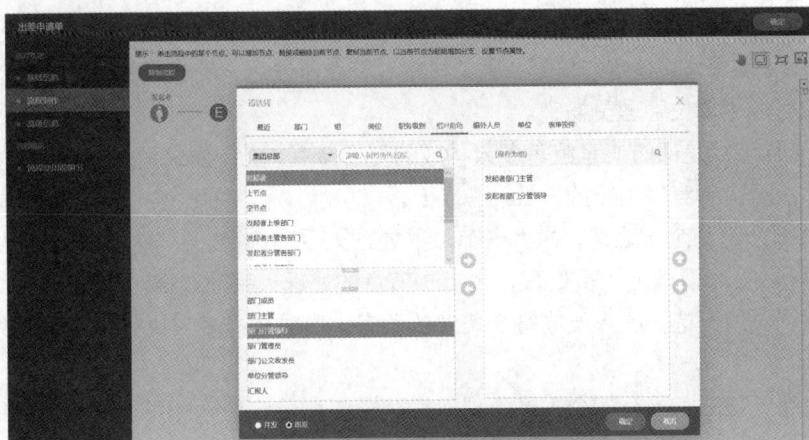

图 5-25　增加流程节点

设置部门主管的节点属性，将节点权限设置为"审批"，PC 端表单绑定的视图为"部门主管审批"视图，如图 5-26 所示。

图 5-26　部门主管的节点属性

同理，设置部门分管领导的节点属性，将节点权限设置为"审批"，PC 端表单绑定的视图为"分管领导审批"视图。最后增加行政专员的节点，节点权限为"知会"。

图 5-27 所示为出差申请单的流程。

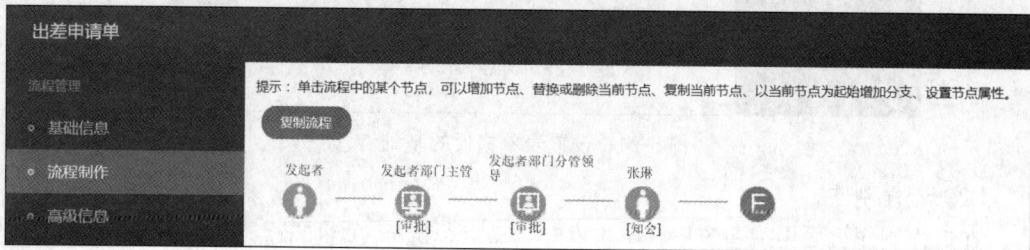

图 5-27　出差申请单的流程

进行流程制作时需注意以下 3 点。

① 流程中的节点尽可能使用岗位、相对角色和表单控件，以便维护修改以及人员接替。

② 节点若设置为"核定"权限，则"核定"节点通过后，发起人将不能撤销流程，但流程未结束前可以由单位管理员撤销。

③ 若流程节点是部门或者组等多人构成的复合节点，执行模式可以选择单人执行、多人执行、全体执行或者竞争执行的方式。

单人执行：仅 1 个人处理，由上一节点的处理人手动选择。

多人执行：2 个及以上人员处理，由上一节点的处理人手动选择。

全体执行：所有选择的人员或符合条件的所有人员或选择多人执行中的所有人员全部都须处理。

竞争执行：该节点若有多个人员处理时，选择任意 1 人处理即可。

（3）高级信息设置

在高级信息页面中，可以对归属机构、流程级别、发布时间、核心使用机构、相关责任人员进行设置，如图 5-28 所示。

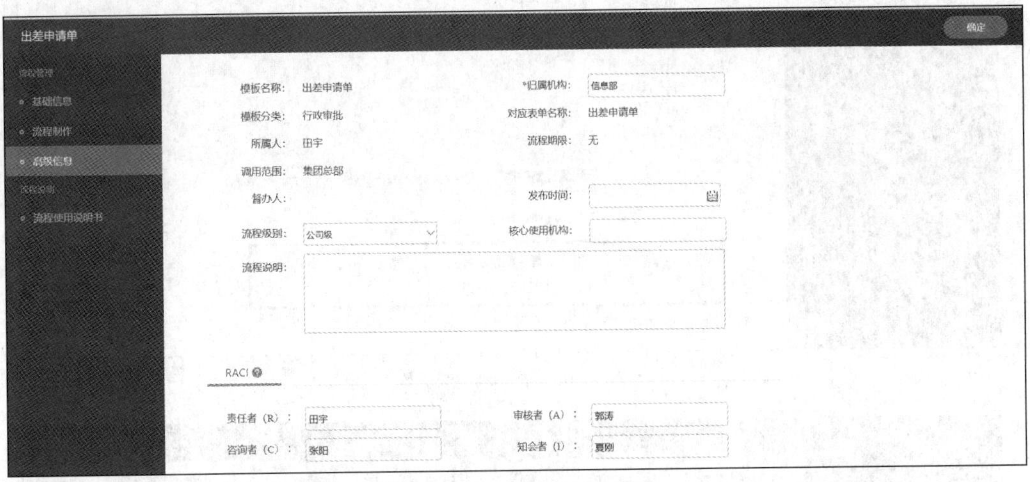

图 5-28　高级信息设置

发布时间的设置不能小于当前时间，默认为空，不设置发布时间则确定保存后流程立即发布，授权范围内的人可以立即调用。若设置了发布时间，那么流程保存后默认是停用状态，需要到发布时间后流程才能变成启用状态，授权范围内的人也需要等到发布时间后可以调用该流程。

RACI 即 Responsible（责任者）、Accountable（审核者）、Consulted（咨询者）、Informed（知会者），审核者（A）只能设置一个人，责任者（R）、咨询者（C）、知会者（I）可以设置多个人。当流程里有核定节点时，审核者（A）会默认为核定节点人员，当流程里有知会节点时知会者（I）会默认为知会节点人员。

保存后的出差申请单会作为统一的表单模板，显示在集团所有人的"我的模板"栏目中，如图 5-29 所示。用户选择出差申请单，即可发起出差申请的审批流程。

图 5-29　我的模板

小贴士

如何避免处理人在流程中重复处理

如果企业的管理人员有兼职，可能将部门主管、部门分管领导等同为一个人，在流程中设置部门主管处理后再由部门分管领导处理，则兼职的人员可能会处理两次。如果流程较长，则还存在处理更多次的可能，通过合并处理设置即可解决这个问题。

合并处理策略在应用绑定的基础信息页面中设置，如图 5-30 所示。应用设计师在流程制作时，通过流程节点的属性设置，选择流程节点的合并处理方式，如图 5-31 所示。

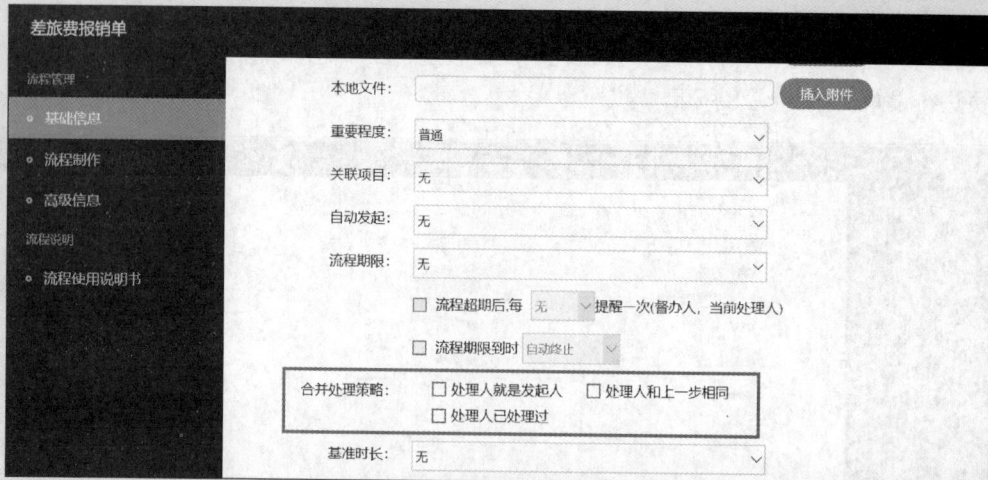

图 5-30　合并处理策略

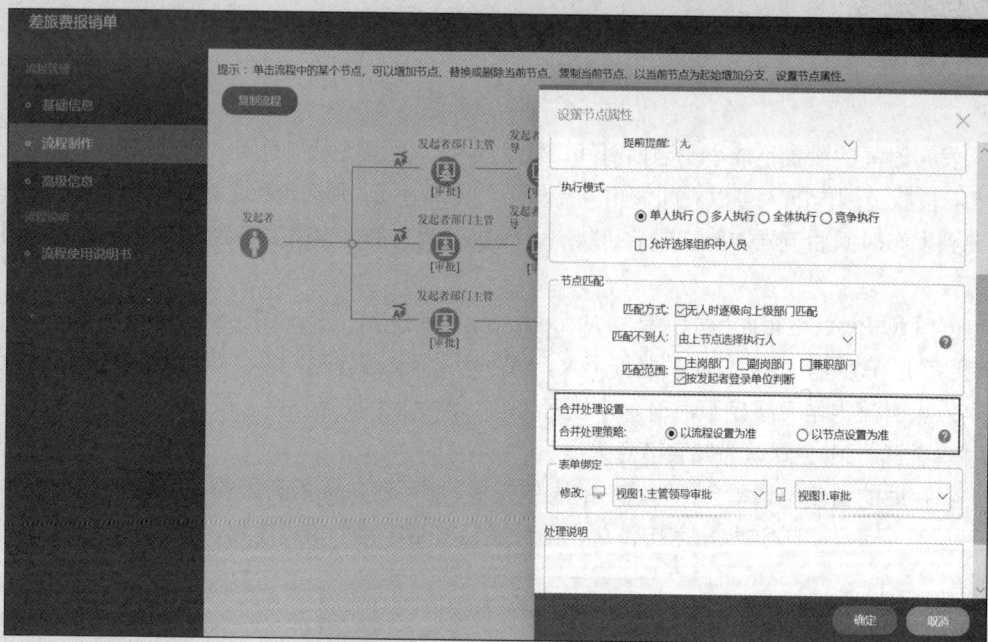

图 5-31　流程节点的属性设置

　　流程节点的合并处理设置分为以流程设置为准和以节点设置为准两种，系统默认的是以流程设置为准，就是不进行合并处理，完全按流程节点来处理。若以节点设置为准，则系统通过判断当前节点处理人是否发起人，是否和上一节点处理人员相同以及该处理人是否已经处理过来合并同一个处理人的处理动作，避免重复处理。

▶▶▶ 二、差旅费报销单

　　差旅费报销流程：申请人提出申请，系统自动显示同行人员、出差日期、出差事由等出差申请单的相关信息，申请人填写差旅费报销明细后提交部门主管、分管领导、总经理审批。

　　流程条件：报销金额不超过 5 000 元的，由部门主管审批；超过 5 000 元但不超过 10 000

元，部门主管审批后，由分管领导审批；超过 10 000 元的，部门主管审批后，由分管领导审批，再由总经理审批。

图 5-32 所示为差旅费报销单的样式，控件设计要求如下。

（1）表单编号由系统自动编号。

（2）差旅信息与出差申请单的信息关联。

（3）所有费用合计、总计由系统自动进行计算。

差旅费报销单

关联出差单					
申请人		部门		同行人员	
出差日期	年 月 日至 年 月 日		天数		
出差事由					
报销明细					
日期	交通费	住宿费	餐费	其他费用	备注
合计					
总计		大写			
审批意见栏					
部门主管意见					
分管领导意见					
总经理意见					

图 5-32 差旅费报销单的样式

1. 制作准备

应用设计师登录系统，选择【应用定制平台】|【设计中心】|【表单管理】命令，单击"基础数据"按钮，进入枚举设置页面，如图 5-33 所示。

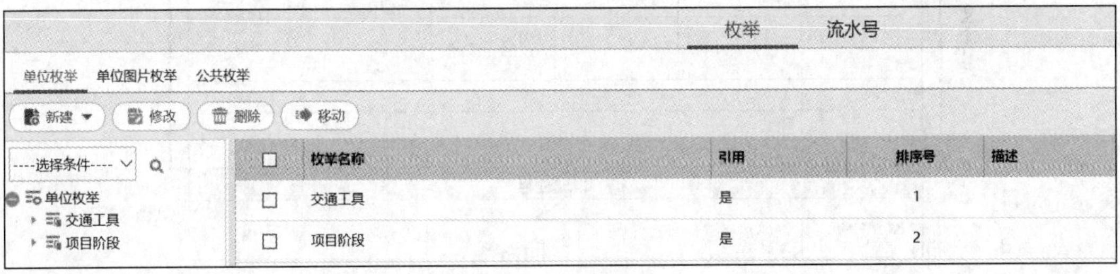

图 5-33 枚举设置

应用设计师在基础数据页面中维护枚举和流水号。流水号由系统自动编号，通常用来区分不同的表单数据记录，即为不同的数据记录生成具有唯一性的 ID。流水号的组成分为前缀、年号、结束符、流水值、后缀 5 个部分。表 5-6 所示为我国公文文号的组成。

表 5-6 我国公文文号的组成

完整流水号	前缀	年号	结束符	流水值	后缀
国发〔2017〕1 号	国发〔	2017	〕	1	号

流水号根据实际使用需要进行 5 个部分内容的设置。年号规则可设置为年、年月或者年月日的形式，重置规则可按年份、按月份或者按日进行重置。若年号规则设置为年月，重置规则设置为按月份，则表单的编号每过一个月将自动从起始值重新编号。差旅费报销单的编号规则为：CL-年份-自动编号。图 5-34 所示为差旅费报销单的流水号。

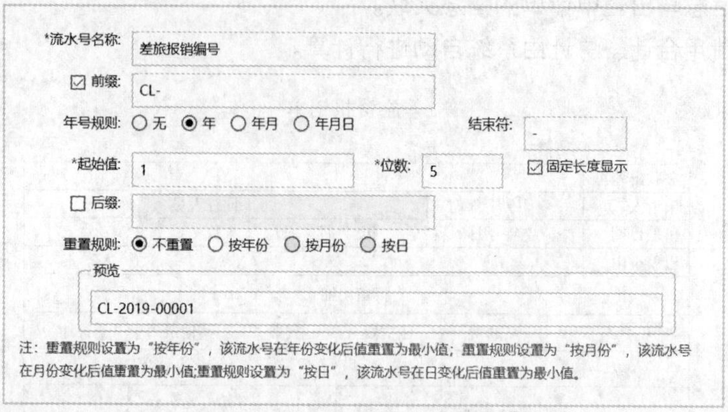

图 5-34　差旅费报销单的流水号

2．表单设计

（1）页面布局

选择【应用定制平台】|【设计中心】|【表单管理】命令，单击"新建"按钮，进入表单视图的设计页面，利用表格布局和明细表布局设计差旅费报销单，如图 5-35 所示。

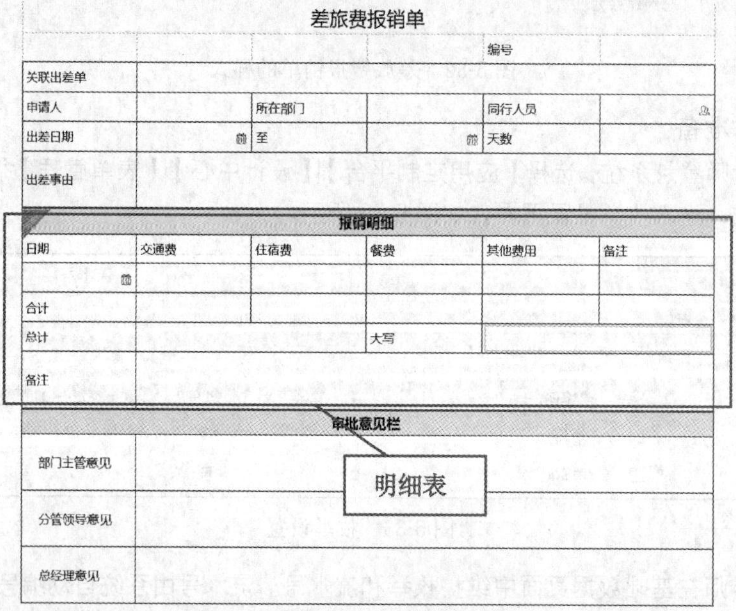

图 5-35　差旅费报销单的页面布局

注意：明细表分为表头、明细区和表尾 3 部分，如图 5-36 所示。表头和表尾可增行，明细区在设计状态下只显示一行，不能增行。明细表使用时会在表头上方显示插入行、复制行、删除行、导入数据等操作命令，默认显示 5 行明细行，如图 5-37 所示。明细表默认显示的行数可以在"表单属性"页签中修改。

表头				
明细区				
表尾				

图 5-36　明细表的设计

＋插入行　⊟复制行　⬚删除行　⬚删除全部　⬚导入数据				
表头				
明细区				
表尾				

图 5-37　明细表的预览

（2）控件设计

图 5-38 所示为差旅费报销单中各控件的类型。

差旅费报销单

编号　文本，流水号

关联出差单	文本				
申请人	文本	所在部门	文本	同行人员	选多人　👥
出差日期	日期　📅 至		日期　📅	天数	数字，公式
出差事由	文本域				

＋插入行　⊟复制行　⬚删除行　⬚删除全部　⬚导入数据					
报销明细					
日期	交通费	住宿费	餐费	其他费用	备注
日期　📅	数字	数字	数字	数字	文本
合计	数字，公式	数字，公式	数字，公式	数字，公式	
总计	数字，公式		大写	文本，公式	
备注	文本域				
审批意见栏					
部门主管意见	流程处理意见				
分管领导意见	流程处理意见				
总经理意见	流程处理意见				

图 5-38　差旅费报销单中各控件的类型

可以使用系统提供的计算公式进行明细表中的数据统计，图 5-39 所示为交通费合计的公式设置。先在表单数据域列表框中选择"[报销明细表]交通费"选项，然后单击"明细表合计"按钮，则自动生成公式"sum({交通费})"，表示对明细表中的所有交通费求和。

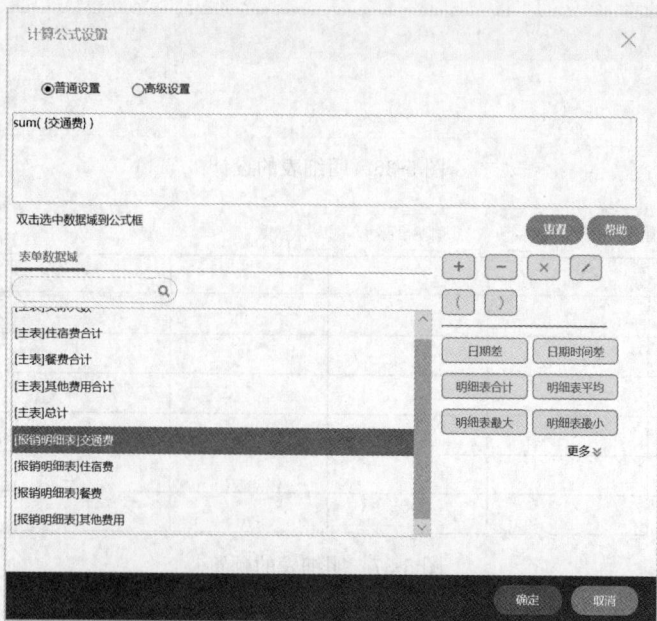

图 5-39　交通费合计的公式设置

"［主表］总计"数据项的计算公式可以定义如下。

［主表］总计 = {交通费合计} + {住宿费合计} + {餐费合计} + {其他费用合计}

"大写"数据项的计算函数选择"大写短格式"，对应的公式为：toUpperForShort({总计})。

（3）表单属性设置

修改表单名称为差旅费报销单，表单分类设置为财务审批，校验规则为：{总计}>0 && 出差开始日期<= 出差结束日期。

3. 操作设置

（1）修改"填写"操作权限

在"填写"操作权限的设置页面中，由于差旅费报销单的编号由系统自动编号，所以将"编号"数据域设置为浏览权限，数据值取自自定义的流水号——差旅费报销编号，如图 5-40 所示。

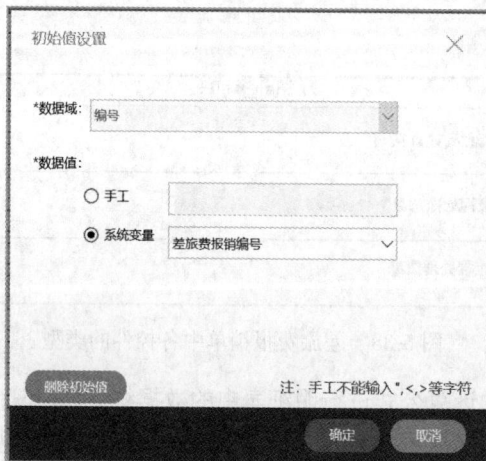

图 5-40　编号的初始值设置

定义了公式的数据项，系统将自动计算，不需要用户输入，所以将所有定义了公式的数据域的权限设置为浏览权限，流程审批意见对应的数据域字段设置为浏览权限，其他数据域设置为编辑权限。

（2）增加"审批"操作权限

差旅费报销单需要经部门主管、分管领导和总经理审批，应用设计师在操作设置页面，增加"部门主管审批"的操作权限，并将"主管领导审批意见"数据域设置为追加权限，其他数据域均为浏览权限。增加"分管领导审批"的操作权限，并将"分管领导审批意见"数据域设置为追加权限，其他数据域均为浏览权限。增加"总经理审批"的操作权限，并将"总经理审批意见"数据域设置为追加权限，其他数据域均为浏览权限。

注意： 如果表单中有明细表，还可以对明细表设置操作权限，说明是否允许添加或删除明细表中的数据，如图5-41所示。

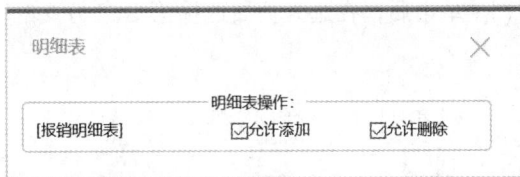

图5-41　明细表操作

4. 应用绑定

在应用绑定页面中单击"新建"按钮，新建差旅费报销单的表单模板。

（1）基础信息设置

设置表单模板的名称为"差旅费报销单"，勾选所有的合并处理策略，并授权给集团所有人使用。

（2）流程制作

差旅费报销单的审批流程条件为：报销金额不超过5 000元的，由部门主管审批；超过5 000元但不超过10 000元的，部门主管审批后，由分管领导审批；超过10 000元的，部门主管领导审批，然后由分管领导审批，再由总经理审批。

差旅费报销单的审批流程是分支流程，根据分支条件执行不同的流程分支，制作步骤如下。

① 制作完成第1条分支流程，如图5-42所示。

图5-42　第1条分支流程

② 单击发起者部门主管节点，选择"增加分支"命令，移动鼠标指针到总经理节点，此时的虚线表示新分支的节点范围，如图5-43所示。

图5-43　新分支的节点范围

单击后，在弹出的选人页面选择第2条分支的节点，完成第2条分支流程的制作，如图5-44所示。

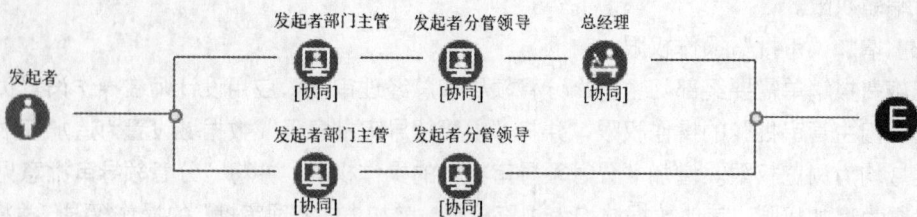

图 5-44 第 2 条分支流程

③ 单击第 1 条分支的发起者部门主管节点，选择"增加分支"命令，移动鼠标指针到总经理节点（或者单击第 2 条分支的发起者部门主管，选择"增加分支"命令，移动鼠标指针到发起者分管领导节点），单击后，在选人页面选择第 3 条分支的节点，完成第 3 条分支流程，如图 5-45 所示。

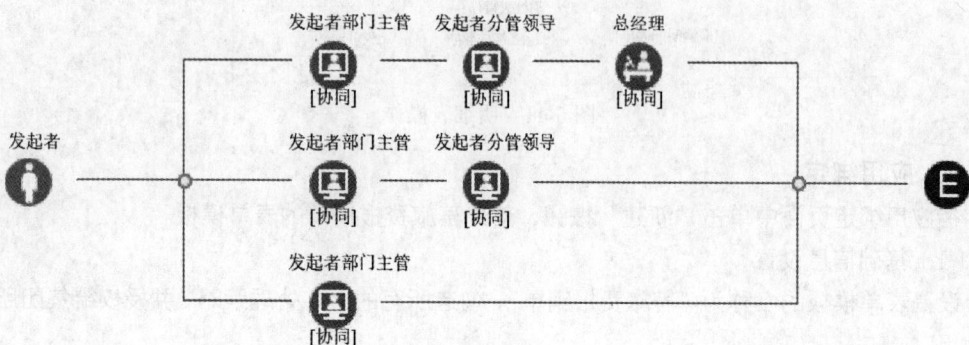

图 5-45 第 3 条分支流程

④ 设置分支条件。将鼠标指针移动到分支线上，此时分支线变成黄色，单击后选择"自动条件"命令，弹出条件设置窗口，设置分支条件。第 1 条分支的条件为：{总计}> 10 000。第 2 条分支的条件为：{总计}>= 5 000 && {总计}<10 000。第 3 条分支的条件为：{总计}<5 000。图 5-46 所示为分支条件设置完成的流程。

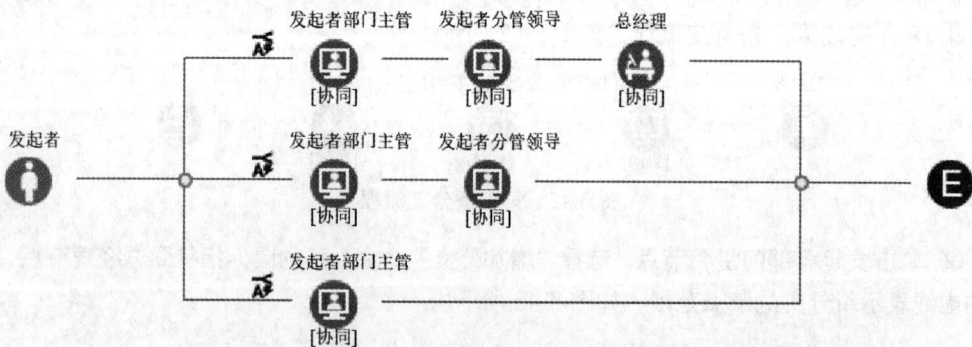

图 5-46 分支条件设置完成的流程

⑤ 修改所有节点的节点属性，将节点权限设置为"审批"，表单绑定为相应的视图，图5-47 所示为完成后的流程。

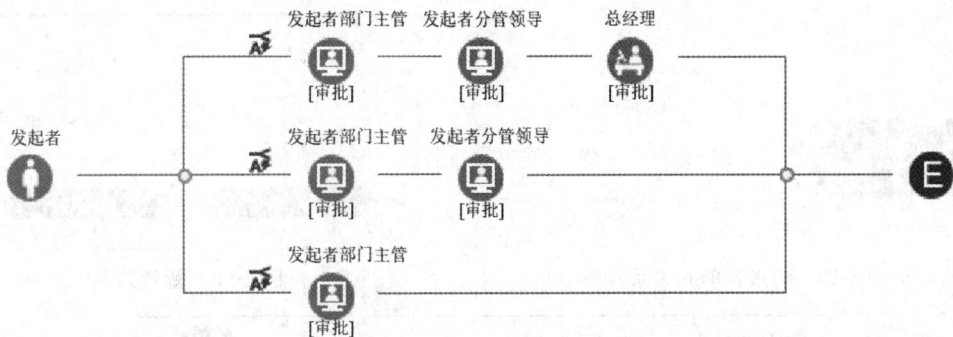

图 5-47　完成后的流程

注意：流程中的分支条件可以选择"自动条件"或"手动选择"。"手动选择"方式不需要设定分支的条件，流程执行时由上级节点自由选择分支的节点执行人，类似自由流程。所以通常情况下使用"自动条件"且勾选"强制分支"，这样系统将严格按照预先设定的条件和节点执行流程，以保证流程与制度的刚性管理。设置"自动条件"时，所有的分支条件组合后应覆盖全部的应用场景，避免流程因分支不完善而无法继续进行；建议对条件分支进行描述，以便于后续流程维护。

5. 业务关系设置

正常情况下，员工都是先进行出差申请，经领导批准后出差，出差结束后报销差旅费，出差申请与差旅费报销审批存在业务上的关联，数据信息也需要在流转过程中进行传递。为了规范业务流程，应用设计师设置了两个表单的业务关系，即出差审批流程结束后自动触发差旅费报销审批流程，同时将出差申请单中部分信息自动填入差旅费报销单中。

在表单管理页面，勾选"出差申请单"复选按钮，单击"业务关系设置"按钮，如图 5-48 所示。

图 5-48　表单管理页面

在弹出的"业务关系设置"窗口中，单击"+插入表单"按钮，添加差旅费报销单，得到两个表单的关系视图，如图 5-49 所示。

单击两个表单中间的"+"号，建立两个表单的业务关系，如图 5-50 所示。表单的业务关系分为触发关系和关联关系。从表单之间数据传递的角度来看，触发表示将中心表的数据填入另一张表，关联表示中心表从另一张表中获取数据。单击箭头上的切换按钮⊛，可以切换中心表。

在"新建关系"对话框中单击"新建触发"按钮，弹出"业务关系设置"对话框，如图 5-51 所示。设置关系名称，系统默认的来源是出差申请单，目标是差旅费报销单，设置触发点为"流程结束"、触发事件为"新建流程"，表示出差申请单的审批流程结束后，系统会自动触发新建差旅费报销单的协同事项。

图 5-49　两张表单的关系视图

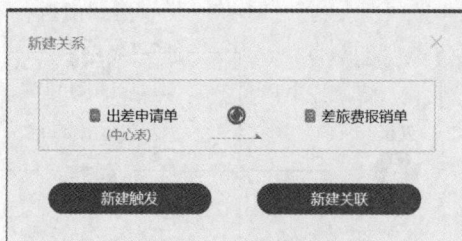

图 5-50　新建关系

图 5-51　业务关系设置

　　由出差申请单触发生成的差旅费报销单中，申请人、出差时间、出差事由等差旅信息应该根据出差申请单中的相关信息自动填入，因此要设置两个表单中字段的映射关系，箭头表示相关信息填入的方向。然后指定触发后新建流程的表单模板，如图 5-52 所示。

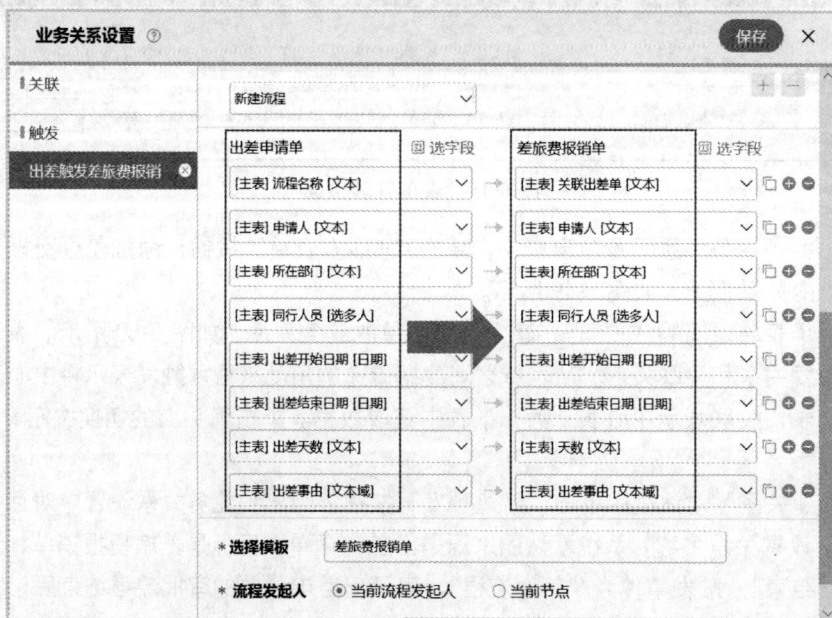

图 5-52　出差申请单与差旅费报销单的字段映射

举一反三

（1）制作【任务 5-1】中的借款单模板。

（2）设计、制作员工转正审批表的表单模板。

（3）设计、制作合同审批单的表单模板，要求根据合同金额设计分支流程。

（4）设计、制作请假单，要求根据请假类型和请假天数设置不同的流程。

（5）根据图 5-53 所示的差旅费用报销单的样例设计、制作表单，要求关联借款单。

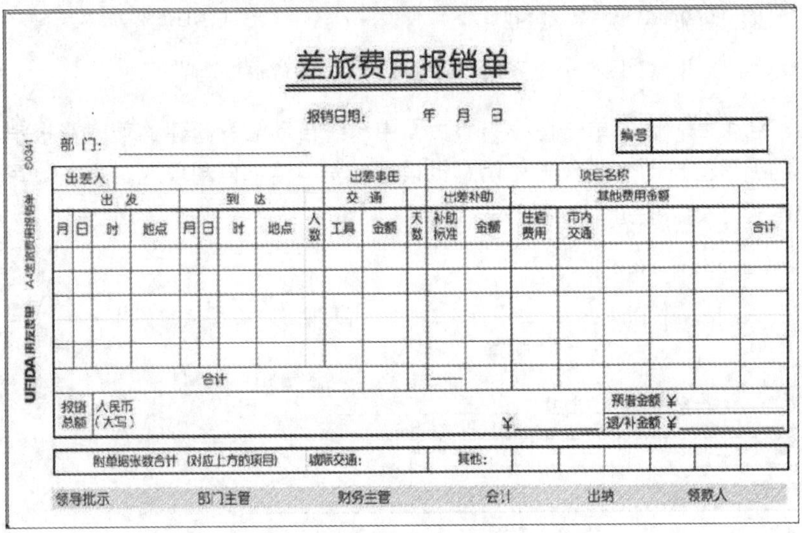
差旅费用报销单
报销日期：　年　月　日
部门：
编号
出差人　出差事由　项目名称
出发　到达　交通　出差补助　其他费用金额
月　日　时　地点　月　日　时　地点　人数　工具　金额　天数　补助标准　金额　住宿费用　市内交通　合计
合计
报销总额　人民币（大写）　¥　预借金额 ¥　退/补金额 ¥
附单据张数合计（对应上方的项目）　城际交通：　其他：
领导批示　部门主管　财务主管　会计　出纳　领款人
UFIDA 用友表单　A4差旅费用报销单　S0341

图 5-53　差旅费用报销单

【任务 5-3】 表单应用

任务导读

（1）表单模板如何使用?

（2）如何查询表单数据?

（3）如何统计表单数据?

随着表单的应用，系统中的数据越来越多，这给数据的查看和分析带来了困难。协同 OA 系统提供查询和报表设计器，可以快速、灵活地实现用户的各种数据查询和统计需求。

任务实施

一、表单协同

销售专员唐龙要去南京与客户洽谈业务，出差前需填写出差申请单，提交各级领导审批。

（1）唐龙登录系统，在“我的模板”栏目中单击出差申请单，填写差旅信息，发送协同事项。

（2）销售一部负责人在系统中看到待办事项，审批通过。

（3）运营总监在系统中看到待办事项，审批通过。

（4）唐龙在待办中心页面中看到系统自动触发新建的差旅费报销单，如图 5-54 所示。

图 5-54　系统自动触发新建的差旅费报销单

（5）出差结束后，唐龙单击待办中心页面中系统自动触发新建的差旅费报销单，该差旅费报销单中的编号已自动生成，出差信息也根据出差申请单自动填入。唐龙填写差旅费报销明细后，单击"提交"按钮，如图 5-55 所示。

图 5-55　提交表单

（6）由于报销金额总计不超过 5 000 元，部门主管审批后，唐龙在已发事项页面中看到流程已结束，如图 5-56 所示。

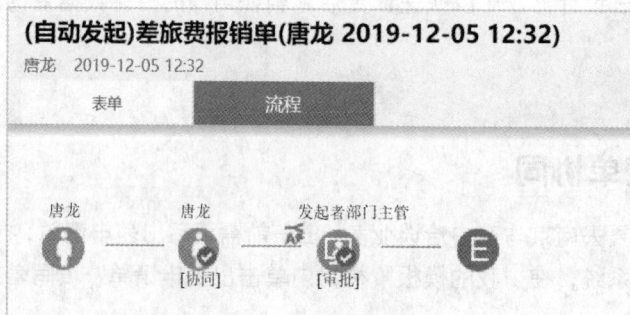

图 5-56　流程结束

▶▶▶ 二、表单查询

查询就是根据指定的条件从数据表中查找出用户需要的数据。例如，财务中心的人员需要查看集团总部所有的差旅费支出情况，每个员工可以查看自己的差旅费报销情况。对此，应用设计师设计了差旅费用查询。

应用设计师登录系统，选择【应用定制平台】|【设计中心】|【综合报表设置】命令，在报表设置页面中单击"新建查询"按钮，如图 5-57 所示。

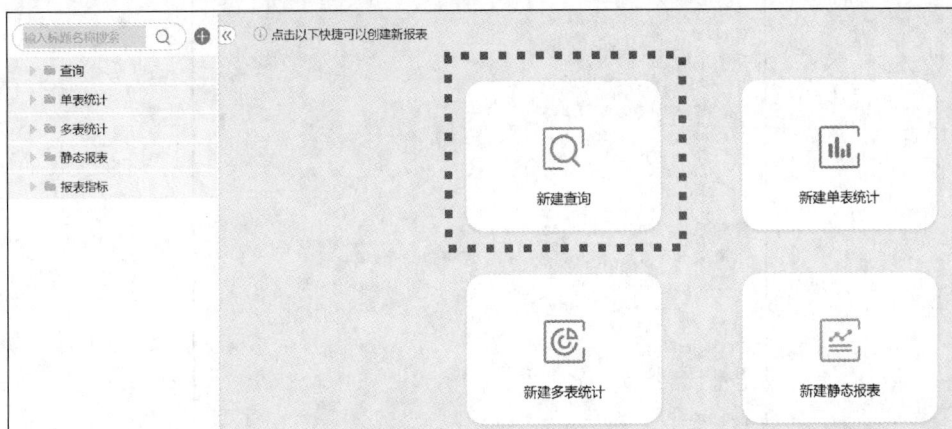

图 5-57　综合报表设置

在"查询"对话框中输入查询标题，选择报表分类，设置数据源为差旅费报销单，然后单击"数据字段设置"按钮，设置查询的数据字段。查询的数据字段除了可以选择数据源中的字段，还可以选择系统字段，如审核时间、审核状态、流程状态等，如图 5-58 所示。

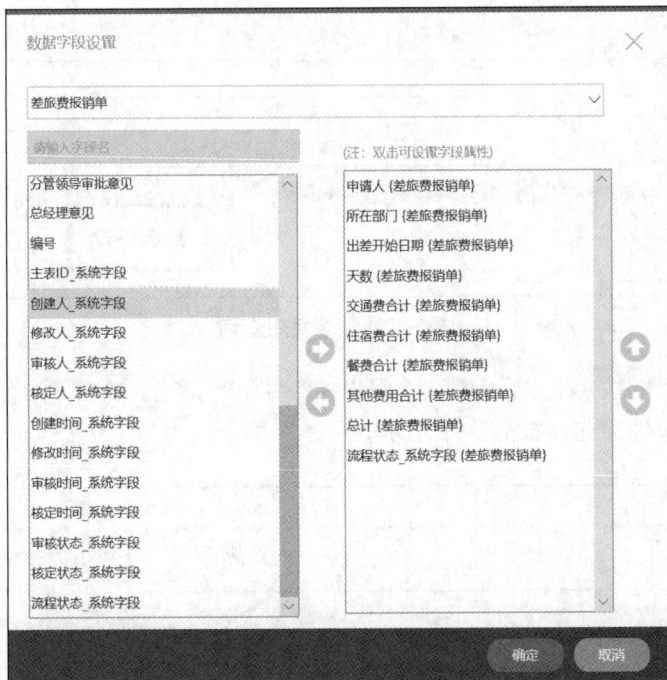

图 5-58　数据字段设置

设置排序字段、筛选条件、穿透显示，进行授权设置，如图 5-59 所示。穿透显示表示查询人可以单击查询数据查看流程的详细信息。

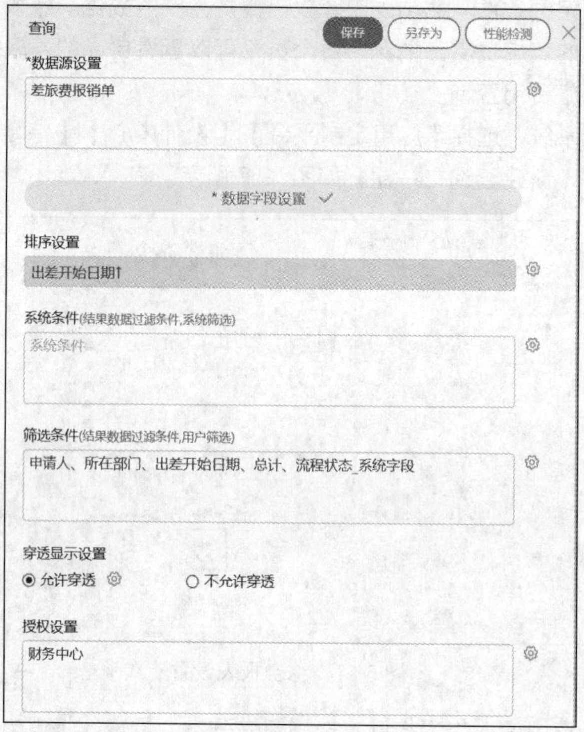

图 5-59　授权设置

设置完成后，可以看到查询的预览效果，如图 5-60 所示。查询预览页面不支持穿透数据显示。

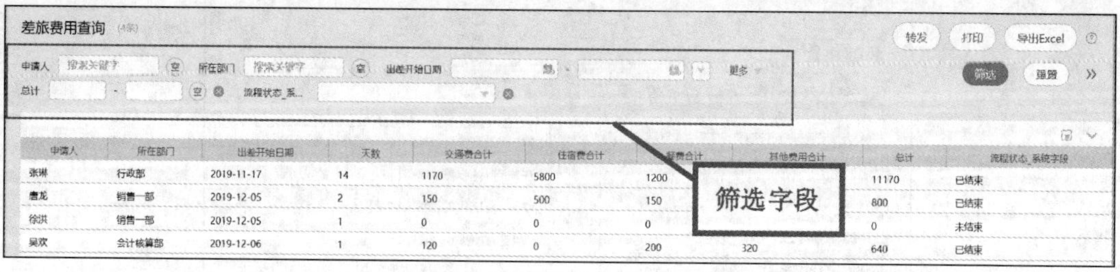

图 5-60　差旅费用查询

查询页面既可以按字段进行筛选，也可以按条件进行筛选。单击"筛选"右边的" » "按钮，切换成按条件筛选，如图 5-61 所示。

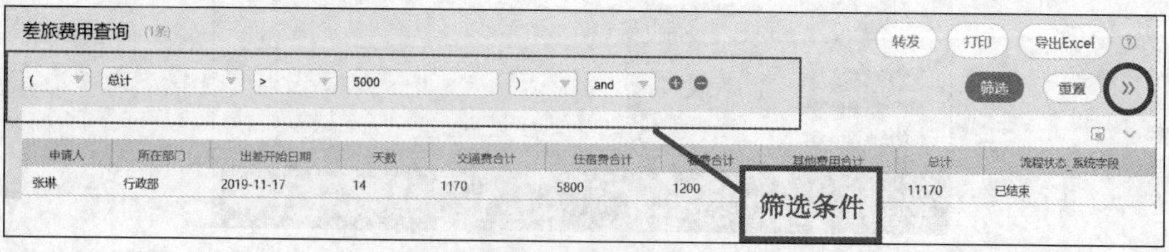

图 5-61　按条件筛选

财务中心的人员登录系统后，进入报表中心页面，如图 5-62 所示。单击财务报表中的差旅费用查询，即可看到查询结果，单击数据行，即可切换到差旅费报销单页面，查看详细的表单和流程信息。

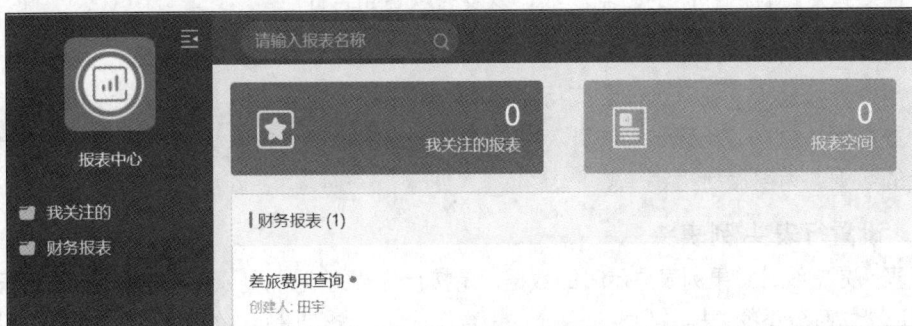

图 5-62　报表中心

为每个员工设计的差旅费用查询，只需要将系统条件设置为：表单申请人等于登录人员姓名，并授权给所有员工，则每个员工都可以查询自己的差旅费报销情况。图 5-63 所示为系统条件的设置。

图 5-63　系统条件的设置

在"系统条件"对话框中，组成查询条件的数据可以来自表单数据域、组织机构变量或日期变量。运算符分为算术运算符、条件运算符和逻辑运算符。通过 extend()函数可以选取扩展控件的值，通过"包含""不包含"运算可以进行模糊查询。系统数据域包括表单的创建人、创建时间、修改时间、单据状态、流程状态等信息。

▶▶▶ 三、单表统计

单表统计就是把单个表单的数据根据管理需要，按适当的统计维度进行计算。例如，财务中心需要按月统计各部门的出差天数，以及各项费用合计。

1. 新建统计

应用设计师登录系统，选择【应用定制平台】|【设计中心】|【综合报表设置】命令，在报表设置页面中单击"新建单表统计"按钮。在弹出的窗口中输入标题，选择报表分类，设置统计的数据源为差旅费报销单。

2. 设置行表头/列表头

行表头是指统计结果列表显示时的数据记录按行分类的依据。列表头是指统计结果列表显示时数据记录按列分类的依据，列表头只允许设置 1 个。选择字段后可修改显示名称和排列顺序。

统计报表分为普通报表和交叉报表。

普通报表是规范的二维表格，数据列由设定的行表头和统计项组成，其数据行根据行表头内容的不同分别给出统计值。

交叉报表的数据列是由设定的行表头、列表头与统计项的复合列组成，其数据行根据行表头的不同内容，分别针对不同的列表头内容给出统计值。

将行表头设置为申请人，列表头设置为部门，统计项设置为天数和总计，如图 5-64 所示。

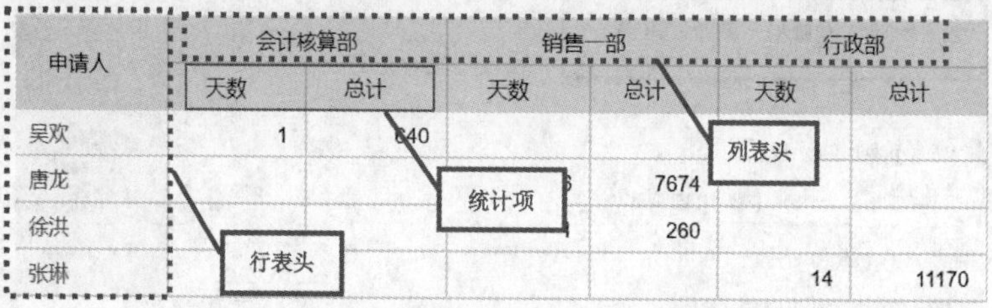

图 5-64　行表头/列表头的设置

3. 统计项设置

双击统计项中的数据字段，可以设置字段属性。统计项字段的属性包括显示名称、统计方式、显示格式和导出格式，如图 5-65 所示。

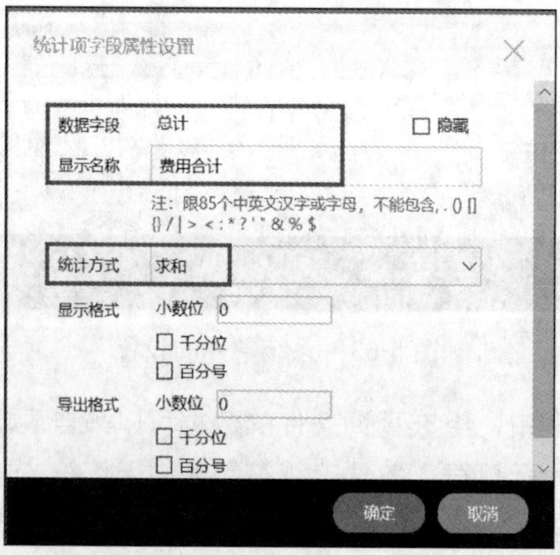

图 5-65　统计项字段属性设置

对数据字段，统计方式有求和、计数、平均值、最小值和最大值，同时可以设置数据字段的显示格式，包括小数位、千分位和百分号。

对日期、日期时间字段，统计方式有计数、最早或最晚。

除此之外的字段，统计方式只有计数。

对于已选择的统计项，应用设计师可以根据管理需要设置公式列，将这些统计结果按一定的计算公式得到需要的结果。例如，将统计项"费用合计""天数"组合成公式"费用合计/天数"，则可以得到平均费用。自定义的公式列可以设置显示名称及显示格式，显示格式包括小数位、千分位和百分号，如图 5-66 所示。

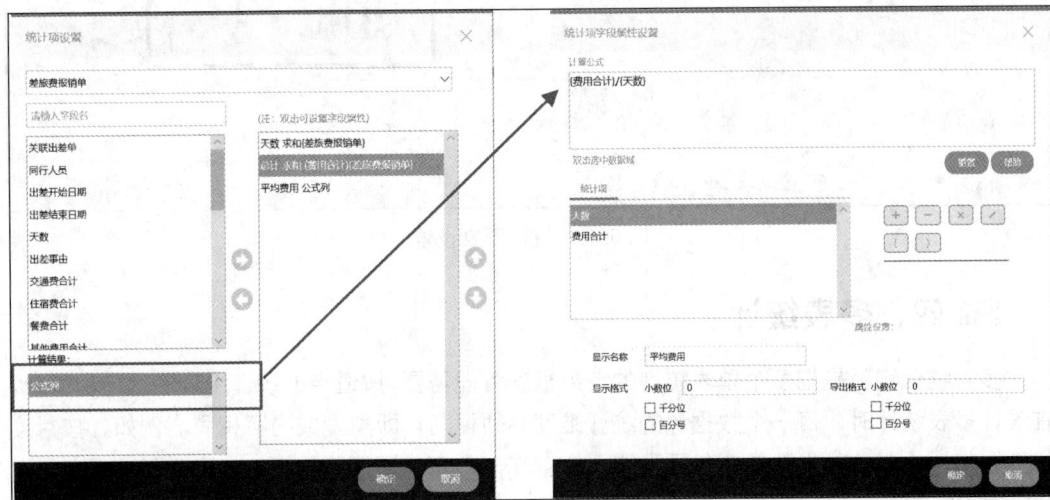

图 5-66　公式列的设置

4. 统计汇总与条件

排序设置。排序设置是指对行表头字段设置升序或降序的排序方式，统计结果数据则会按照设置的排序方式呈现数据。

汇总设置。勾选显示行合计后，统计结果会在底部显示合计行。勾选显示列合计后，统计结果会在最右边显示合计列，如图 5-67 所示。

申请人	会计核算部			销售一部			行政部			列合计		
	天数	费用合计	平均费用	天数	费用合计	平均费用	天数	费用合计	平均费用	天数	费用合计	平均费用
唐龙				6	7674	1279				6	7674	1279
吴欢	1	640	640							1	640	640
徐洪				1	260	260				1	260	260
张琳							14	11170	798	14	11170	798
合计	1	640	640	7	7934	1133	14	11170	798	22	19744	897

图 5-67　汇总设置

应用设计师也可以设置统计的系统条件、筛选条件、穿透显示和授权用户，设置与授权方式与查询相同。

统计图表设置。在预览效果页面中，单击右上角的彩色三角形，弹出图表模板选择对话框，选择将统计结果以图表方式显示，如图 5-68 所示。

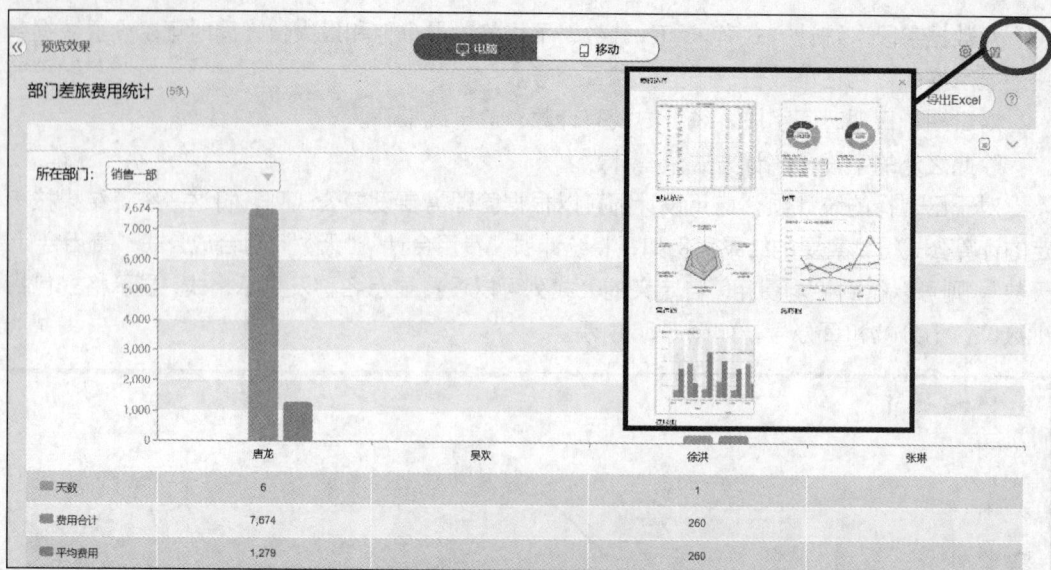

图 5-68　统计图表设置

▶▶▶ 四、多表统计

多表统计实际是把多个单表统计的结果根据管理需要，按适当的统计维度进行再次统计。在设计多表统计时，每一个数据源的统计维度必须相同，即类型或内容相同。例如，按月度统计仓库、物料的收发数量，包括采购入库、其他入库、调拨移入等，如图 5-69 所示。

图 5-69　月度收发统计

具体设置步骤如下。

第 1 步：创建或复制多个单表统计数据源，每个统计的行表头保持一致，都包含业务日期、仓库编号、仓库名称、物料编号、物料名称、规格型号和计量单位，统计项的类型与数量保持一致。注意：行表头最多支持 10 项数据。

第 2 步：创建多个数据源后，设置多表统计的行表头、列表头。

第 3 步：设置行表头、列表头后，分别将采购入库、其他入库、销售出库等单据的出入库数据设置为统计项。

第 4 步：根据需要进行排序、汇总、筛选和授权设置。

▶▶▶ 五、静态报表

静态报表只针对单表统计，其实质是设定时间点，由系统自动按时间点生成相应的统计报表并加以保存，提供给管理者查看相应事项的发展趋势或规律，方便管理者做管理决策。

（1）生成报表类型

生成报表类型分为日报、周报、月报、季度报、半年报、年报，根据周期的不同可设置不同的生成时间点。

日报通常在每日 23:00 生成，周报在每周周五、周六、周日的 23:00 生成，月报、季度报、半年报、年报分别在月末、季度末、半年末、年末当天的 23:00 生成。

根据实际需要，可指定周报在星期几生成，月报在月内的哪日（1－28 日）生成，季度报、半年报、年报在具体的哪月哪日。生成时间点均为整点，通常应利用服务器的相对空闲时段生成。

报表显示标题可插入年、半年、季度、月、日，以便使用时快速识别，如图 5-70 所示。

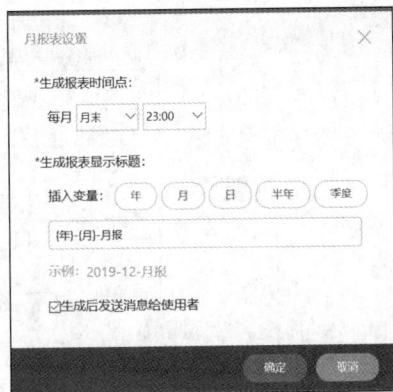

图 5-70 报表类型设置

（2）数据源设置

静态报表的数据源是单表统计，设置时可创建新的单表统计，也可直接复制已有的单表统计。

（3）其他设置

其他设置包括静态报表的排序设置、汇总设置、筛选条件、统计图表设置、授权设置，这些设置方法与单表统计相同。

🎨 举一反三

应用【任务 5-2】举一反三中的表单模板，发起相关的表单协同事项，并为管理人员设计制作表单的查询和统计报表。

▼ 项目小结 ● ● ●

表单是企事业单位进行制度化、标准化管理的一种有效手段，各种表单的应用涉及工作的运转、费用的控管、人员的管理等。表单管理是否规范、齐全，关系着各项流程、制度的操作与管控，日常管理工作是否能够正常进行。规范表单的使用，可以大大提高企业管理工作的质量，加强各项流程和制度的管控力度。

对表单的信息化管理不仅是简单的电子存储要求，更要求把人们从繁重的表单制作、频繁的业务流程中解放出来，让表单的使用、管理做到易用实用，同时要满足表单应用上的可追踪性、可复核性、可记录性、可检查性。

协同 OA 系统提供的表单管理工具，能够快速完成表单页面设计、节点权限控制，并建立表单的流转机制。OA 系统的表单通过流程模板和流程节点保证业务流程顺利进行，利用查询和统计实现表单数据的应用和分析，以图形化、可视化方式保证制度的有效性、规范执行。

图 5-71 所示为本项目的知识（技能）框架。

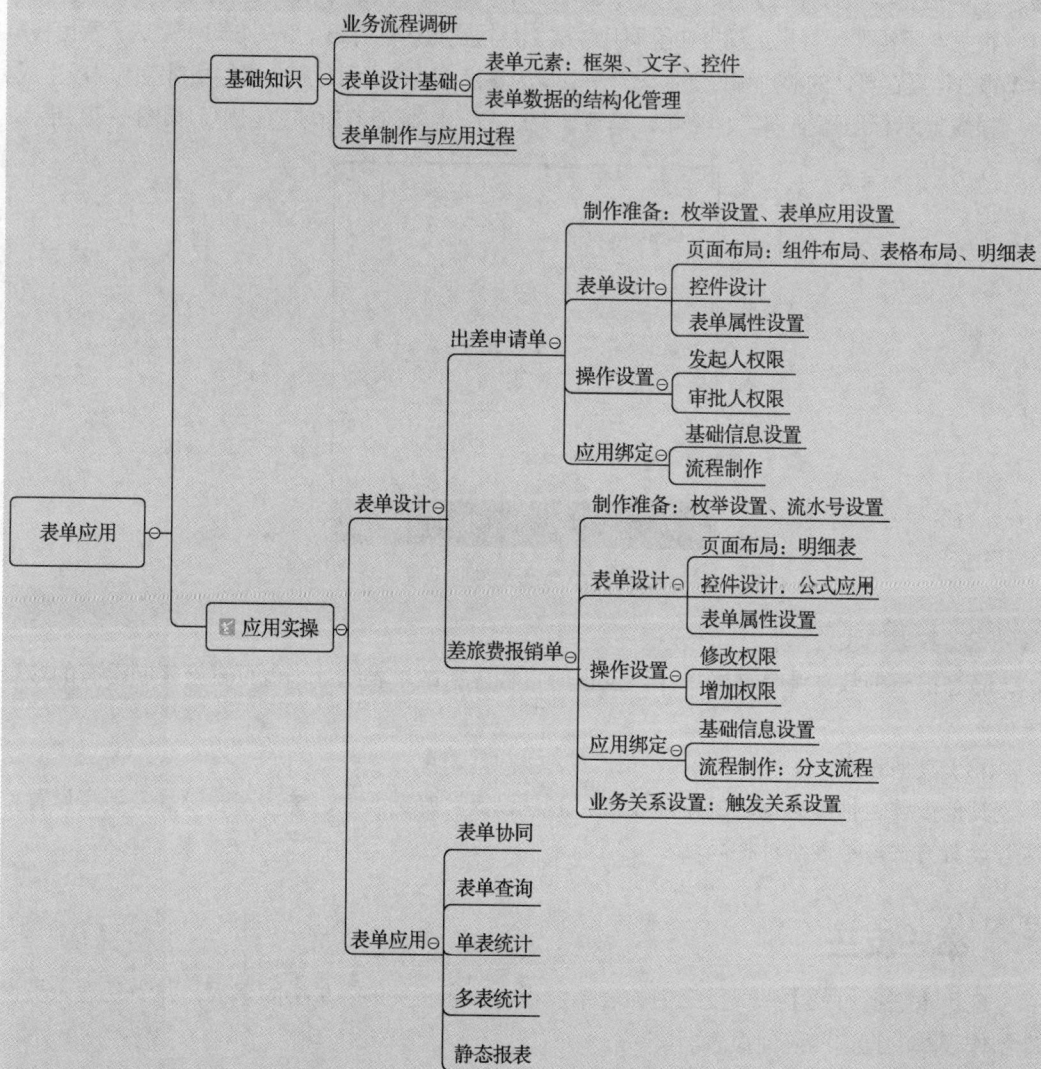

- **表单应用**
  - **基础知识**
    - 业务流程调研
    - 表单设计基础
      - 表单元素：框架、文字、控件
      - 表单数据的结构化管理
    - 表单制作与应用过程
  - **应用实操**
    - 表单设计
      - 出差申请单
        - 制作准备：枚举设置、表单应用设置
        - 表单设计
          - 页面布局：组件布局、表格布局、明细表
          - 控件设计
          - 表单属性设置
        - 操作设置
          - 发起人权限
          - 审批人权限
        - 应用绑定
          - 基础信息设置
          - 流程制作
      - 差旅费报销单
        - 制作准备：枚举设置、流水号设置
        - 表单设计
          - 页面布局：明细表
          - 控件设计，公式应用
          - 表单属性设置
        - 操作设置
          - 修改权限
          - 增加权限
        - 应用绑定
          - 基础信息设置
          - 流程制作：分支流程
        - 业务关系设置：触发关系设置
    - 表单应用
      - 表单协同
      - 表单查询
      - 单表统计
      - 多表统计
      - 静态报表

图 5-71　项目五的知识（技能）框架

项目六
应用定制

项目导入

长扬集团的协同 OA 系统运行后，人力资源部将部门用人申请、入职档案登记和培训申请等工作流程通过相应的表单模板进行了规范，大大提升了相关工作的效率。部门主管希望进一步扩展信息化管理应用的范围，将人力资源管理的其他工作也纳入其中，形成部门级的管理模块。

由于企业研发项目的规模不大，研发中心并不需要很专业、很复杂的项目管理软件，其希望利用企业的协同 OA 系统搭建自己的项目管理子系统。

运营中心的产品售后服务一直饱受诟病，企业决定成立专门的咨询服务部门，单独运转咨询服务业务。这将改变企业原有的销售、市场、运维的业务流程，企业需要定制自己的客户管理系统。

企业中类似上述的信息化应用需求还有很多，如合同管理、资产管理、费用管理等，这些基于企业业务管理的应用模块，在致远协同 OA 系统中统称为业务应用。

项目分析

随着企业信息化管理的不断发展，越来越多的管理需求要通过信息化手段来实现，如人力资源管理、客户关系管理、仓库管理、财务管理、项目管理等。对于这些基于企业业务的管理系统，企业通过直接购买软件产品，或者根据企业的业务需求定制开发。

市场上成熟的业务管理软件是基于行业最佳管理实践方案设计开发的通用产品，即使有针对行业的解决方案，也不可能完全匹配每一个具体客户的业务需求和管理需求，依然存在通用管理软件覆盖不到的局部业务应用，这就需要灵活的业务系统做补充。定制开发的软件投入成本较大、开发周期较长，如果企业的需求不够清晰、明确，开发出来的软件仍然存在问题。除此之外，企业的业务和管理不断发生变化，已有的流程、模块或系统很容易跟不上变化的需求。

企业需要一个更灵活、更实用的业务应用构建平台或者业务应用开发工具，快速定制符合企业业务管理特征和诉求的信息化系统，让企业的管理思想、管理方法能够精准落地。企业自主搭建适合自己的业务管理系统，实现在统一工作平台上进行业务的有效管理，将会大大降低企业的管理成本。同时，业务应用的开发应该简单易懂，不需要编写复杂的程序代码就能快速搭建、配置强大的业务应用。业务应用应该具有高适用、低成本、易调整、见效快的特点，而且为了避免产生"信息孤岛"问题，这些不同的业务应用之间应该能够共享基础数据。

项目知识点

应用定制平台的功能，应用定制过程，无流程表单，业务关系。

项目技能点

业务应用的需求分析。
业务应用的设计。
业务应用的制作。

【任务 6-1】 应用定制基础

任务导读

（1）什么是应用定制平台？
（2）应用定制平台提供了哪些功能？
（3）如何利用应用定制平台制作业务应用？

应用定制是指在协同管理平台上进行业务应用的设计、配置与封装。因此，理解应用定制平台，熟悉应用定制平台的功能和操作页面，掌握应用定制过程以及相关的对象、要素和它们之间的关系，是利用应用定制平台开发业务应用的基础。

任务实施

一、应用定制平台概述

致远协同应用定制平台（CAP）是指以组织业务过程中的"人"为中心，以快速架构随需应变的组织模式和业务流程为目标，通过智能化、可视化、轻量级的设计和运营过程，自定义搭建组织中人与组织、组织与组织间的生产运营、商务沟通、工作协作和业务管理等各种业务主题的信息化定制和运营平台。

应用定制平台（CAP）能够根据实际需求按需定制、零代码快速封装实现业务管理，和现有组织架构、基础数据、权限体系形成一体化业务模型，其应用特征和价值主要体现在 4 个方面。

1. 可视化、一体化的业务设计过程

CAP 为应用设计师提供了一体化设计器，统一了设计要素、入口和工具，让设计的过程和思维更符合应用设计师的习惯和建模思维。应用设计师可以围绕业务应用构建模型，自上而下、先总后分地逐层细化设计，完成从底层基础数据、业务逻辑定义，到页面封装的 3 层分级模型配置，系统、高效、清晰地完成业务应用的设计制作。

CAP 提供智能可视化设计交互，让业务逻辑、流程、业务展现在设计过程中清晰可见，同时支持 PC 端、移动端的设计场景制作，二者既可相互补充，也可独立设计。

2. 丰富的页面展现能力

应用设计师围绕用户业务应用场景和应用角色，定义用户访问路径和交互方式，符合业务场景和用户使用习惯。CAP 可以构建从业务角色门户、菜单、处理列表、查询、报表、表单到移动页面的整体交互页面，兼顾专业要求和易用性。应用页面展现由各个组件、模板构成，供应用设计师自由组合，多角度、多维度呈现信息。

3. 模板化的开发能力

面对用户深层次、差异化的需求，CAP 提供基础功能、配置级工具，还具备标准的扩展开发机制，包括页面模板机制和自定义控件机制。

页面模板机制。CAP 将数据层和展现层分离，通过页面模板满足不同用户对页面样式的特殊要求。致远协同 OA 系统自定义一套模板标准，应用设计师可按照这套模板标准快速定义不同风格及样式的页面模板，并在应用中使用，无须独立开发。致远协同 OA 系统还提供样式丰富的门户、列表、表单、报表、移动页面模板供用户选择。

自定义控件机制。CAP 基础表单控件按照开发标准定义，开发人员可快速扩展开发新型控件并接入系统使用。

4. 开放式的扩展能力

在同一个协同平台上构造业务场景，实现多个业务之间的互动、共生、融合、协同发展，这是业务协同平台的本质。CAP 为应用设计师提供丰富的业务组件，为应用组件开发人员提供开发平台和接入规范，应用设计师通过数据魔方机制深度打通不同业务结构、不同业务领域的数据和信息，实现业务之间完全解耦。

▶▶▶ 二、应用定制平台功能

围绕应用创建、上线和维护的全过程，CAP 将应用设计分为 3 个状态：设计态、运维态和运行态。同时，CAP 为不同阶段及设计角色（应用设计师、设计人员、运维人员、监控人员）提供相应工具来完成应用的制作、变更和维护，让应用制作更快速、应用交付更高效、变更维护更灵活、客户数据更安全。应用定制平台包括工作台、设计中心、运维中心和监控中心。

1. 工作台

工作台是应用设计师的智能工作桌面，如图 6-1 所示。它从应用设计师视角全方位、分类别汇聚应用设计的入口、要素及资源，并提供智能工作分析和警告，包括应用的制作、调试、运维、各类状态统计以及运行关键指标。工作台是应用设计师快速设计、运维、监测应用的最佳操作路径和智能助手。

2. 设计中心

设计中心是设计人员进行应用设计的平台，如图 6-2 所示。设计中心提供从应用导入、下载、安装、制作、调整、调试到应用发布上线的全套功能。设计人员可以选择从零开始，通过可视化、一体化的业务设计器，自上而下、低成本、高效率地完成应用配置和调整，或者从应用 demo 开始应用制作，快速为用户定制管理软件。设计中心可以直接连接应用商城，为应用设计师提供应用模板和案例，为用户提供标准化的应用包。

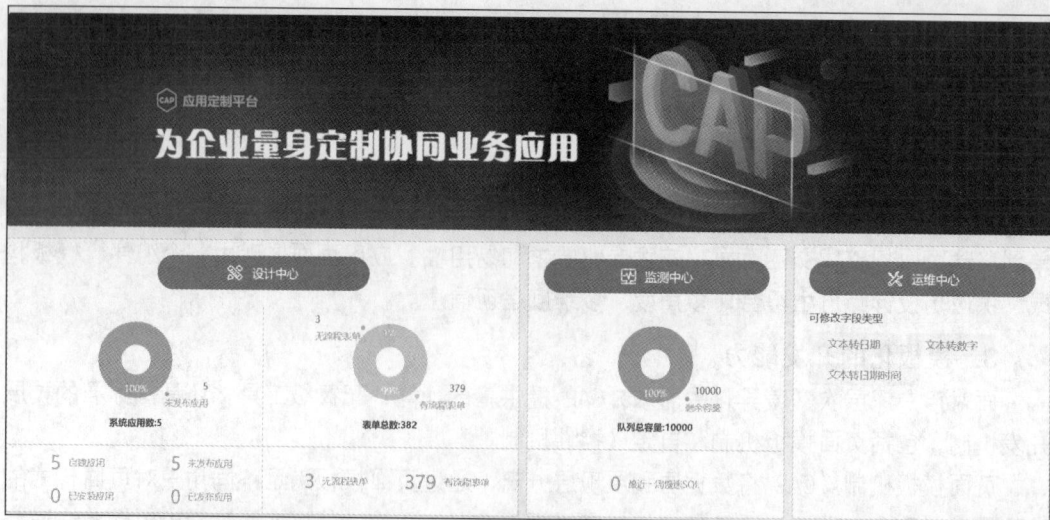

图 6-1　工作台

图 6-2　设计中心

3. 运维中心

应用发布上线后，在正式运营的数据环境下，企业如果需要对应用进行调整和维护，运维中心为运维人员提供了专业的工具平台，如字段类型转换等，如图 6-3 所示。

图 6-3　运维中心

4. 监控中心

为监控应用的运行状态，避免人为检查的疏漏和不确定性，CAP 通过监控中心提供智能监控工具，以查询应用是否满足 SQL、查看数据触发队列是否阻塞等，如图 6-4 所示。

图 6-4　监控中心

▶▶▶ 三、应用定制过程

应用软件的开发是一个复杂的过程，需要基于专业的软件开发技术，开发过程应遵循软件工程规范，一般要经过软件计划、需求分析、软件设计、代码编写、测试/运行的阶段，每个阶段依次进行，前一个阶段的任务完成后才能进入下一个阶段。应用定制本质上也是应用系统开发，但是依托协同平台的技术架构和 CAP 的强大功能，软件设计和代码实现不需要从零开始，整个过程简单很多。

应用定制是基于致远协同 OA 系统快速地实现新的应用，应用定制过程分为需求分析、应用设计和应用制作 3 个阶段。应用设计人员首先确定应用本身的相关管理需求，然后根据管理需求设计应用的功能、内容和运行逻辑。完成应用设计后，进入 CAP 制作表单视图，设置数据字段、操作权限、工作流程、业务关系、统计报表、菜单权限和应用门户等内容。

1. 需求分析

需求分析是指通过深入细致的调研和分析，准确理解和描述用户所需要的功能，从而确定系统必须要做什么的过程。应用定制的需求分析阶段要完成以下任务。

（1）确定应用的综合需求

业务应用的综合需求分为功能需求和非功能需求，功能需求是指软件系统能够实现的业务处理要求，非功能需求包括性能、安全性、保密性、可靠性、软硬件和接口要求等。

需求分析是软件开发最重要的环节，但需求的获取是一件很困难的事情，这是因为用户往往不能准确表达自己的需求（不确定性），所提出的需求不断变化（不稳定性）。所以，进行需求分析的人员应该对应用系统有一定的驾驭能力。

要想做好需求分析，必须有正确获取需求的渠道和方法，常用的获取需求的方法有访谈、问卷调查、情景分析、实地考察、原型构造等。无论采用何种方法，都需要用户的积极参与和配合。

（2）分析应用的流程

业务流程分析是指分析业务的具体处理过程。一个完整的业务处理过程会涉及多个部门和多项数据。将业务处理过程中的每一个步骤用图形来表示，并把所有业务处理过程按一定的顺序串联形成业务流程图。

业务流程图是指用特定的符号描述具体业务处理过程的图。绘制业务流程图的目的首先是梳理业务流程，在对现有业务流程进行分析的基础上优化业务流程，除去不必要的、多余的业务环节，合并重复的环节，增补缺漏的环节，或者进行业务流程重组产生新的、更为合理的业务流程，并最终确定新应用的业务处理流程。图 6-5 所示为业务流程图的基本图形符号。

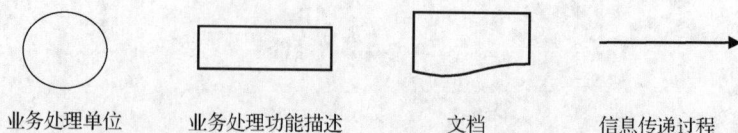

| 业务处理单位 | 业务处理功能描述 | 文档 | 信息传递过程 |

图 6-5　业务流程图的基本图形符号

（3）清理应用所需的各个要素

对用户而言，业务应用是为实现特定应用目标形成的表单和报表的集合。对设计人员来说，隐含在表单、报表背后的是相关数据、流程和操作的联系，且业务流程中隐含数据流程。CAP 搭建的每一个应用都具有完整、统一的应用体系架构，分为 1 个入口、3 个逻辑层次，如图 6-6 所示。

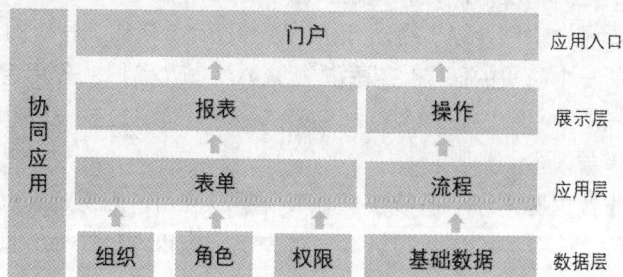

图 6-6　业务应用的体系架构

协同 OA 系统的组织、角色、权限和基础数据构成数据层，是业务应用的基础。应用层包括业务处理过程中的所有表单和流程，用户通过表单和流程进行业务应用处理。展示层将业务执行结果以报表的形式呈现给用户。所有的数据、表单、流程、报表、操作封装到门户空间中，形成统一的应用入口。

应用中的组织、角色、基础数据、流程、表单等元素既可以在应用中使用和管理，也可以单独使用和管理，所以基于 CAP 的企业应用，要满足以下条件。

① 业务高内聚、低耦合。

② 业务之间明确区隔，提供业务之间的连接定义。

③ 跨系统业务之间的连接，有明确的语法、语义定义。

④ 跨业务的数据聚合和查询，可通过数据抓取解决。

⑤ 业务连接不可避免地需要触发，触发关系尽量简洁。

⑥ 通过基础数据作为连接纽带，实现环境、语法的定义，以及语义的数据结构匹配。

2. 应用设计

（1）确定需要制作的表单及其类型

应用中所有的业务处理流程都是通过表单实现的。应用中的表单分为流程表单和无流程表单。流程表单是指带有审批流程的表单页面，它具备表单填写、数据修改的功能，也具备流程审批的功能。数据在流程流转过程中被填写、修改，在流程结束后被定型、归档。无流程表单通常又称作"底表"，它仅用于存储各种管理数据，只具备表单填写、数据修改的功能。底表没有审批流程，因此数据可以不断被修改或写入。

协同 OA 系统对流程表单和底表的数据操作和管理方式不同，所以在设计时要严格区分。一般情况下，一个应用中流程表单有多个，但是底表只有一个。

（2）设计底表的字段

协同 OA 系统采用关系数据库技术管理表单中的数据，这是一种结构化的数据管理方式，系统将表单中的数据存储在一张二维表格中，表格中的行称为记录，列称为字段。其中有一个字段（或者字段组合），它的值能唯一标识一条记录，这个字段（或者字段组合）称为主键、关键字或者码。图 6-7 所示为学生基本信息表中的字段、记录和主键。

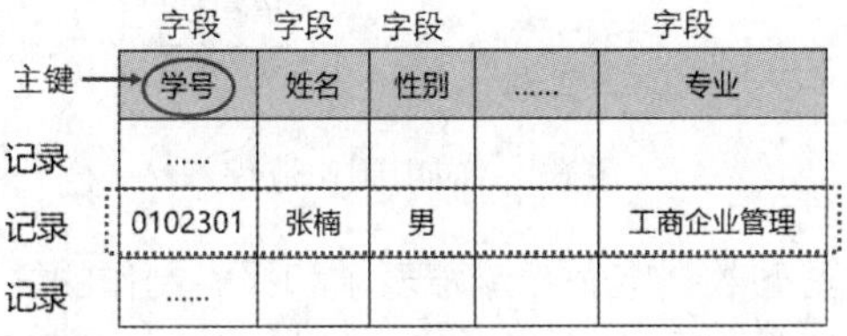

图 6-7　学生基本信息表中的字段、记录和主键

不同于流程表单，底表的数据域与数据库中存储的数据表的字段是完全一致的。设计底表的字段实际上就是设计底表对应的数据表的字段。在实际应用中，数据表中存储和管理的数据会很多，通常为了消除数据表中的数据冗余，解决插入、删除操作异常的问题，数据表中的字段设计要符合规范化原则。基于规范化原则和应用设计经验，以下列举底表字段设计的一些参考原则。

① 字段不能重复，命名应具有一定的含义。

② 每个字段不可再分，只能表示单一的含义，如长度的值为 75cm，这实际上包含长度的数值和计量单位两个信息，应该设计成长度和单位两个字段。

③ 字段类型的设计要合理。例如，编号的数据类型应该设计成文本，而不是数字，能设计成枚举类型供用户选择的，就尽量不要设计成文本让用户手工填写。

④ 数据表的每行记录都应当唯一，即不存在所有字段内容都一样的重复数据行。通过设置主键可以保证每条记录的唯一性。

⑤ 字段用来存储基础数据，通过其他字段计算得到的数据不要设计成字段。例如，数据表中已经设计单价和数量字段，就没有必要再设计金额字段，因为金额可以通过计算单价与数量的乘积得到。

（3）理清表单之间的业务关系

很多时候，事务处理的流程是连续的，一个流程结束后会引发另一个流程开始。例如，出差申请结束后报销差旅费，面试结束后录用人员，采购申请批准后签订采购订单等。数据信息也在流程的流转过程中进行传递，要想保障数据在传递过程中不会失真，减少重复录入与填写，需要将前一个事务表单中的全部或部分数据自动填入后一个事务的表单中。

理清表单之间的业务关系就是分析表单之间的数据传递方式。在应用定制平台中，表单之间的数据传递通过触发和关联两种方式实现，触发的事件又分为触发新建记录和触发更新记录。

触发是指当前事务满足触发点设置时，将当前事务的数据自动填入后一个事务的表单中。触发时，当前事务的表单称为源表单，后一事务的表单称为目标表单。关联是指通过设置选择器来实现前一事务的选择，通过设置关联赋值来实现所选前一事务的数据自动填入当前事务表单中。关联时，当前事务的表单称为调用源，前一事务的表单称为关联对象。

简单地说，若A表单的数据自动填入B表单，从A表单的角度来看，是A表单触发B表单，从B表单的角度来看，则是B表单关联A表单。

3. 应用制作

按照应用的逻辑体系层次，将应用制作流程分为4个步骤，如图6-8所示。

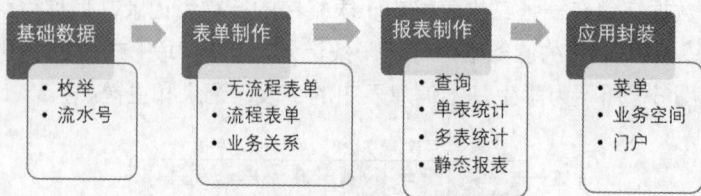

图6-8 应用制作流程

项目五已详细介绍过基础数据定义、流程表单和报表制作的方法。本项目重点关注应用的需求分析与设计，无流程表单的制作，表单之间业务关系的分析与实现，以及相关的菜单、业务空间和门户的设置。

【任务6-2】 办公用品管理

任务导读

针对办公用品管理工作中，人员职责不清、库存数量不准、重复购置和闲置浪费等情况，为了厉行节约，实现对办公用品的精准管控，行政部决定在协同 OA 系统上搭建办公用品管理的业务应用，以库存管理为主线，实行办公用品采购、入库、领用、发放的全过程的电子化管理，规范企业内部办公用品的管理流程，方便管理人员随时掌握办公用品库存和领用情况，提高管理工作效率，降低行政办公成本。

任务实施

▶▶▶ 一、办公用品管理的需求分析和业务处理流程

1. 需求分析

企业目前的办公用品管理制度规定：办公用品统一由行政部负责管理，实行统一采购、

统一发放。办公用品管理员建立和登记办公用品台账，定期核查办公用品领用登记表，负责办公用品的购置、发放和库存管理。

行政部梳理了办公用品管理各项工作的流程，对即将搭建的办公用品管理应用提出以下需求。

（1）办公用品的档案管理

对所有办公用品设立台账，进行分类管理。办公用品的台账由指定人员负责设立。

（2）办公用品的领用管理

领用办公用品需提交申请，经部门主管审核后，管理员才能发放办公用品。提交领用申请时可查询办公用品库存信息，发放办公用品后系统自动登记台账。

（3）办公用品的采购管理

采购办公用品需提交采购申请，经部门主管、分管领导、财务负责人审核后，由采购人员进行采购。只能对已有档案信息的办公用品提交采购申请，新品采购需先提交新增办公用品的申请，相关人员审核后建立新办公用品的档案。

（4）办公用品入库管理

办公用品管理员根据采购申请，进行办公用品的验收和入库操作，办公用品入库后系统自动登记台账。若办公用品库存数量低于安全库存数量，系统自动预警，提醒采购人员及时采购。

（5）查询统计要求

查询统计要求包括查询办公用品库存信息，统计办公用品领用情况、出入库情况等，提供常用统计报表，多样、灵活地呈现数据。

2. 业务处理流程

根据需求分析，绘制办公用品管理中有相关业务处理流程。图 6-9 所示为办公用品采购与入库流程，图 6-10 所示为办公用品领用流程。

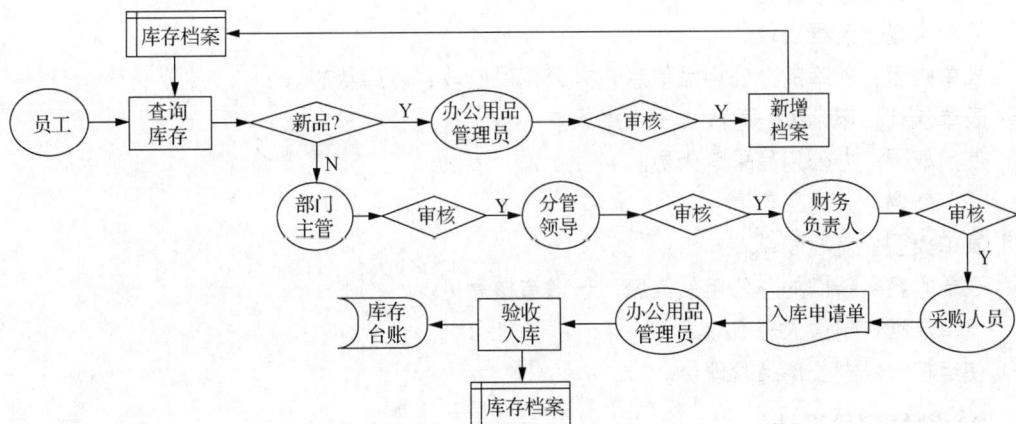

图 6-9 办公用品采购与入库流程

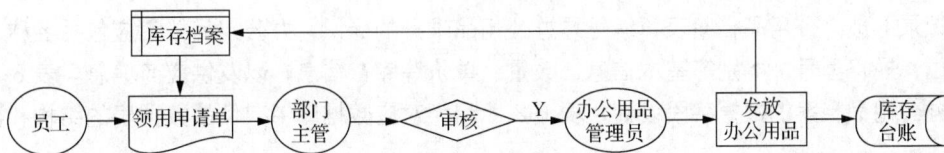

图 6-10 办公用品领用流程

▶▶▶ 二、办公用品管理的应用设计

1. 表单设计

办公用品管理的应用以办公用品的库存管理为主线，每个办公用品的台账相当于办公用品的库存档案。设计人员将办公用品的库存档案设计成表单，由于库存数量随入库、领用的操作不断发生变化，表单必须设计成无流程表单。所有涉及审批流程的表单则设计成流程表单。根据办公用品管理应用的需求，设计人员设计了 5 个表单。

（1）办公用品档案

表单类型：无流程表单。

表单内容：办公用品库存信息。

表单流程：无。

使用权限：办公用品管理员。

（2）办公用品领用申请

表单类型：流程表单。

表单内容：领用的办公用品信息，领用审批意见。

表单流程：申请人→部门主管→办公用品管理员。

使用权限：所有人。

（3）办公用品采购申请

表单类型：流程表单。

表单内容：采购的办公用品信息，采购审批意见。

表单流程：申请人→部门主管→分管领导→财务负责人→办公用品管理员。

使用权限：所有人。

（4）办公用品入库单

表单类型：流程表单。

表单内容：入库的办公用品信息，办公用品验收、入库状态。

表单流程：申请人→验收人→入库人。

使用权限：办公用品采购人员。

（5）新增办公用品申请

表单类型：流程表单。

表单内容：新增的办公用品信息，新增审核意见。

表单流程：申请人→审核人。

使用权限：办公用品管理员。

2. 数据字段设计

办公用品管理的核心是办公用品档案，一个办公用品对应一条档案记录，所有办公用品档案记录形成办公用品档案表，编号是办公用品唯一的标识，办公用品档案应包括名称、计量单位、规格型号、类别等基本信息，数量、单价等库存信息，以及供应商信息。表 6-1 所示为办公用品档案的数据字段设计，表 6-2 所示为对应数据库中存储的数据表的结构和数据记录。

表 6-1　办公用品档案的数据字段设计

字段名称	数据类型	是否必填	设计说明
编号	文本	是	编号唯一，自动生成
名称	文本	是	
计量单位	枚举	是	
规格型号	文本	否	
类别	枚举	是	
单价（元）	数字	是	小数位 4 位
数量	数字	否	默认为 0
供应商	文本	否	

表 6-2　对应数据库中存储的数据表的结构和数据记录

编号	名称	计量单位	规格型号	类别	单价（元）	数量	供应商
00001	笔	支	0.2mm	文具	1.5	100	欧迪办公
00002	文件袋	个		文具	35	40	欧迪办公
……							

3．业务关系分析

图 6-11 所示为办公用品管理应用中各表单的业务关系，图中的虚线表示关联关系，实线表示触发关系。

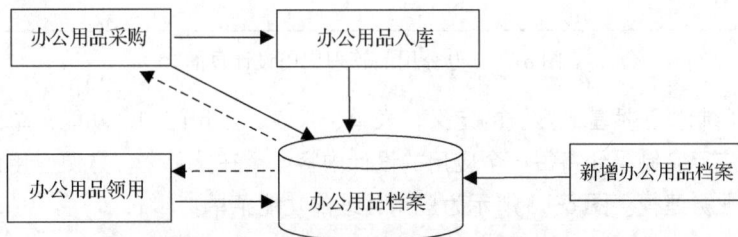

图 6-11　办公用品管理应用中各表单的业务关系

（1）办公用品领用与办公用品档案的业务关系

员工申请领用办公用品时，只能申请库存中已有的办公用品。在办公用品领用申请中，领用明细信息取自办公用品档案，即办公用品领用关联办公用品档案。办公用品领用流程结束，意味着办公用品发放完毕，对应的办公用品的库存数量应减少，即办公用品领用流程结束触发办公用品档案更新。

（2）办公用品采购与办公用品档案的业务关系

办公用品采购申请中的采购明细信息取自办公用品档案，即办公用品采购申请关联办公用品档案。当办公用品档案中的数量低于安全库存数量时，自动触发办公用品采购流程，并将要采购的办公用品信息填入办公用品采购申请中即办公用品档案触发办公用品采购。

（3）办公用品采购与办公用品入库的业务关系

办公用品采购申请流程结束，触发办公用品入库流程。

（4）办公用品入库与办公用品档案的业务关系

办公用品入库流程结束，对应的办公用品的库存数量发生改变，办公用品入库触发办公用品档案更新。

（5）新增办公用品档案与办公用品档案的业务关系

为了防止一物多码、随意篡改办公用品信息等情况的发生，办公用品的编号、名称、类别、型号等信息由指定人员维护，新增办公用品的基础信息要先经过审核，才能添加到办公用品档案中，即新增办公用品档案触发办公用品档案更新。

▶▶▶ 三、办公用品管理的应用制作

应用设计师登录系统，选择【应用定制平台】|【设计中心】|【应用管理】命令，单击"创建新应用"，输入应用名称——办公用品管理，进入办公用品管理应用设计页面，如图6-12所示。

图6-12　办公用品管理应用设计页面

完整的应用制作包括基础数据的定义，表单、报表、应用门户、功能菜单的设置，以及权限的设置。应用定制平台将每一个应用的设计内容显示在菜单上，方便应用设计师快速进行应用制作与业务建模。图6-13所示为应用管理的功能菜单。

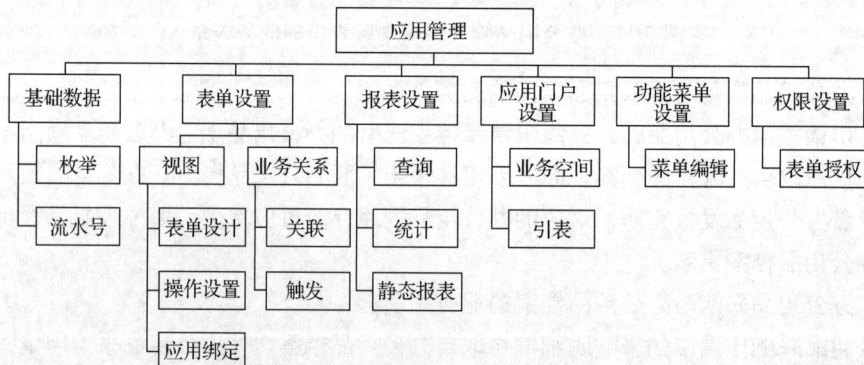

图6-13　应用管理的功能菜单

接下来，应用设计师将完成应用内容的详细设计，根据应用设计方案，首先定义支撑应用所需的基础数据，然后制作各类表单，设置表单之间的业务关系，制作报表，最后将应用封装成菜单，显示在用户的门户页面上。

1．基础数据

表单的基础数据是表单中要绑定的枚举和流水号，根据办公用品管理应用的字段设计，需要将"办公用品类别"和"计量单位"定义成枚举，如图 6-14 所示。

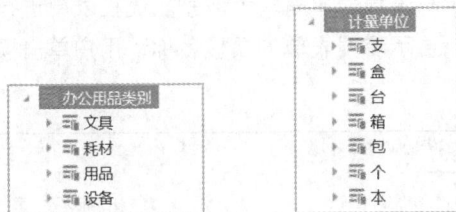

图 6-14　定义枚举

将办公用品编号、入库单编号定义成流水号，如图 6-15 所示。

图 6-15　定义流水号

2．表单制作

（1）无流程表单的制作

① 表单设计

办公用品管理应用中只有办公用品档案是无流程表单，无流程表单的设计方法与流程表单相同，区别在于无流程表单中不能添加流程处理意见控件，但是可以设置数据唯一，指定表单中的某一个数据项作为表单的标识。为了区别不同的办公用品，将办公用品的编号设置为唯一的，并通过流水号自动生成，图 6-16 所示为办公用品档案的视图。

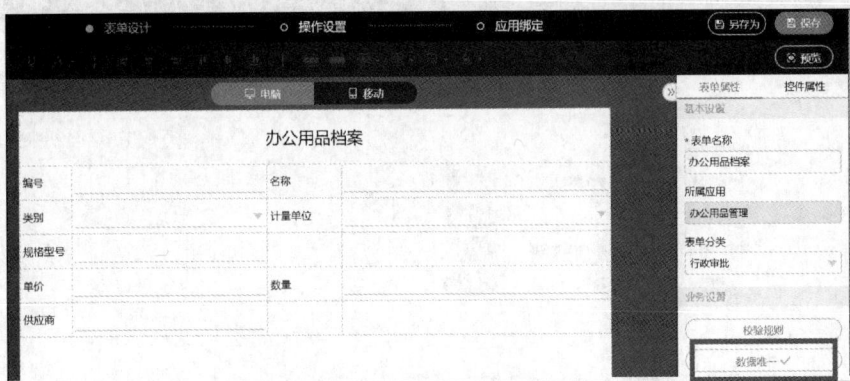

图 6-16　办公用品档案的视图

② 操作设置

无流程表单由于不需要流程审批，操作类型只有新增、修改和显示，对应"填写""审批"和"显示"的操作权限。在"填写"的操作权限的设置页面中，设置编号是系统自动生成的流水号，名称、单位、类别为必填项，除编号字段外，其他字段均可编辑。在"审批"的操作权限的设置页面中，将编号设置为浏览权限，其他字段均为编辑权限。

③ 应用绑定

无流程表单的应用绑定与流程表单有较大区别。流程表单进行应用绑定后，在用户个人空间中"我的模板"栏目，显示流程表单的模板名称，用户单击模板名称后即可发起一个表单流程，如图 6-17 所示。

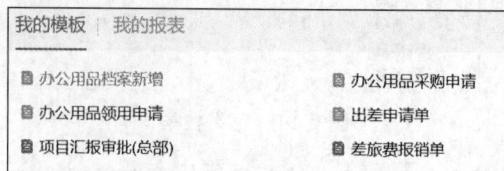

图 6-17　流程表单模板

无流程表单的应用绑定是指表单的查询和列示，用户可以根据数据操作要求进行数据显示和操作按钮的配置，如图 6-18 所示。

图 6-18　无流程表单（办公用品档案）的应用模板

因此，无流程表单的应用绑定需要设置列表显示项、排序字段、自定义查询项、操作授权，如图 6-19 所示。

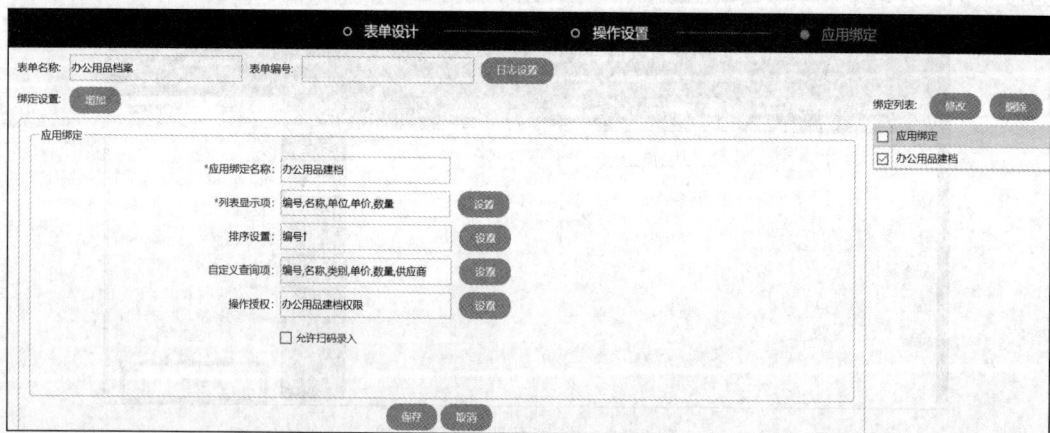

图 6-19　无流程表单的应用绑定

其中，列表显示项是定义将表单中哪些单元格放在列表中显示，排序设置是定义列表内容的显示顺序，自定义查询项是设置高级查询中的条件项，操作授权是对用户可以使用哪些

操作按钮（如新建、修改、删除等按钮）、可以操作哪些记录（即操作范围）的授权，如图
6-20 所示。

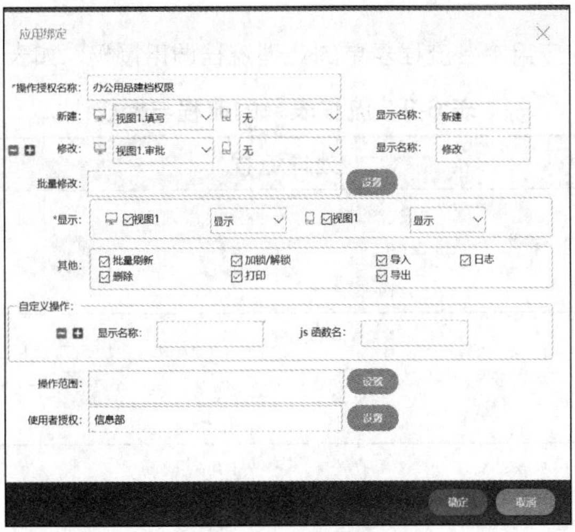

图 6-20　操作授权

（2）流程表单的制作

① 表单设计

办公用品管理应用中的流程表单有：办公用品领用申请、办公用品采购申请、办公用品
入库单和办公用品新增申请，如图 6-21 所示。

图 6-21　流程表单的设计视图

② 操作权限

根据办公用品管理应用中各流程表单的处理流程,设置各表单流程节点的操作权限如下。

办公用品领用申请的操作权限：填写、部门主管审批、发放核定。

办公用品采购申请的操作权限：填写、部门主管审批、分管领导审批、会计核算部部长
审批。

办公用品入库单的操作权限：填写、验收、入库。

办公用品新增申请的操作权限：填写、审核。

③ 应用绑定

根据办公用品管理应用中各流程表单的处理流程调用授权，如表 6-3 所示。

表 6-3　流程表单的流程与授权

流程表单	处理流程	调用授权
办公用品领用申请		所有人
办公用品采购申请		所有人
办公用品入库单		办公用品采购人员
办公用品新增申请		办公用品管理员

3. 业务关系设置

图 6-22 所示为办公用品管理的业务关系，办公用品管理的应用以底表为中心来构建流程表单与底表的业务关系。若流程表单从底表读取数据，则建立关联关系；若流程表单更新底表数据，则建立触发关系。

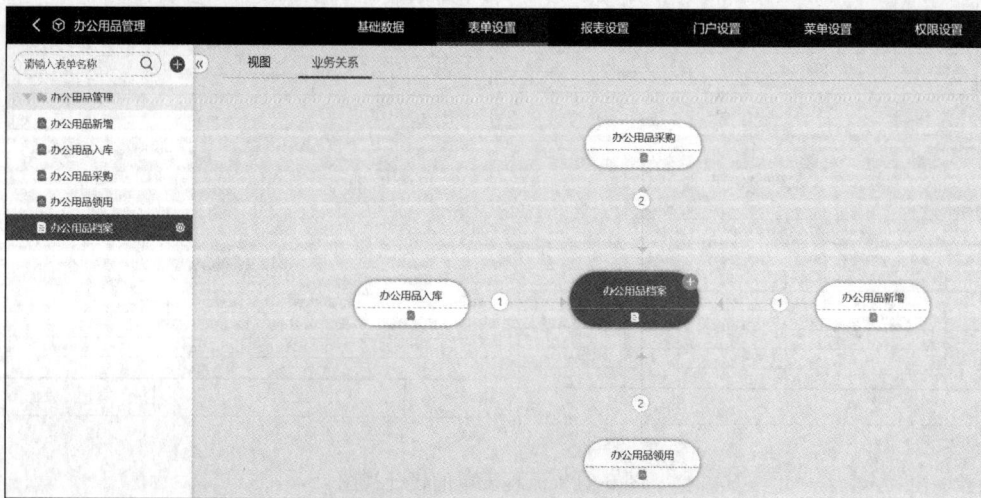

图 6-22　办公用品管理的业务关系

（1）办公用品领用申请与办公用品档案的关联关系

办公用品领用申请关联办公用品档案是指填写办公用品领用申请时，通过选择器从办公用品档案中选择可以领用的办公用品，系统自动将选中的办公用品的信息填入领用明细中，如图 6-23 所示。

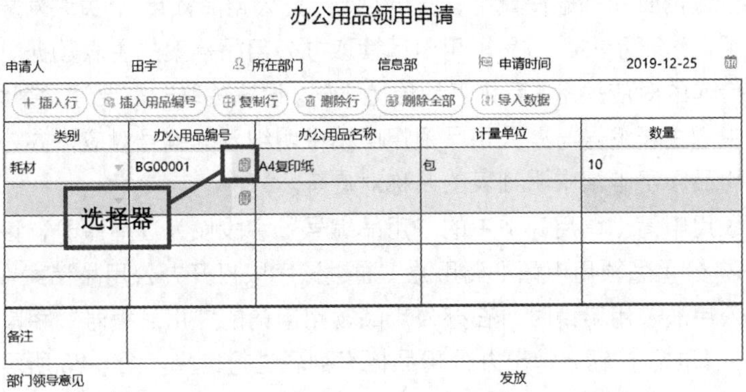

办公用品领用申请

申请人	田宇	所在部门	信息部	申请时间	2019-12-25

十 插入行　插入用品编号　复制行　删除行　删除全部　导入数据

类别	办公用品编号	办公用品名称	计量单位	数量
耗材	BG00001	A4复印纸	包	10
备注				

选择器

部门领导意见　　　　　　　　　　　　　　发放

图 6-23　办公用品领用申请中的选择器

在办公用品管理应用中选择"表单设置"命令，单击"业务关系"页签，进入业务关系页面。首先在表单列表中选择办公用品领用申请，选中的表单即为中心表，然后将办公用品档案拖入中心表右侧的虚线框中，建立办公用品领用申请与办公用品档案两个表单的业务关系，如图 6-24 所示。

图 6-24　建立办公用品领用申请与办公用品档案的业务关系

单击两个表单中间的"+"号，选择"新建关联"，设置两个表单的关联，如图 6-25所示。

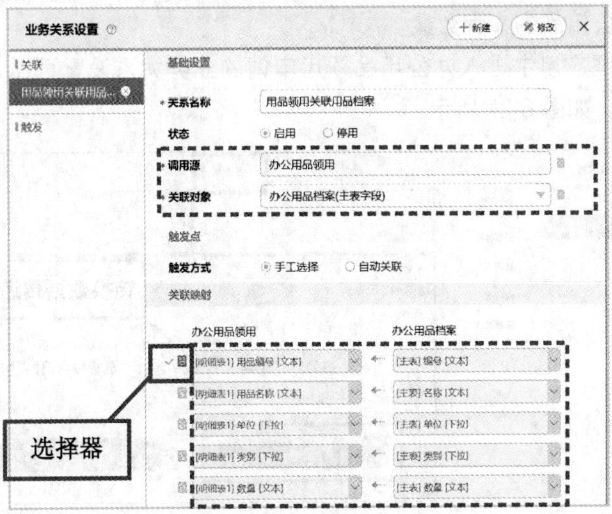

选择器

图 6-25　设置两个表单的关联

在业务关系设置页面的基础设置中，调用源为"办公用品领用"，关联对象为"办公用品档案（主表字段）"，这表示办公用品领用申请读取办公用品档案的主表数据。关系映射中定义表单之间数据传递的对应关系，箭头表示传递方向。设置关联时需要注意字段的对应关系，如办公用品档案中的主表编号与办公用品领用申请中明细表的编号对应，办公用品档案中的主表名称与办公用品领用申请中明细表的名称对应等。

将办公用品领用申请（调用源）中的"用品编号"字段设为选择器时，该字段前面显示"√"符号，表示办公用品领用申请（调用源）通过该字段打开办公用品档案（关联对象）列表。用户使用办公用品领用申请时，在办公用品领用申请的"用品编号"字段右侧将显示选择器按钮🗂，用户单击该按钮，弹出办公用品档案列表进行选择。图 6-26 所示为关联选择器的设置。

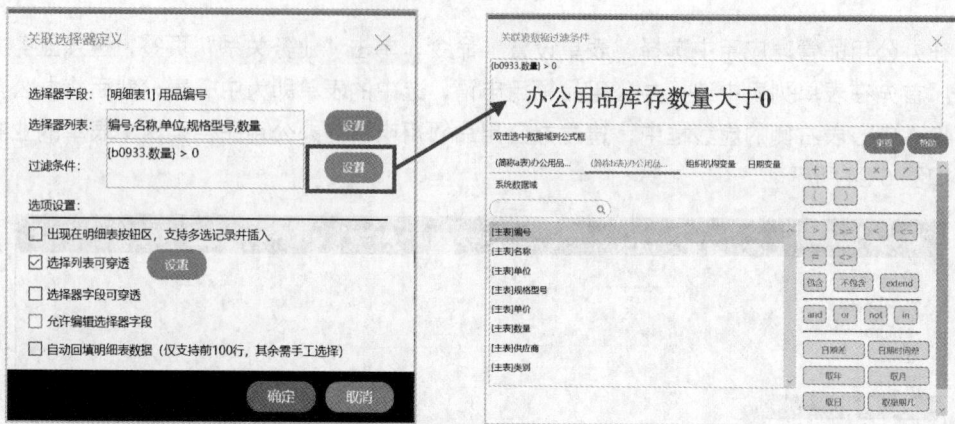

图 6-26　关联选择器的设置

选择器列表：设置关联对象显示的列表项。

过滤条件：设置关联对象显示的数据需满足的条件。

选择列表可穿透：设置通过关联对象列表穿透查看关联对象的详细信息。

（2）办公用品领用申请与办公用品档案的触发关系

办公用品领用申请触发办公用品档案是指办公用品领用申请流程结束后，系统自动更新办公用品档案中办公用品的库存数量。

从办公用品管理应用中进入办公用品领用申请的业务关系设置页面，单击"+新建"按钮，新建触发关系，如图 6-27 所示。

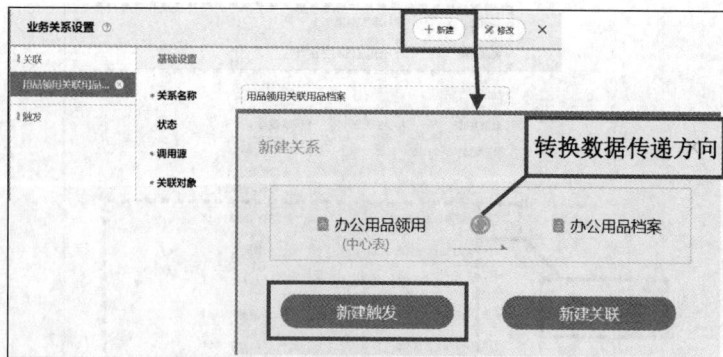

图 6-27　新建触发关系

设置办公用品领用申请与办公用品档案的触发关系，如图 6-28 所示。在触发关系设置窗口中，设置来源为办公用品领用，目标为办公用品档案，触发点选中"流程结束"单选按钮，触发事件选择"更新记录"，表示办公用品领用申请流程结束后，触发办公用品档案的数据更新。

图 6-28　设置办公用品领用申请与办公用品档案的触发关系

办公用品领用申请流程结束后，办公用品档案中符合关联条件的记录将被更新。系统会检索办公用品档案，若某个办公用品编号等于领用明细的编号，则该办公用品的数量被修改，数量计算公式为：办公用品档案的数量－领用的数量。关联条件相关设置如图 6-29 所示。

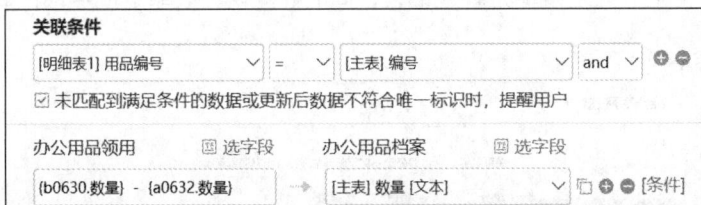

图 6-29　关联条件与更新字段的计算公式

（3）办公用品采购申请与办公用品档案的关联关系

办公用品采购申请关联办公用品档案是指填写办公用品采购申请时，从办公用品档案中选择可以采购的办公用品，系统自动将选中的办公用品的信息填入采购明细中。业务关系设置方法与办公用品领用申请关联办公用品档案相同。

（4）办公用品采购申请与办公用品入库的触发关系

办公用品采购申请触发办公用品入库是指办公用品采购申请流程结束后，系统自动发起办公用品入库流程。

注意： 触发事件为新建流程，新建的流程模板为办公用品入库。图 6-30 所示为办公用品采购申请与办公用品入库的业务关系设置。

（5）办公用品入库与办公用品档案的触发关系

办公用品入库触发办公用品档案是指办公用品入库流程结束后，系统自动更新办公用品的库存数量。触发事件为更新记录，设置方法与办公用品领用申请触发办公用品档案相同。

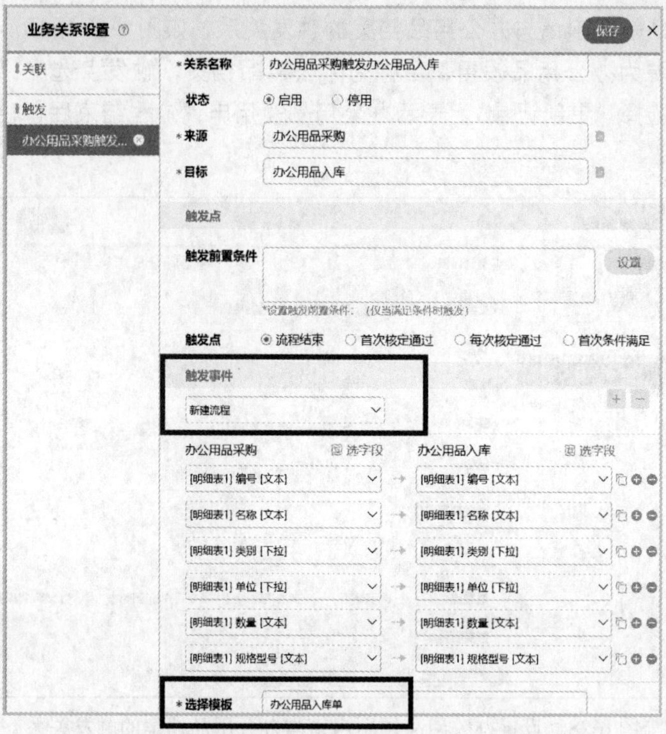

图 6-30　办公用品采购申请与办公用品入库的业务关系设置

（6）办公用品新增申请与办公用品档案的触发关系

办公用品新增申请触发办公用品档案是指办公用品新增申请流程结束后，系统自动增加办公用品的档案记录。触发事件为新建记录，同时建立两个表单之间字段的映射关系，如图6-31 所示。

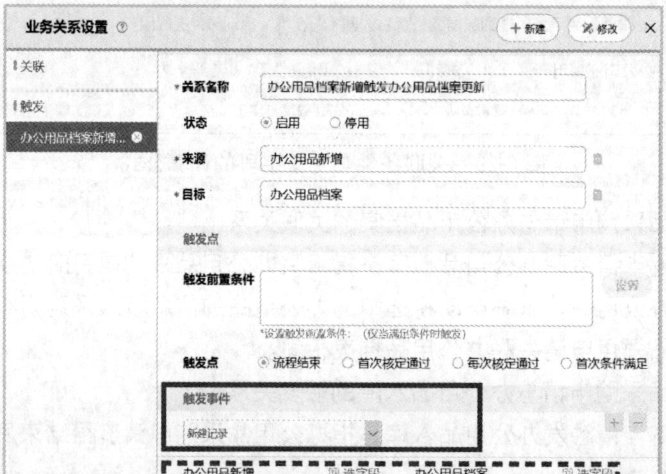

图 6-31　办公用品新增申请与办公用品档案的业务关系设置

（7）办公用品档案与办公用品采购申请的触发关系

办公用品库存数量低于安全库存数量时，系统自动触发办公用品采购申请流程。触发事件为新建流程，新建的流程模板为办公用品采购申请，业务关系设置与办公用品采购申请触发办公用品入库相同，只是需要设置触发前置条件，如{数量}<10。

4. 报表制作

根据办公用品管理的查询和统计需求，设计人员设计了办公用品查询、领用情况统计、入库统计、出入库统计。

（1）创建办公用品查询

办公用品查询可以按编号、名称、类别、数量进行筛选，图 6-32 所示为办公用品查询。

编号	类别	名称	单位	规格型号	单价	数量	供应商
BG00001	耗材	A4复印纸	包	A4	23.0000	100	
BG00002	文具	0.5mm子弹头替代...	盒	20支/盒	15.0000	18	
BG00003	文具	晨光中性笔	盒	10支/盒	10.0000	50	
BG00004	文具	25K笔记本	个	25K	18.9000	62	
BG00005	文具	订书机	个	得力12#	19.5000	10	
BG00006	耗材	金士顿U盘	个	32G	49.8000	24	

图 6-32　办公用品查询

查询设置如下。

数据源：办公用品档案。

筛选条件：编号、名称、类别、数量。

允许穿透设置：允许。

授权设置：行政部。

（2）创建单表统计

单表统计包括库存统计、领用统计、入库统计等。

普通库存统计报表用来统计库存办公用品的数量和金额，如图 6-33 所示。

类别	编号	名称	库存数量	单价	库存金额
耗材	BG00001	A4复印纸	100	23.0000	2300
耗材	BG00006	金士顿U盘	24	49.8000	1195
文具	BG00002	0.5mm子弹头替代笔芯	18	15.0000	270
文具	BG00003	晨光中性笔	50	10.0000	500
文具	BG00004	25K笔记本	62	18.9000	1172
文具	BG00005	订书机	10	19.5000	195
合计			264	22.7000	5093

图 6-33　普通库存统计报表

普通库存统计报表设置如下。

数据源：办公用品档案。

行表头：类别、编号、名称。

统计项：库存数量（求和）、单价（平均值）、库存金额（公式＝库存数量×单价）。

筛选条件：类别。

授权设置：办公用品管理员。

库存统计也可以按照交叉报表的方式呈现，交叉报表的设置与普通报表设置类似，区别在于交叉报表应将类别设置为列表头，如图6-34所示。

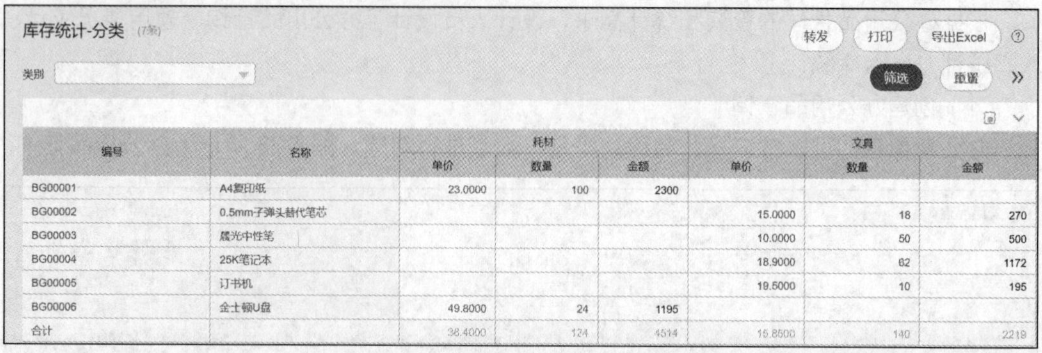

图6-34　库存统计——交叉报表

领用统计可按部门、类别、申请人统计办公用品的领用情况，如图6-35所示。

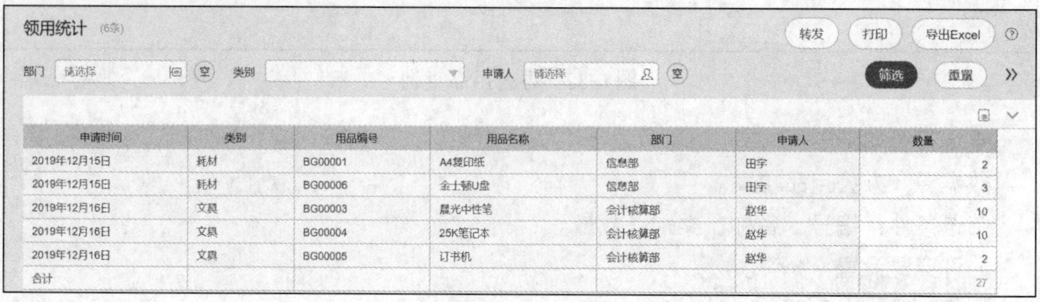

图6-35　领用统计

图6-36所示为入库统计报表的效果，可按入库时间、类别、名称进行筛选。

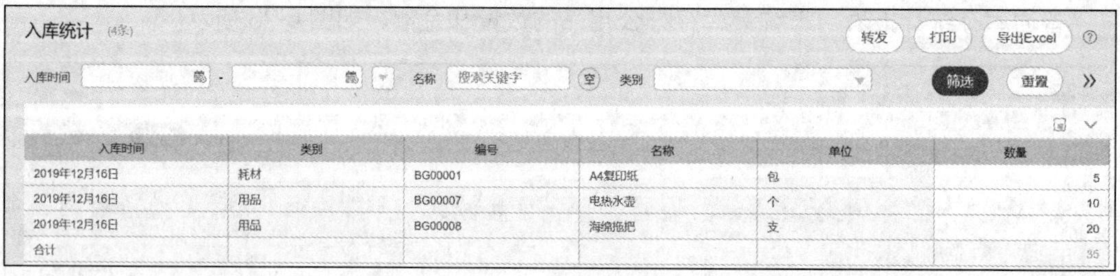

图6-36　入库统计

（3）创建多表统计

多表统计包括办公用品出入库的明细和汇总情况。

① 办公用品出入库明细用于统计办公用品的出入库明细情况，如图6-37所示。

出入库明细的设置如下。

创建数据源：领用统计（数据来源于办公用品领用申请及其明细表）、入库统计（数据来源于办公用品入库单及其明细表）。

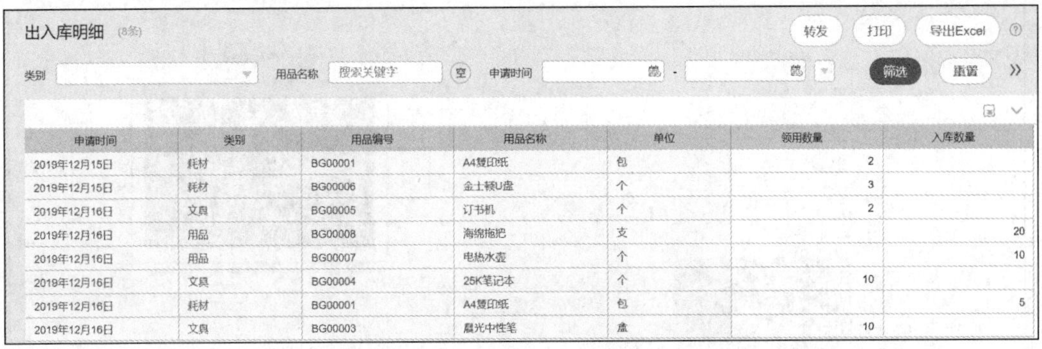

申请时间	类别	用品编号	用品名称	单位	领用数量	入库数量
2019年12月15日	耗材	BG00001	A4复印纸	包	2	
2019年12月15日	耗材	BG00006	金士顿U盘	个	3	
2019年12月16日	文具	BG00005	订书机	个	2	
2019年12月16日	用品	BG00008	海绵拖把	支		20
2019年12月16日	用品	BG00007	电热水壶	个		10
2019年12月16日	文具	BG00004	25K笔记本	个	10	
2019年12月16日	耗材	BG00001	A4复印纸	包		5
2019年12月16日	文具	BG00003	晨光中性笔	盒	10	

图 6-37　出入库明细

行表头：申请时间、类别、用品编号、用品名称、单位。

统计项：领用数量（领用申请数量）、入库数量（入库单数量）。

筛选条件：类别、用品名称、申请时间。

授权：办公用品管理员。

② 出入库汇总是指汇总办公用品出入库总量及库存结存数量，设置步骤与出入库明细相同，区别在于出入库汇总的统计数据源增加库存数量（数据来源于办公用品档案），如图 6-38 所示。

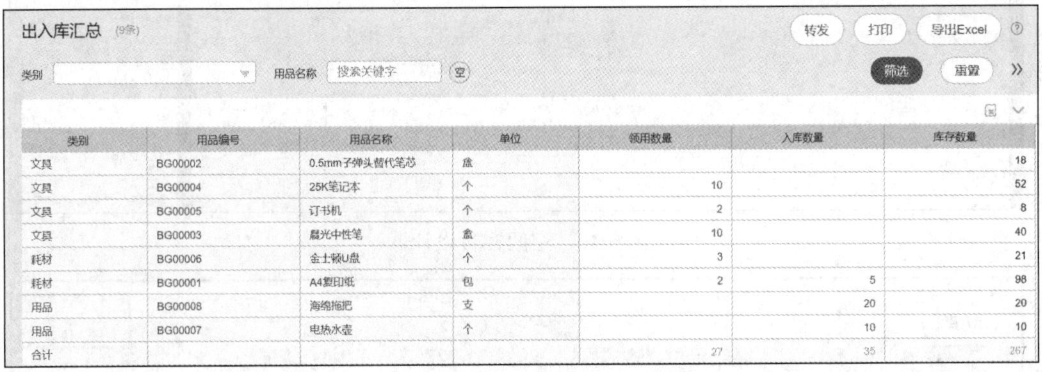

类别	用品编号	用品名称	单位	领用数量	入库数量	库存数量
文具	BG00002	0.5mm子弹头替代笔芯	盒			18
文具	BG00004	25K笔记本	个	10		52
文具	BG00005	订书机	个	2		8
文具	BG00003	晨光中性笔	盒	10		40
耗材	BG00006	金士顿U盘	个	3		21
耗材	BG00001	A4复印纸	包	2	5	98
用品	BG00008	海绵拖把	支		20	20
用品	BG00007	电热水壶	个		10	10
合计				27	35	267

图 6-38　出入库汇总

5. 应用封装

办公用品管理应用的表单、报表制作完成后，接下来进行应用封装，定义业务门户和应用菜单，并授权给相关人员使用。

（1）门户设置

在办公用品管理应用中，选择“门户设置”命令，进入门户设置页面，单击右上角的“综合门户”，设置门户基本信息和进行 PC 空间设置，如图 6-39 所示。

在“门户基本信息”页签中，设置门户名称为“业务空间”，选择传统式业务门户模板。在“PC 空间设置”页签中，新建办公用品管理空间，在“空间栏目设计器”对话框中，设置栏目布局为“模板二”，然后将出入库汇总、领用统计、入库统计添加到相应的栏目中，如图 6-40 所示。

将鼠标指针移到出入库汇总栏目标题的右侧，出现添加栏目、编辑栏目、删除栏目的相应按钮，如图 6-41 所示。

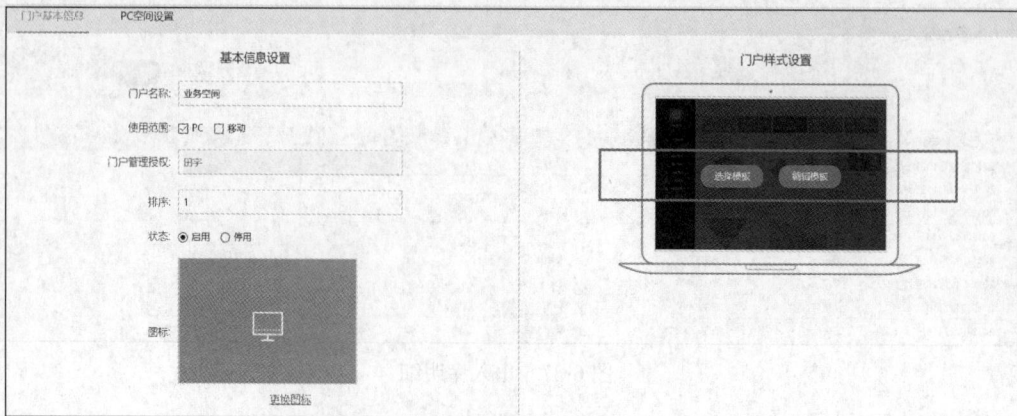

图 6-39　门户设置

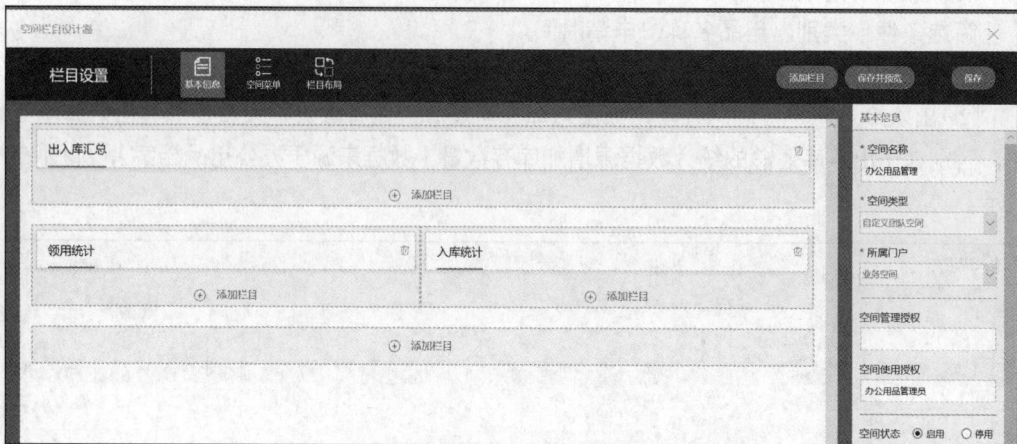

图 6-40　空间栏目设计器

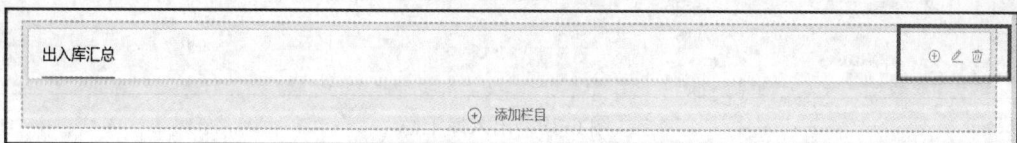

图 6-41　栏目操作按钮

单击编辑栏目的按钮，设置栏目属性，将出入库统计的栏目样式设置为"面积图"，如图
6-42 所示。

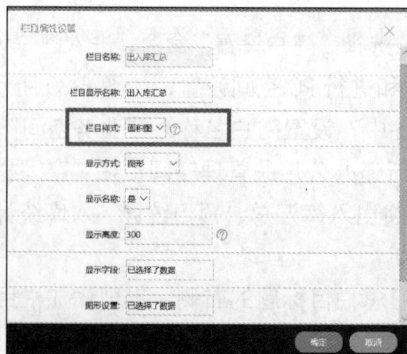

图 6-42　栏目属性设置

图 6-43 所示为空间预览效果。

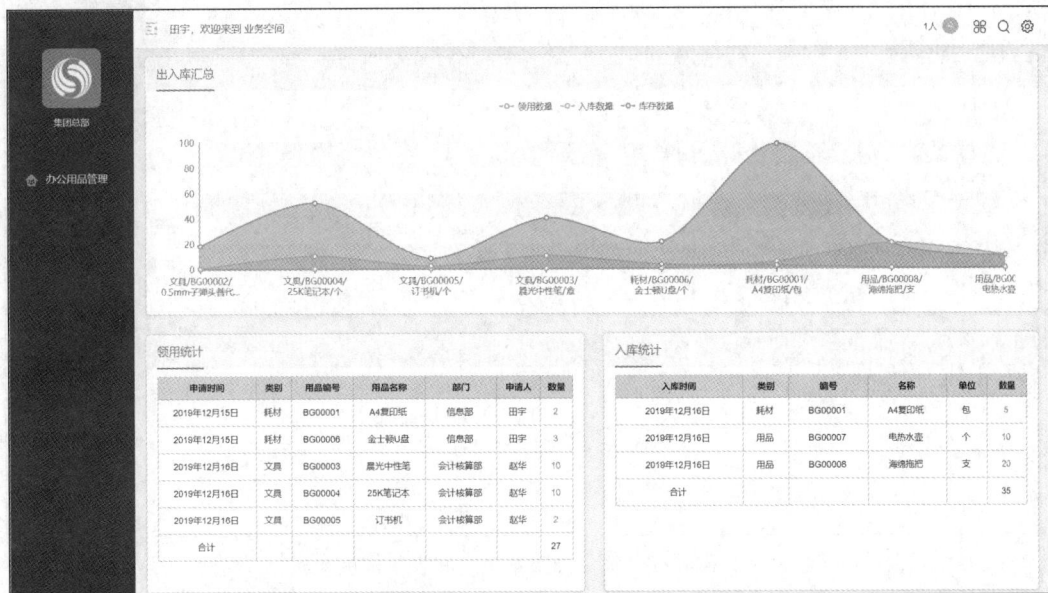

田宇，欢迎来到 业务空间

出入库汇总

领用统计

申请时间	类别	用品编号	用品名称	部门	申请人	数量
2019年12月15日	耗材	BG00001	A4复印纸	信息部	田宇	2
2019年12月15日	耗材	BG00006	金士顿U盘	信息部	田宇	3
2019年12月16日	文具	BG00003	晨光中性笔	会计核算部	赵华	10
2019年12月16日	文具	BG00004	25K笔记本	会计核算部	赵华	10
2019年12月16日	文具	BG00005	订书机	会计核算部	赵华	2
合计						27

入库统计

入库时间	类别	编号	名称	单位	数量
2019年12月16日	耗材	BG00001	A4复印纸	包	5
2019年12月16日	用品	BG00007	电热水壶	个	10
2019年12月16日	用品	BG00008	海绵拖把	支	20
合计					35

图 6-43　空间预览效果

将空间使用授权给办公用品管理员，办公用品管理员登录系统后，在导航栏中显示业务空间，如图 6-44 所示。

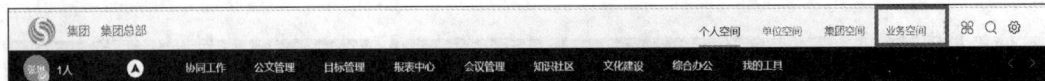

图 6-44　业务空间导航

（2）菜单设置

在办公用品管理应用中，单击"菜单设置"页签，进入菜单编辑页面，如图 6-45 所示。

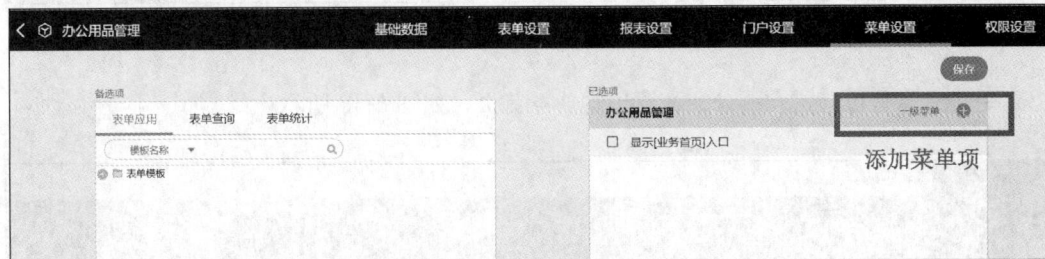

图 6-45　菜单编辑页面

在编辑菜单页面中，单击已选项窗口右上角的"+"按钮，添加二级菜单项为办公用品档案，然后在左边的备选项窗口的"表单应用"页签中展开表单模板，选择办公用品建档，单击"→"按钮，将办公用品建档的表单模板添加到办公用品档案菜单下。以同样的操作方法，建立其他的二级菜单，并将左边备选项窗口中的表单应用、表单查询、表单统计模板添加到对应的二级菜单下，如图 6-46 所示。

155

图 6-46 添加二级菜单及其表单模板

在编辑状态下，将鼠标指针移动到菜单名称右边，出现修改和删除的按钮，可以对菜单名称进行修改，或者删除菜单项。勾选"显示[业务首页]入口"复选按钮，菜单中将增加"业务首页"菜单项。保存菜单后，在个人空间的菜单栏中将会出现"办公用品管理"菜单，如图 6-47 所示。

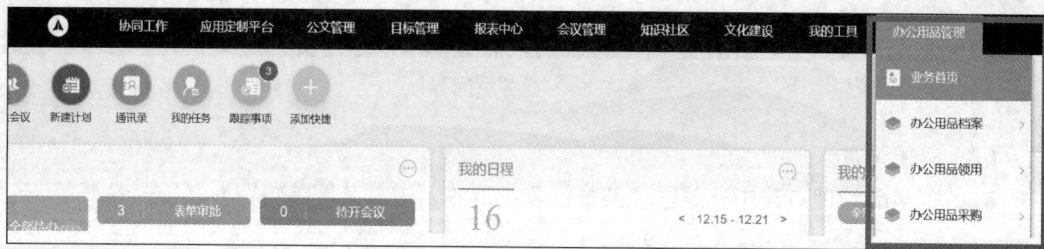

图 6-47 办公用品管理菜单

单击业务首页，进入办公用品管理的业务首页，如图 6-48 所示。

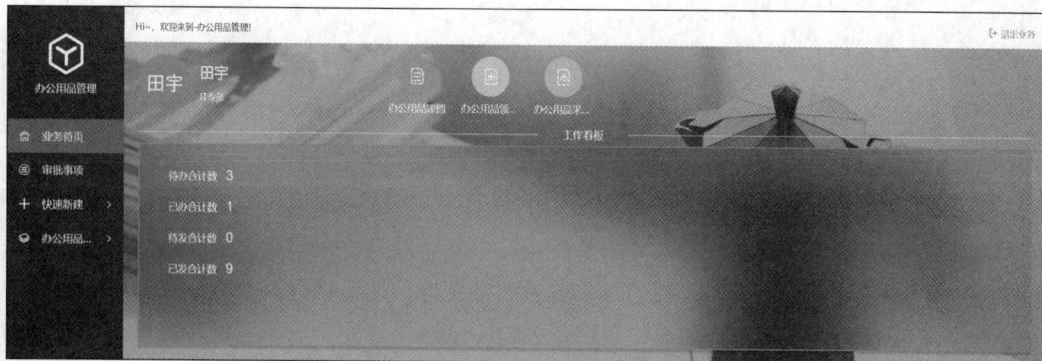

图 6-48 办公用品管理的业务首页

（3）权限设置

在办公用品管理应用中，单击“权限设置”页签，进入权限设置页面，设置表单、门户、报表的权限，如图 6-49 所示。

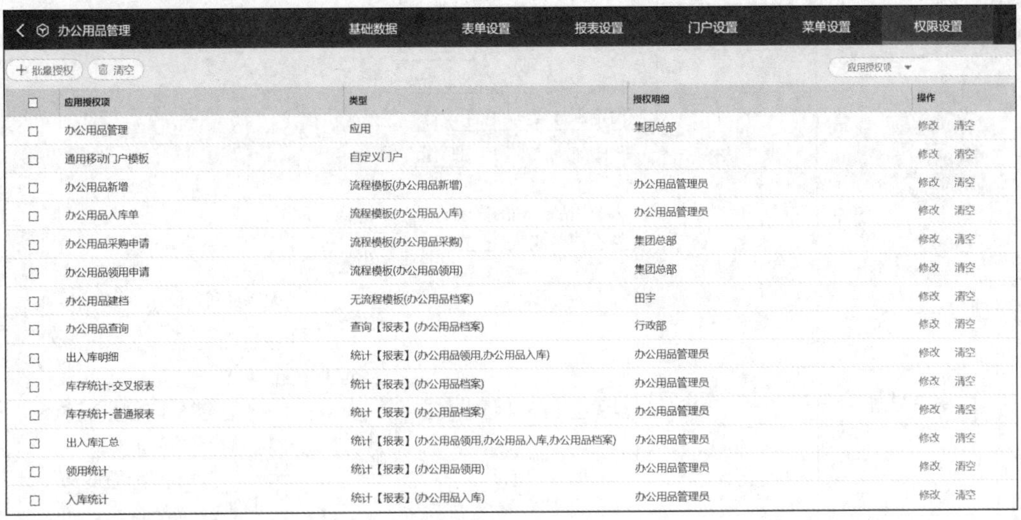

应用授权项	类型	授权明细	操作
办公用品管理	应用	集团总部	修改 清空
通用移动门户模板	自定义门户		修改 清空
办公用品新增	流程模板(办公用品新增)	办公用品管理员	修改 清空
办公用品入库单	流程模板(办公用品入库)	办公用品管理员	修改 清空
办公用品采购申请	流程模板(办公用品采购)	集团总部	修改 清空
办公用品领用申请	流程模板(办公用品领用)	集团总部	修改 清空
办公用品建档	无流程模板(办公用品档案)	田宇	修改 清空
办公用品查询	查询【报表】(办公用品档案)	行政部	修改 清空
出入库明细	统计【报表】(办公用品领用,办公用品入库)	办公用品管理员	修改 清空
库存统计-交叉报表	统计【报表】(办公用品档案)	办公用品管理员	修改 清空
库存统计-普通报表	统计【报表】(办公用品档案)	办公用品管理员	修改 清空
出入库汇总	统计【报表】(办公用品领用,办公用品入库,办公用品档案)	办公用品管理员	修改 清空
领用统计	统计【报表】(办公用品领用)	办公用品管理员	修改 清空
入库统计	统计【报表】(办公用品入库)	办公用品管理员	修改 清空

图 6-49　权限设置

举一反三

（1）设计并制作人事招聘管理的应用，实现用人需求、招聘、面试、入职的业务档案管理与流程管控。

（2）设计并制作项目管理的应用，实现对项目整个生命周期，从立项、计划、执行、控制到结束的管理。要求：能对项目状态（执行、正常、延期、冻结等）、人员安排、项目进度、项目预算和支出情况进行监控，项目结束后，所有的项目信息，包括项目组成员、项目经验心得、项目进行的过程等信息都得到完整保留。

（3）设计并制作合同管理的应用，对合同进行统一、集中管理，加强业务的风险管控，提高管理效率。实现合同签订、合同执行、合同变更、合同解除等业务管控。

项目小结

应用定制是在致远协同 OA 系统上创建业务运转和管理的流程、模块或者子系统的活动。致远应用定制平台（CAP）是实现定制化应用开发的工具，完全按照致远的协同应用逻辑体系，将业务应用中的组织模型、基础数据、表单、流程、报表、菜单、门户、权限等元素的设计和制作集成在一个平台上，进行一体化管理，快速满足企业的协同业务管理和业务发展的需要。

通过 CAP 搭建企业的业务应用，不需要编写代码，技术实现简单，但是在应用分析和应用设计的环节，仍然遵循管理信息系统开发的相关理论，需要进行需求分析、业务流程分析、数据流程分析、数据字段设计、业务逻辑分析等工作，这些工作是应用制作的前提和基础，能否做好这些工作是决定最终搭建的业务应用成败的关键因素。

图 6-50 所示为本项目的知识（技能）框架。

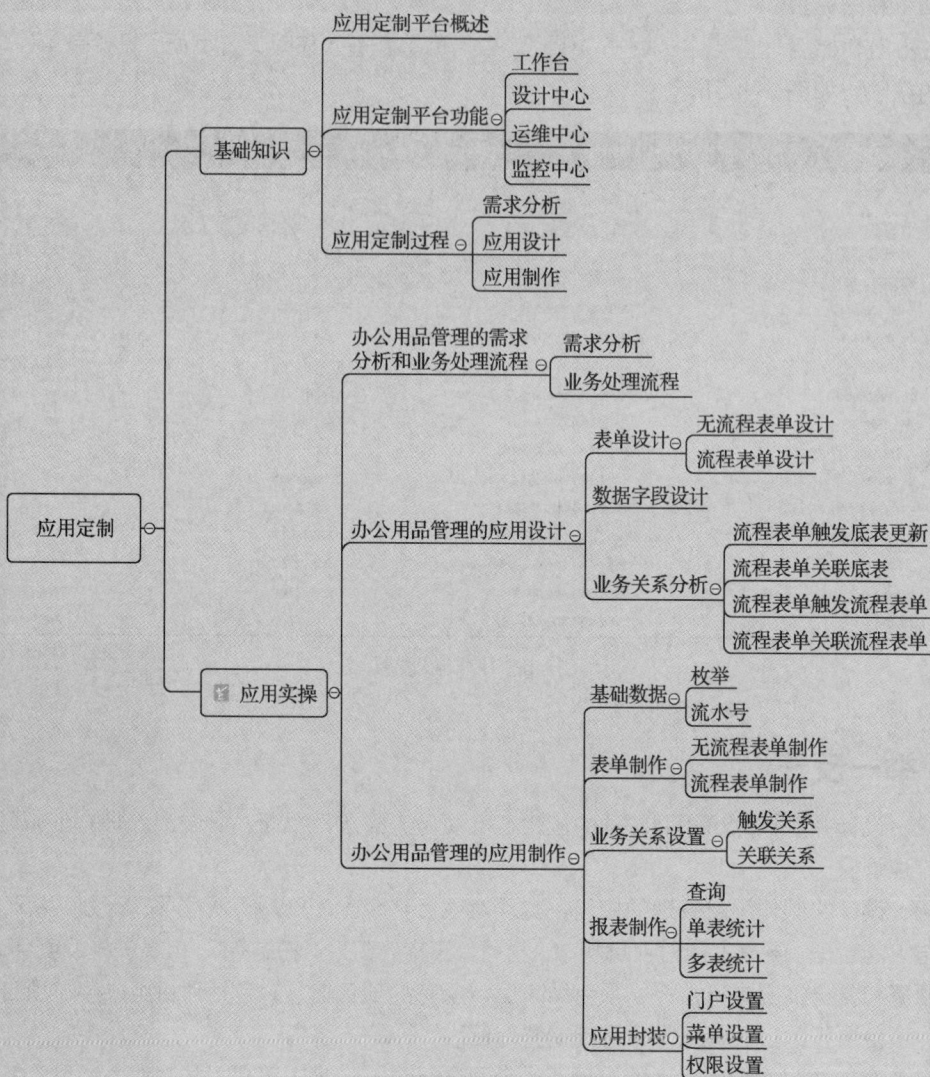

图 6-50　项目六的知识（技能）框架

项目七
知识管理

项目导入

任何企业都在不同程度上依赖一定的技术和知识才可以生存与发展，尤其是在知识经济时代，获取知识和使用知识的能力成为企业的核心技能和获取市场竞争优势的基础。所以对企业的知识资源进行有效管理，是一个企业在激烈的市场竞争中立于不败之地的关键。

长扬集团在致远协同 OA 系统中构建企业的知识管理平台，根据企业的不同业务，汇集各类有价值的信息，建立分类的企业知识库，将人员、流程和业务知识紧密集成，形成企业的知识管理体系。协同 OA 系统利用文档中心提供全面的知识文档管理的框架，对知识进行完全规范化的组织，并允许用户在任何地点和时间编辑、存储和创建任何类型的文档。协同 OA 系统通过知识社区将个人知识转变为组织能力，不仅实现现有知识的沉淀、分享和学习，还能在此基础上实现知识创新，构筑企业的市场竞争优势，从而体现知识的价值和知识管理的生命力。

项目分析

企业的技术资料、规章制度、操作手册、工作流程、项目档案、计划、讨论、总结、经验等，都属于企业的知识。当企业缺乏对知识有意识、系统、有效的管理时，企业就会遇到以下问题。

知识散落在各个角落，员工为查找所需要的知识耗费大量时间和精力。

员工被枯燥的资料海洋淹没而无法理清头绪。

跨部门知识共享和信息交流很困难，重复性工作大量存在。

员工急需的资料找不到，或者辛苦找到的文档却不是最新的。

开展新项目时，无法有效借鉴已有的经验教训，花费重复的学习成本。

老员工不愿意主动奉献经验、知识。

新员工不能从企业积累的知识中获得快速成长。

企业关键人员调离，企业同重要合作伙伴或客户的良好关系受到损害，宝贵的实践经验等知识资产也随之消失。

企业对企业的知识及其管理有越来越深刻的认识和迫切的需要。实现知识的积累、共享、利用和创新，使知识成为生产力，是知识管理的关键所在。要实现知识管理的目标，企业应该建设一个开放、共享、协同的知识管理系统。协同 OA 系统为知识管理提供技术平台，让企业中的信息与知识，透过获得、创造、分享、整合、记录、存取、更新等过程，达到不断创新的目的，并不断地回馈到知识系统内，形成永不间断的组织智慧的循环，成为企业管理与应用的智慧资本。

项目知识点

知识的概念，知识运作机制，知识管理体系，知识管理模块功能。

项目技能点

文档库的管理。

文档中心设置。

个人知识中心的应用。

知识广场的应用。

【任务 7-1】 知识管理基础

任务导读

（1）什么是知识？

（2）如何系统管理知识？

（3）协同 OA 系统如何实现知识管理？

从知识的基本概念入手，分析知识的特征、分类以及内在的转化规律，构建知识管理的理论体系，是实施和应用知识管理的前提和基础。协同 OA 系统促进企业的知识循环，为提升知识管理的效能提供有力支持。

任务实施

▶▶▶ 一、知识管理基本概念

1．知识的概念

知识是哲学认识论领域最为重要的一个概念，在哲学中，关于知识的研究称为认识论。对知识的追求与人们对客观世界的认识思维方式密切相关。

人们对知识的定义至今也没有一个统一而明确的界定。百度百科给出的定义是：知识是人类在实践中认识客观世界（包括人类自身）的成果，它包括事实、信息的描述或在教育和实践中获得的技能。知识是人类从各个途径获得的经过提升总结与凝练的系统的认识。我们可以将知识理解为：人们在实践中获得的认识和经验。

我们将知识按照从较低价值向较高价值递进的方式分为 5 个层次：数据→信息→知识→

能力→智慧。

数据是指原始的、不相关的事实，是记录客观事物的、可以鉴别的符号，是客观事物的性质、属性、形态、数量、位置及其相互关系等的抽象表示。数据可以是字符、数字、文字、图形等，它仅仅是一种抽象的量的概念，本身不代表任何意义或一类具体的东西。

信息是指被给予一定意义和相互联系的事实，是经过加工处理、对人有用、能够影响人们行为的数据。信息是加工处理后的数据，如报表、账册和图纸等。

数据和信息之间的关系如下。

（1）数据是信息的载体，信息通过数据来表达。

（2）数据经过加工处理成为信息，数据是原材料，而信息是成品。

（3）数据需要用信息系统来加工成为信息，才能让管理者在决策中使用。

（4）数据和信息是相对而言的。一种数据经过加工处理后成为某个部门决策时采用的信息，但这种信息对上级部门或其他部门来说仅仅是数据。

知识是指从信息中得出的系统化的规律、概念、经验或结论，是对信息的推理和验证。知识是数据转换为信息后的下一个更为复杂的或业务价值更高的阶段。例如，资产负债表提供企业资产、负债和所有者权益的状况，能够反映企业运作的经营水平。资产负债表的编制方法就属于财务知识。

能力是指能顺利完成某项活动所必需的主观条件。在某些语境下，能力可以直接理解为本事、才能、才干，有能力就是有本事、能胜任的意思。知识只有用于实践，才能转化成能力；也只有实践才能检验对知识的掌握情况，加深对知识的理解，找到知识联系实际的途径，从而使能力得到提高。例如，应用资产负债表分析企业的运作状况，这是一种财务管理能力。

智慧是指对事物能迅速、灵活、正确理解和判断的能力，智慧可以培养出能力，能力也可以衍生出智慧。例如，"如何做好演讲"的方法有好有坏，但选用最佳方式则是一种智慧。从资产负债表中分析出库存较高，为有效降低库存所采取的相关措施和方法，体现的是管理者的智慧。

2. 知识的特征

知识作为一种社会资源，与一般的自然资源和生产资源有许多不同的特性，与人力资源有密切的关联。

（1）可存储性

知识是非物质形态的无形资源，它必须依存于一定物质形态的介质来存储和交换，这种介质就是知识载体。知识虽然可以存储在文档或计算机系统等载体中，但只有存储在人脑这种特殊的载体中，经过对照人脑中原有的知识基础，进行加工、思考和升华后，才能产生新的知识，知识才会增值。

（2）传递性

知识可以传递、扩散、渗透、共享。由于科技的进步，人们很难完全阻止知识的再生和扩散。隐性知识不易传递和扩散，这为管理工作提出了难题。知识显性化就是使知识更易于复制、传播和共享，但是这样做又使知识容易泄露，所以有些知识的传递被限制在一定范围内。

（3）非损耗性

知识的存储和传递过程虽然有损耗，但知识的利用却不会产生损耗，这与其他有形资源的实物消耗有本质上的不同。因此，企业应该鼓励知识的共享，知识被利用得越多，知识的价值也就越大。

（4）相对性

一项知识往往在特定的时期内有效（时效性），或在特定的环境下有效（环境依赖性），或对特定的对象有效（对象依赖性）等。例如，天气预报知识，一般只在预报期内有效（时效性），一般只对预报地区的人们有价值（环境依赖性），人们不大关心其他地区或几个月以前的天气预报；但对于研究全球气候的气象工作者而言，其他地区的天气情况、历史气象数据都是有价值的知识，这就是知识的对象依赖性。

（5）积累性

知识是可以不断积累的，因此知识的增长具有持续性。从个体来讲，每次学习新的知识，人的大脑就会自动进行知识置构，每次的经验都会增加或减少人对某一事务的信息量，因此持续地学习对于知识的积累和沉淀是至关重要的。

3. 知识的分类

知识的形态多种多样，根据不同的分类方式和分类标准，得到的分类结果是不同的。正确区分知识的类型对知识管理具有重要意义。不同类型的知识需要不同的管理方式，不同类型的组织对各类知识的管理需求也有所不同。企业需要根据自己的需求对不同的知识类型进行优化管理，才能获得最充分的收益。

知识按知识的应用可分为 know-what、know-why、know-how 和 know-who 4 类。know-what 知识是指知道是什么的知识（事实知识），包括我们传统上所说的自然科学知识和社会科学知识，如企业中统计调查的结果。know-why 知识是指知道为什么的知识（原理知识），主要是指科学理论与规律方面的知识，如企业中的研发、销售、生产的方法规律。know-how 知识是指知道怎样做的知识（技能知识），是关于技能和诀窍方面的知识，如企业员工解决问题的技巧和经验等。know-who 知识是指知道是谁的知识（人力知识），也就是关于人力资源、人际关系及管理方面的知识，如员工遇到问题知道请教谁。

知识按知识所描述对象的性质可分为陈述性知识和程序性知识。陈述性知识是指我们所知道的事物、状况的知识，即事实类信息，是关于"是什么（事实）""为什么（原理）"的知识。例如，李白是唐代诗人，蔬菜含有丰富的维生素，温度计制作的原理是利用物质的热胀冷缩现象等。程序性知识是关于我们怎样做事的知识，即经验型信息，如技术、技巧、工艺、方法等。

知识按知识的表现形式可分为显性知识和隐性知识。显性知识指可以通过语言、文字、图表、符号等方式明确表达的知识，如专利、科学发明、know-what 类、know-why 类的知识。隐性知识指难以进行明确表述与逻辑说明的知识。隐性知识多指隐含的经验类知识，如厨师和艺术家的独门绝技，know-how 类、know-who 类的知识。显性知识是"露出海面的冰山一角"，隐性知识是"隐藏在水面下的大部分"；隐性知识比显性知识更难发觉，但却是社会财富的主要源泉；隐性知识比显性知识更完善、更能创造价值，隐性知识的挖掘和利用能力，将成为个人和组织成功的关键。

知识按知识的共享程度（知识的传播范围）可分为个人知识、组织共享知识、组织受控知识、社会公共知识。个人知识是指个人拥有的大量的、复杂的、来源于各种渠道的知识，不仅包括个人学习的专业知识，还包括工作经验、工作技巧、诀窍、个人专利，甚至生活常识、思想体验、社交能力，以及更高层次的价值观和思想。组织共享知识是指组织内可以扩散和传播的知识，如企业内的规章制度、生产流程、作业指导书、产品知识等。组织受控知识是指在一个组织内为部分人所知、受到保护、以防向外扩散的知识，如专利或知识产权等。麦当劳汉堡包的加工工艺、可口可乐配方等都是典型的组织受控知识。社会公共知识是指在开放的市场上公开传播的知识。对企业而言，社会知识就是外部知识。

除此之外，按照不同的分类依据，知识还可以分为内部知识和外部知识、存量知识和增量知识、通用知识和专用知识、基础知识和核心知识、主观知识和客观知识等。

💡 小贴士

企业知识分类

在企业知识管理的实践活动中，通常从知识供应—消费的角度，即从知识来源的角度，按照面向业务的方式进行分类，这种分类对于企业建立知识体系具有一定的实际操作指导意义，一般分为以下几种。

业务知识：业务知识包括产品销售、物料采购、计划编制、财务等业务处理、业务管理知识。

员工知识：员工知识包括员工个人的学识、技能、工作方式、行为方式、工作经验、工作记录等。

流程知识：所有的业务流程都包含知识的应用，常规流程中传递的是显性知识，可以依靠培训、操作手册进行知识传递，但经常也需要隐性知识来提高效率、应对特殊情况。

组织记忆：组织记忆是指记录现有经验以备将来之用的知识。组织记忆包括知识库、案例库、最佳实践库和历史档案等。强化企业记忆的关键是总结日常工作中固有部分的经验，具体包括决策日志、学习资料和案例总结等。

客户知识：客户知识包括客户信息、客户需求、客户偏好等客户相关的知识。企业通过增强客户知识，满足客户个性化的需求。

产品和服务知识：几乎所有的产品都是知识的结晶，关于产品的评价、建议，围绕产品提供的知识服务等都属于产品和服务知识。

关系知识：关系知识是指与供应商、客户、合作伙伴、行业协会等方面的关系的知识。关系知识包括企业通过加强外部联系、深化关系的知识。

知识资产：知识资产是指智慧型资本，包括专利和无形知识产权，需控制其发展和利用。

外部情报：外部情报是指从互联网、外部专家等渠道从企业外部收集到的知识和情报。

4. 知识运作机制

不同载体、不同类型的知识是可以相互转化的。从知识的存在形态的角度探讨学习的本质，比较著名的转化模型是日本知识管理专家野中郁次郎和竹内弘高于 1995 年提出的社会化（Socialization）、外化（Externalization）、组合化（Combination）和内化（Internalization）的 SECI 模型，该模型描述了组织知识资产的生产、传递和再创造的过程，将知识分为隐性和显性两种形式，形成 4 个知识转化过程，如图 7-1 所示。

图 7-1　SECI 知识转化模型

企业创新活动过程中伴随隐性知识和显性知识的相互作用和相互转化，知识产生的过程伴随知识转化的过程，知识产生的过程也表现为知识转化的过程。

隐性知识和显性知识转化过程分为：社会化、外化、组合化和内化。这被认为是创造价值的根本。

（1）隐性——隐性（社会化过程）。第 1 种知识转化模式是个体间隐性知识相互分享的过程，主要的习得方式是观察、模仿和亲身实践。师传徒受就是个人间分享隐性知识的典型形式。吸收隐性知识的要点是经历，如果没有某种形式的共享经历，那要共享彼此的思维过程是一件极其困难的事情。这种通过共享经历来创造隐性知识的过程被称为"潜移默化"，它是知识传播与创造的起点。所以，员工之间隐形知识的交流、共享与复制，是企业知识管理的起点和创新的基础。

（2）隐性——显性（外化过程）。第 2 种知识转化模式是对隐性知识的明晰表述，将其转化成别人容易理解的形式，使隐性知识转化为显性知识。这个过程主要将已有知识进行排序、补充、重新归类，以及通过类比、隐喻和假设、倾听以及深度会谈等方式使其融入新的情境，借此推动隐性知识向显性知识转化，是知识的"外在化"过程。因此，在团队隐性知识同化的基础上，对隐性知识进行创新或整合，可以产生新的显性知识。

（3）显性——显性（组合化过程）。第 3 种知识转化模式是一种将零碎的显性知识进一步系统化的过程。找到知识之间的联系，将这些零碎的知识组合起来，并用专业语言表述出来，形成标准化、格式化的文件，这是知识的"汇总组合"过程。通过汇总组合，个人知识不断上升成为组织知识，进而能更方便地在组织内部传播与共享。例如，将新的显性知识通过课程、文档和资料的形式固定下来，就能成为企业知识资产的新增部分。

（4）显性——隐性（内化过程）。第 4 种知识转化模式是基于前期的知识转化成果，将汇总组合后的显性知识通过成员的吸收、习得之后，转化为组织中其他成员的隐性知识，且应用到实际工作中。通过各种学习方式，固化的显性知识转化到员工身上，成为员工新的隐性知识。

知识转化过程是隐性知识和显性知识之间相互影响、相互作用的螺旋运动过程。在知识管理的实践过程中，可以通过以下方式促进隐性知识和显性知识之间的转化。

（1）通过发现、挖掘、引出和沉淀来推动知识从隐性转化为显性。发现是指把在人们头脑中的经验、体会通过案例、说明、总结、报告等形式表述出来。挖掘是指对数据进行有目的的分析、统计，表述出数据所代表的意义及其背后的规律。引出和沉淀是指通过会议、调查等方式把人们头脑中的思想火花引出来，然后沉淀下来成为可读、可见、可听的知识。

（2）通过试用、修正、判断和固化来推动知识从动态显性转化为静态显性。试用是指对我们设计的工作制度或办法，在工作中去试用或暂行。修正是指对试用中的暂行办法、制度还有知识进行适应于实际情况的修改。判断和固化是指对提出的认识，如报告、介绍、阐述、说明等，请大家一起来判别其正确性，然后固化下来，成为正式的报告、计划、制度、介绍、说明等知识。

（3）通过宣传、普及、培训和默化来推动知识从显性转化为隐性。宣传是指把规范制度、规划方案、正式说明等宣讲给需要它们的员工。普及是指在工作中正式地采用规范、制度、方案、标准说明、模板等，并使大家在工作中形成习惯。培训是指对新的规范、制度、方案和其他知识，通过讲座、在线学习、考试等方式让员工掌握。默化是指将知识记忆在头脑中。

5．知识管理

知识管理（Knowledge Management，KM）是指企业围绕各种来源的知识内容，利用信息技术，实现知识的生产、分享、应用以及创新，并在企业、个人、组织运营、客户价值以及经济绩效等方面形成知识优势和产生价值的过程。

知识管理的目的是把最恰当的知识在最恰当的时间传递给最合适的人，以实现最佳决策。企业通过应用知识，提高员工的工作效率和创新能力，改善服务质量，从而实现组织整体竞争力的提升。

对知识管理的内涵，我们可以从以下5个方面来理解。

（1）知识管理是一种战略和方法

知识管理作为一种重要的管理思想，它与企业的战略相结合，它是企业一种全新的管理理念，需要企业进行战略规划，从重视有形资源的管理过渡到重视知识资源的管理，并以此构建企业的核心竞争力。

（2）知识管理的重点是知识的转化

知识管理以知识为管理对象，它的主要任务是合理配置企业的知识资源，按照企业的经营目标来组织知识的运营、促进知识的转化。

（3）知识管理以提高业绩为目的

知识管理有明确的目的性，知识管理作为一种经营管理手段，必须服从于企业的业绩目标，并以此作为知识管理评测和审计的依据。如果企业只是为了知识管理而进行知识管理，缺失知识管理的绩效目标，就偏离了知识管理的方向。

（4）知识管理是一个过程

知识管理不仅是储存企业的知识资源，更重要的是它是一个促使企业知识转化并利用知识管理提升员工和企业素质能力的过程。

（5）知识管理是管理思想与信息技术的结合

知识管理首先是一种管理思想，这种思想得到很多企业家的重视。随着信息技术的发展，知识管理思想可以通过信息技术得以实现并给知识管理带来深刻的变革。可以说离开信息技术，知识管理思想的实现就缺乏效率。

知识管理的外延包括知识在个人、群体、组织和跨组织产业甚至一个国家内关于知识的创造、交流、共享和利用的各个领域。因此，也可以说知识管理无处不在。

6．知识管理体系

从系统的角度来看，知识管理系统的组成要素包括知识、人和场所。

知识：知识包括显性知识和隐性知识。

人：人包括个体的人，也包括群体组织和虚拟团队。

场所：场所是指协作空间，包括物理的协作空间，如办公室、项目组；也包括计算机系统实现的虚拟场所，如在线讨论，虚拟社群等。

知识管理过程实际上就是在这些组成要素之间的知识流转和相互转化的动态过程。知识管理与信息管理是紧密相连的，同时与企业知识传播的文化和环境相关，目标是创建企业的知识创新体系，因此知识管理既要对知识进行管理，又要建立知识转移的过程，是资源性与动态性的统一。

知识管理体系可以分为战略层、应用层、方法层和技术层4个层次，如图7-2所示。

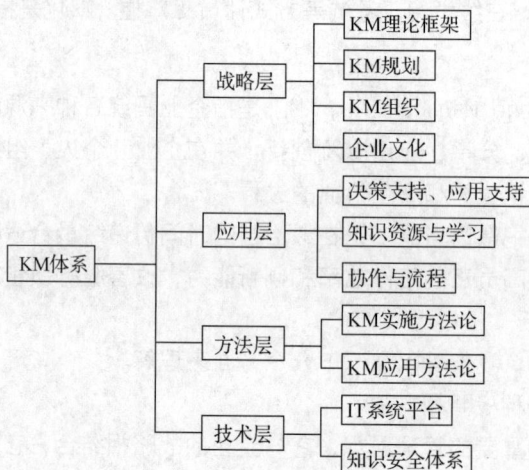

图7-2　知识管理体系的层次

知识管理的战略层包括企业对知识管理理论及框架的认知，制订知识管理的战略规划，以及在组织架构上为知识管理的运营提供组织保证，如设立知识总监、各个部门专职或兼职的知识工程师。为推进知识管理的实施，企业应营造一种适合知识运营的共享、交流、学习的文化氛围，这是有效推动知识管理的重要基础。

知识管理的应用层是从知识管理的实施效用角度，为企业提供决策支持和应用支持，包括利用知识资源的有效沉淀和管理，组织学习最佳实践，以及在协作和业务流程过程中学习和掌握知识、积累和优化知识，以提高员工技能。

知识管理的方法层是指知识管理的实施和应用过程的方法论。知识管理作为一个动态的管理过程，企业导入知识管理和实施知识管理系统需要方法论的指导，同时，企业在应用推进和持续改进知识管理的过程中也需要方法论的支持。

知识管理的技术层是确保知识管理得到有效实施的工具和平台，包括知识管理的IT系统平台，以及为保障知识管理运营和安全管理制度与方法等的知识安全体系。

▶▶▶ 二、知识管理模块

致远协同 OA 系统为知识管理提供有效支持，围绕组织的知识管理过程，为知识存储、知识检索、知识推送、知识分享、知识激励、知识利用等提供必要的条件和工具，同时将知识管理从狭隘的文档管理扩展到企业的整个业务管理和运作环节中，以知识管理方式有效提升个人和组织的能力。

致远协同 OA 系统的知识管理通过构建企业运营知识库，从知识沉淀、共享、应用和创新 4 个知识运转环节层层递进，如图 7-3 所示。

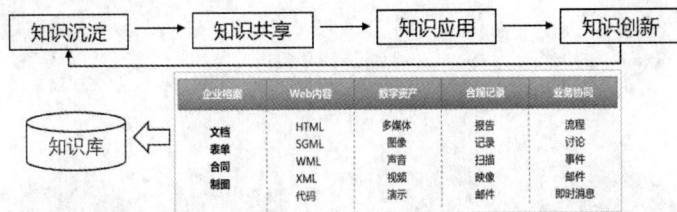

图 7-3 致远协同 OA 系统的知识管理

知识沉淀。知识沉淀是指企业不断积累知识并存储在系统中，以形成企业知识库。企业知识除了显性的文档资料外，更多存在于日常活动的过程中，并处于不断更新的过程。因此协同 OA 系统将知识管理贯穿于企业运作的各个环节，让企业可以随时随地关注、跟踪和攫取业务过程中产生的知识，并进行及时的记录。知识沉淀包括知识文档的手动建立、在日常流程运转过程中的自动积累、内部沟通协作过程中的自动积累、计划日程安排时形成的知识文档积累、内外部邮件来往沟通的自动积累、与异构系统的文件交换的知识积累等。通过知识沉淀，实现对企业最有价值的过程知识的显性管理和有效利用。

知识共享。知识共享是指知识的传递、分发、传播，让知识的使用者可以最大限度地获取知识，从而使知识实现自身价值。一方面，知识可以以各种形式展现，包括结构化和非结构化的文档格式，如 PPT、Excel、Word、图片、协同、表单、会议、计划等。另一方面，知识可以通过知识订阅、新闻、知识广场、文档中心、个人博客、工作流程等渠道进行传播，传播对象可以是具体的人员、部门、团队、单位，也可以是整个企业或外部的合作伙伴等，可以针对不同的传播对象设置共享权限。

知识应用。知识应用是指企业要让知识转化为员工的技能、能力，以及企业的智慧型资本，促进员工对知识的汲取，并对知识的转化进行评估和分析。知识应用有：知识的查询，如提供高效的信息检索功能、知识关联、知识地图等，使企业在业务过程中可以迅速地获得需要查找的信息；知识的分析和统计，如从各种角度分析知识的结构、内容以及被阅读的情况，判别知识的价值和员工的知识趋向等。

知识创新。知识创新是指知识被员工汲取并应用后，又会在实践中产生新的知识。因此，知识管理还需要利用创建、沟通、交流等手段让新的知识显性化，补充到原有的知识体系中，并重新进入知识沉淀、共享、应用、创新的新一轮循环，以实现知识的不断更新和积累。知识创新包括让新知识迅速进入原有的知识体系；对知识分享、积累、利用进行考核和激励；突破组织界限，将内外部知识力量进行融合创新等。

知识管理的过程像是一个螺旋式过程，一方面，知识从获得、整理、分享、更新、利用、创新，再到获得，是一个不断循环往复的过程；另一方面，知识通过这样的循环，本身得到不断的积累，知识量不断扩大，从而对组织产生越来越强的影响力。

致远协同 OA 系统的知识管理促使知识在整个企业循环，以知识社区（见图 7-4）为核心，将知识与知识、知识与活动、知识与人连接起来，形成以下知识应用体系。

文档中心：文档中心是统一的知识库，实现文档分类和权限管理。

过程知识管理：过程知识管理自动积累流程、表单、目标、任务、项目等日常业务工作知识。

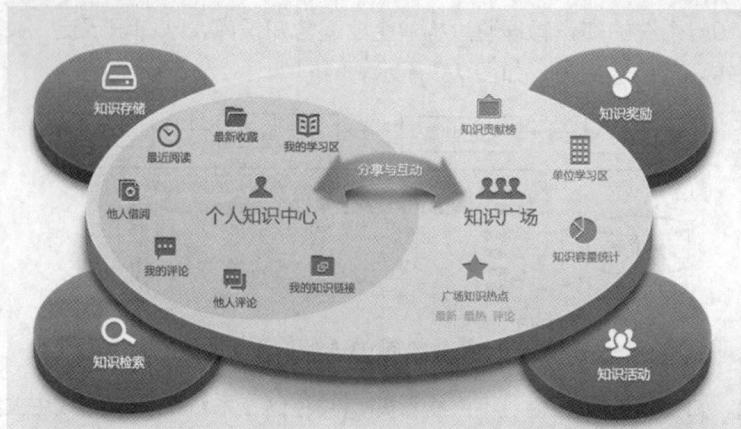

图 7-4　知识社区的应用

多维知识关联：多维知识关联是指协同工作形成相关知识的联系。

知识评价：知识评价通过知识量化与统计分析，激励知识贡献。

知识社区：知识社区聚焦组织知识活动，鼓励知识交流和分享，沉淀组织的智慧和文化。

个人知识中心：个人知识中心是个人知识与学习区的集中展示场所。

知识门户：知识门户用于实现知识信息聚合展现。

任务思考

（1）企业实施知识管理的效果往往不尽如人意，你认为知识管理的困难和阻碍有哪些？对此有何建议？

（2）如何将企业的知识管理与业务管理相结合？

【任务 7-2】 知识管理应用

任务导读

基于致远协同 OA 系统，实现长扬集团的知识管理应用。

（1）建立企业统一的知识文档中心。

（2）实现知识管理组织机构和人员权限管理。

（3）实施企业知识贡献的量化与激励。

（4）构建知识的共享方法和流程。

（5）建立企业的知识社区。

任务实施

▶▶▶ 一、知识管理后台

知识管理后台主要是设置集团、单位的文档中心，包括文档库管理、内容类型和文档属性的设置。集团的文档中心由集团管理员设置，单位的文档中心由单位管理员设置。集团管理员还可以设置集团的知识积分和积分达人。

1. 文档中心设置

企业可以根据知识内容和管理需求，在文档中心建立分类的文档库，形成企业的知识分类体系，集团和单位通过对公共文档库进行管理授权，设置文档的内容类型和属性，以达到统一管理的目的。

单位管理员登录系统，选择【知识管理】|【文档中心设置】命令，"文档中心设置"页面包含 3 个页签，分别是文档库管理、内容类型和文档属性，如图 7-5 所示。

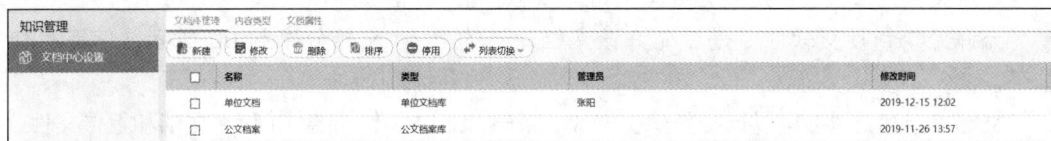

图 7-5 文档中心设置

（1）文档库管理页签

文档库管理页面默认显示正在使用的文档库列表，文档库有"使用"和"停用"两种状态，被停用在文档库中的文档仍然保留。单击"列表切换"按钮，可以在"使用中的文档库"和"被停用的文档库"之间进行切换。系统管理员可以在"使用的文档库"中将某个文档库停用，也可以切换到"被停用的文档库"中，重新启用某个文档库。需要注意的是，集团文档库只能被修改、停用/启用，不能被新建、删除、排序。

选择单位文档库，单击"修改"按钮，设置单位文档库的管理员为行政部部长张琳，如图 7-6 所示。

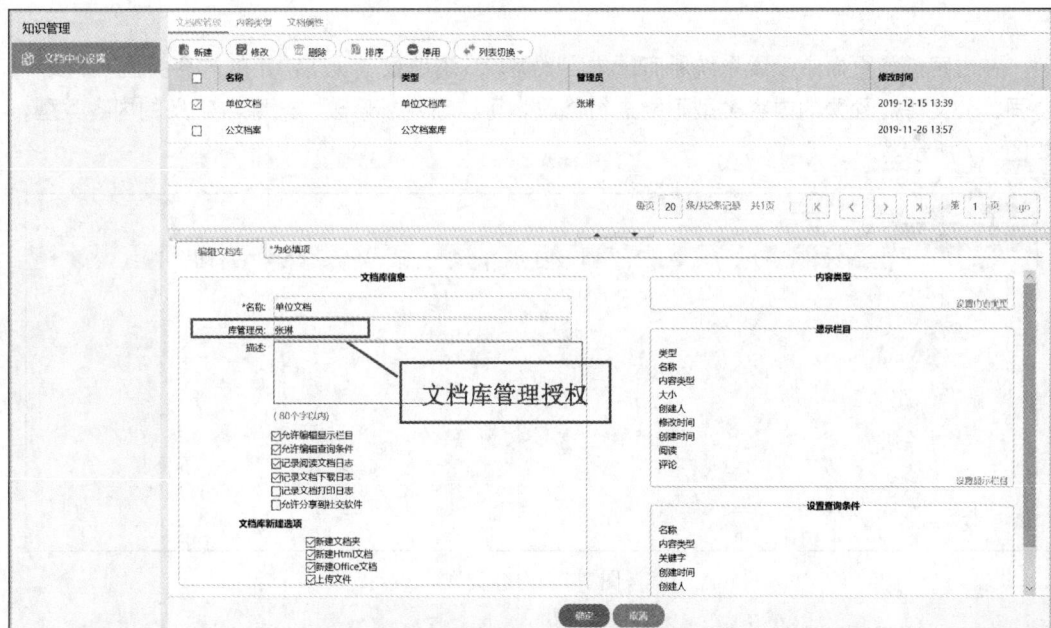

图 7-6 编辑单位文档库

文档库编辑页面分为文档库信息、内容类型、显示栏目和设置查询条件。

① 文档库信息。

名称：文档的名称，必填项。

库管理员：能对该文档进行操作管理的人员。

描述：描述文档详细内容。

允许编辑显示栏目：是否允许对显示栏目进行编辑。

允许编辑查询条件：是否允许编辑查询条件。

记录阅读文档日志：是否记录文档阅读日志。

记录文档下载日志：是否记录文档下载日志。

记录文档打印日志：是否记录文档打印日志。

允许分享到社交软件：是否允许该文档库下的 Html 文档分享到 QQ 或者微信等社交软件。

文档库新建选项：可以选择新建文档夹、新建 Html 文档、新建 Office 文档和上传文件 4种选项。

② 内容类型。

内容类型区域显示该文档库中可建文档的文档类型，单击"设置内容类型"按钮可以进行编辑。

③ 显示栏目。

显示栏目区域显示该文档库中的文档显示栏目，勾选"允许编辑栏目"复选按钮后可以设置显示栏目。

④ 设置查询条件。

设置查询条件区域显示该文档库中预置好的条件查询项，系统文档属性和用户自定义文档属性均可构成条件查询项。勾选"允许编辑查询条件"复选按钮后，可以设置查询条件。

（2）内容类型页签

在内容类型页面中设置系统所有的内容类型，系统预置了一些常用的内容类型，如表单、协同、公文等。预置的内容类型不能进行修改，可以新建、修改、删除自定义的内容类型，如图 7-7 所示。

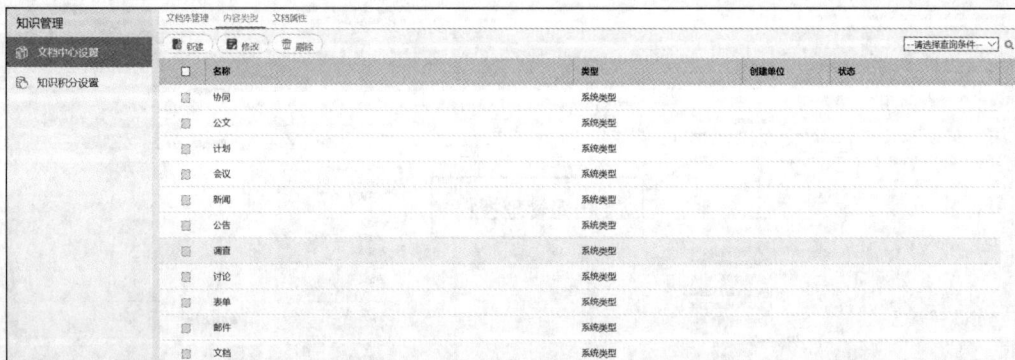

图 7-7　内容类型

（3）文档属性页签

在文档属性页面中设置系统所有的文档属性，系统预置了一些基本的文档属性，预置的文档属性不能进行修改，可以新建、修改、删除其他文档属性，如图 7-8 所示。

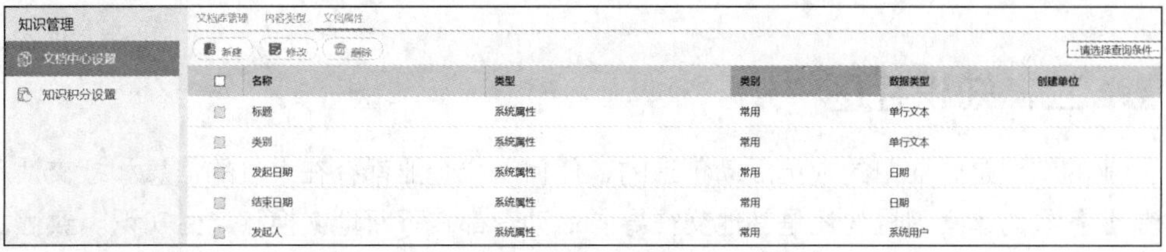

图 7-8　文档属性

2. 知识积分设置

企业要将知识管理的理念融入日常的业务运作过程中，建立知识的评估与激励系统，形成知识共享的文化。知识积分是实施知识共享的激励方法，操作权限属于集团管理员，集团管理员通过设置集团统一的知识积分规则，对知识分享行为和活动进行共享度的量化。

集团管理员登录系统，选择【知识管理】|【知识积分设置】命令，如图 7-9 所示。

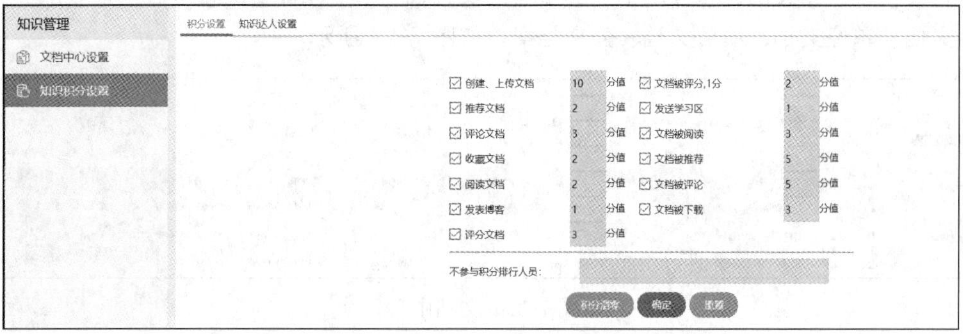

图 7-9　积分设置

（1）积分设置

系统预置了可以参与积分的知识活动，如创建、上传文档，评论文档，收藏文档等。集团管理员勾选某个知识活动表示开启该项积分项，则用户在知识社区中进行该项活动就会获得相应的积分。

不参与积分排行人员：该人员的积分不显示在知识广场、知识贡献榜的排行中。

（2）知识达人设置

进行知识达人设置可查看每个积分范围对应的勋章和达人层级，如图 7-10 所示。

达人层级	勋章	积分	说明
1	蜻蜓点水	0.0~50.0	
2	初试锋芒	50.0~500.0	
3	崭露头角	500.0~1000.0	
4	手不释卷	1000.0~2500.0	
5	融会贯通	2500.0~5000.0	
6	出口成章	5000.0~9000.0	
7	才识过人	9000.0~12000.0	
8	汗牛充栋	12000.0~15000.0	
9	才华横溢	15000.0~25000.0	
10	满腹经纶	25000.0以上	

图 7-10　知识达人设置

>>> 二、知识社区

企业的知识是企业中的成员活动创造的，任何一个企业都存在大量的信息和社交活动，无论是业务导向、学习导向还是其他交往导向活动，都在不断地交换和产生知识。致远协同OA系统通过知识社区的构建和管理来促进企业知识的交流、创造和充分利用，并通过流程管理机制实现企业内部知识的沉淀、分享、传播、学习和创新。同时，知识社区为员工提供学习成长的空间，实现知识的快速获取、高效分享和持续沉淀。

1. 文档中心

文档中心对企业知识资源进行统一管理，包括对集团、单位、个人管理的文档以及公文管理、协同工作、目标管理等其他模块产生的知识资源的归档。文档中心支持自定义文档库，提供将文档推送到集团、单位、个人的学习区及文档中心等功能。文档中心包括我的文档、集团文档、单位文档、项目文档、公文档案，如图 7-11 所示。

图 7-11　文档中心

文档中心的文档库管理实行分级授权。集团文档、项目文档属于集团公共文档库，库管理员由集团管理员授权；单位文档、公文档案属于单位公共文档库，库管理员由单位管理员授权；我的文档属于员工个人文档库，管理权限属于员工自己。文档库的操作命令有新建、上传文件、发送到、移动、删除、高级等。

新建：可以新建文件夹、HTML 文档、Word 文档、Excel 表格、WPS 文档、WPS 表格。

上传文件：将文件上传到当前文档库。

发送到：将选中的文档发送到空间知识栏目或者指定位置。如果将文档发送到常用文档，则该文档出现在个人空间的"常用文档"中。如果将文档发送到个人学习文档，则该文档出现在个人知识中心的"我的学习区"中。还可以将文档发送到单位学习文档、单位知识文档、部门学习文档、部门知识文档，这要求发送人具有相关的空间管理和文档管理权限。

移动：将文档移动到指定的文档库，要求操作人员必须具有目标文档库的管理权限。

删除：删除选中文档。

高级：对文档进行转发、排序。

文档库的操作还可以通过弹出菜单进行，将鼠标指针移动到文件夹或者文档名称上，出现操作按钮 ，单击操作按钮，弹出选中对象的操作菜单，如图 7-12 所示。需要注意的是，针对不同文档库中的文件夹，以及文件夹与文档，操作命令有一些区别。例如，我的文档库中的文件夹除了共享，还可以公开到知识广场，而集团和单位的公共文档库中的文件夹则只能共享。相对于文件夹，针对文档的操作增加了转发、下载、编辑、推荐命令。文档没有共享命令，但是可以借阅等。

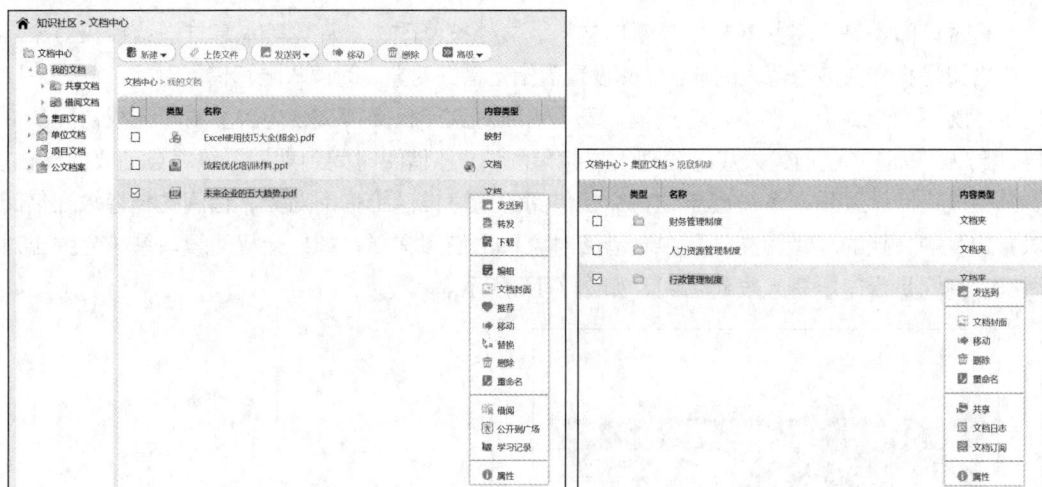

图 7-12 文档和文件夹的操作菜单

　　共享和借阅都是知识分享，共享是指文件夹的分享，借阅是指文档的分享。文件夹的共享可以按不同的授权对象分别设置，同一授权对象的权限可以累加。图 7-13 所示为共享设置页面。

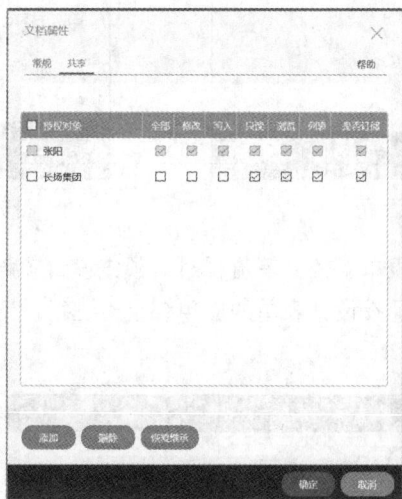

图 7-13　共享设置页面

　　共享权限从大到小依次为全部、修改、写入、只读、浏览、列表、是否订阅。

　　全部：所有的权限。

　　修改：除删除和移动之外的所有权限。

　　写入：允许上传和新建，对自己新建或上传的文档（文件夹）除删除和移动之外的所有权限。

　　只读：允许阅读、收藏、评论、推荐、发送、转发、下载，但不能编辑、新建、删除、移动。

　　浏览：允许对文档阅读、收藏、评论、推荐、发送，但不能编辑、转发、下载、新建、删除、移动。

　　列表：仅能查看文档库中文档的列表。

是否订阅：是否将共享文件夹新增文档、文档被修改、被评论等消息推送给授权对象。

借阅是将文档借给他人阅读。借阅设置需指定借阅对象、阅读权限和借阅时间，如图 7-14 所示。既不勾选浏览，也不勾选只读，表示借阅对象无权阅读文档内容。对于无权访问的文档，用户可以向文档创建人或者管理人提起借阅请求。借阅时间到期后系统将自动收回文档。

完成借阅设置后，系统会自动将文档借阅的消息推送给借阅对象，借阅文档存放在借阅对象的我的文档的"借阅文档"中。借阅对象单击借阅文档，如果无权阅读，系统会弹出对话框，询问是否向所有人发起借阅，如图 7-15 所示。

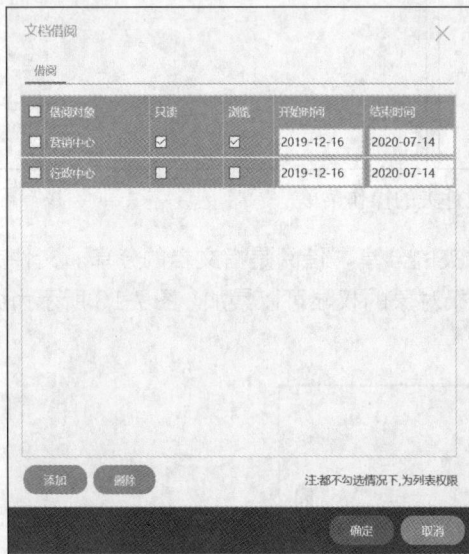

图 7-14 借阅设置

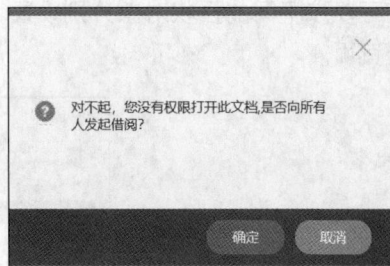

图 7-15 是否发起借阅

预归档：在发起协同、表单、公文等流程时，预先设置流程结束后文档的存储位置。表单流程的预归档由应用设计师在设计表单的应用绑定时进行设置。图 7-16 所示为出差申请单的预归档设置。

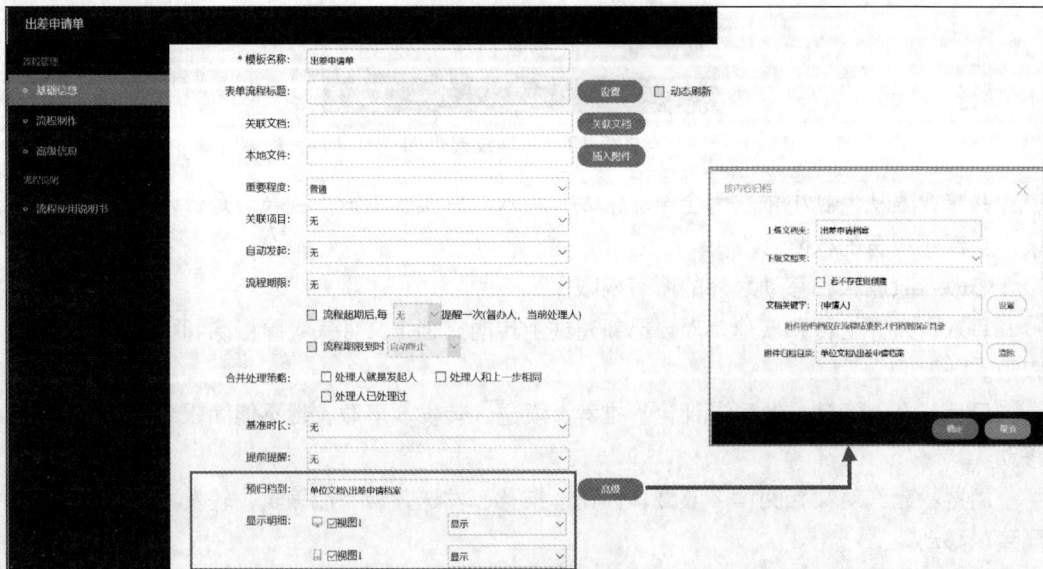

图 7-16 出差申请单的预归档设置

出差申请单若设置了预归档，出差申请人在发起表单流程时，文档的存储位置是预置好的，不能自行选择，如图7-17所示。

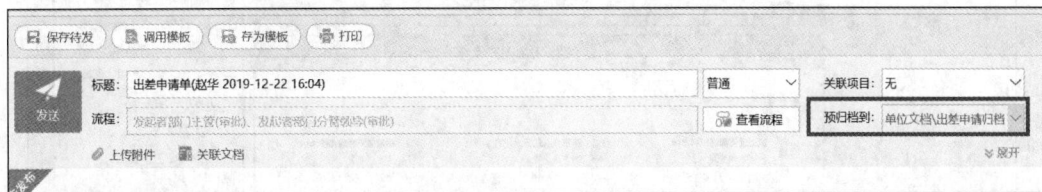

图7-17　出差申请单的发起

实操练习

（1）在集团文档库下增加"规章制度"子文件夹，下设"行政管理制度"子文件夹，上传各项行政管理制度文档，然后将"行政管理制度"文件夹分享给公司全体员工，权限为只读。

（2）在单位文档库中增加"培训资料"子文件夹，上传一份培训资料，将培训资料借阅给行政部所有人，阅读权限为浏览，时间期限为1个月。

（3）人事专员上传一份个人文档，并将该文档发送到常用文档。

（4）在单位档案库下新建"请假单档案"子文件夹，用于保存本单位的所有请假单档案。

【操作指导】

（1）集团文档库管理员登录系统，在"集团文档"下新建"行政管理制度"文件夹，上传文档。选择"行政管理制度"文件夹，单击"操作"按钮，执行共享命令。

切换其他员工的账号登录，查看集团文档的情况。

（2）单位文档库管理员登录系统，在"单位文档"下新建"培训资料"子文件夹，上传资料。然后选择上传的资料，单击"操作"按钮，选择"借阅"命令，设置借阅信息。选择【我的文档】|【借阅文档】命令，查看是否有借出的文档信息。

切换到借阅人的账号登录系统，选择【我的文档】|【借阅文档】命令，查看是否有借阅文档，并阅览该文档。

（3）人事专员登录系统，选择【知识社区】|【文档中心】|【我的文档】命令，上传文档，选中该文档，单击"操作"按钮，选择【发送到】|【常用文档】命令。查看个人空间的"常用文档"栏目。

（4）单位文档库管理员登录系统，在"单位文档"下新建"请假单档案"子文件夹。

应用设计师登录系统，进入"应用定制平台"，修改请假单模板的应用绑定，设置预归档到"请假单档案"。

其他员工发起请假申请流程。

请假申请流程结束后，单位文档库管理员查看请假单档案信息。

2. 个人知识中心

个人知识中心是与组织成员个人相关的文档、知识信息聚集的访问入口，是个人知识信息的集中展示。个人知识中心分为知识状态区、文档显示区和知识栏目区，如图7-18所示。

图 7-18　个人知识中心

知识状态区：显示当前登录人员的头像、姓名、部门、岗位、积分等级、勋章、分享文档数的信息，以及"我要分享"按钮、"去知识广场"链接和"去文档中心"链接。

知识栏目区：显示"我的学习区""他人借阅"和"我的知识链接"。

我的学习区：显示所有发送到个人学习文档栏目的文档。

我的知识链接：显示有权限使用的知识链接，包括自己设置的和他人分享的。

他人借阅：显示他人的借阅请求，以安全的方式，打通文档权限下的知识获取壁垒。借阅人发起借阅后，文档所有人的他人借阅中显示待处理的借阅申请，图 7-19 所示为借阅请求的处理。文档所有人同意借阅后，借阅人方可阅读。

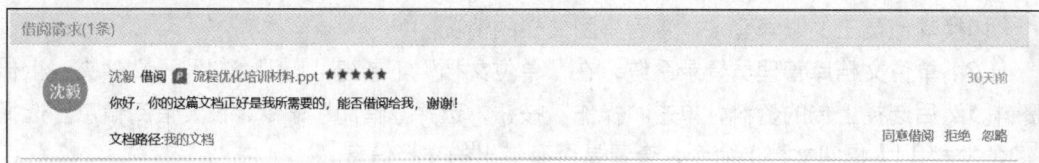

图 7-19　借阅请求的处理

文档显示区包括：我读、动态、评论和我的知识库。

我读：包含最近阅读过的文档和最近收藏的文档。

动态：包含 3 方面的信息来源，组织推送、我的订阅和他人推荐，组织推送和他人推荐的显示样式如图 7-20 所示。

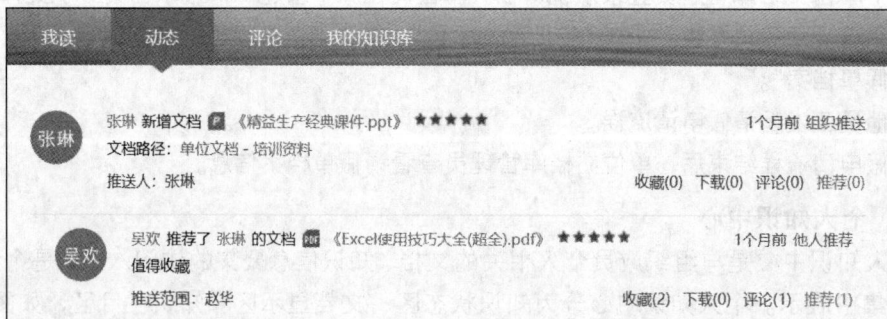

图 7-20　动态

评论：显示他人对我的文档，以及我对他人文档的评论记录和评论信息，如图 7-21 所示。

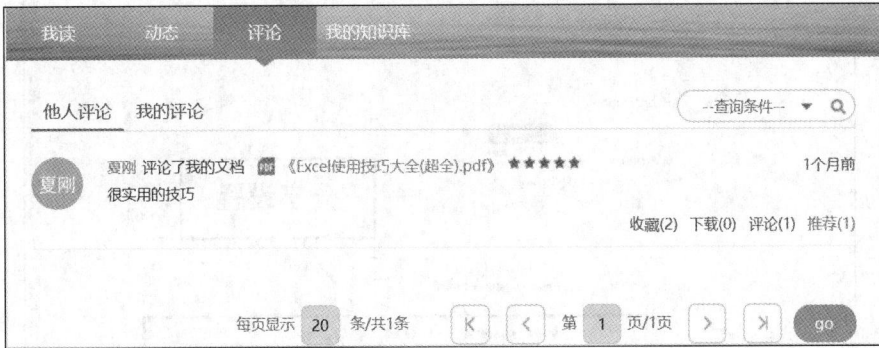

图 7-21　评论

我的知识库：显示文档中心下"我的文档"中的所有文档。单击文档右下角的"操作"按钮，可以对自己创建的知识文档进行转发、下载、借阅、删除、重命名、取消广场公开等操作，若是他人创建的文档，则只能进行移动、删除和查看属性的操作，如图 7-22 所示。

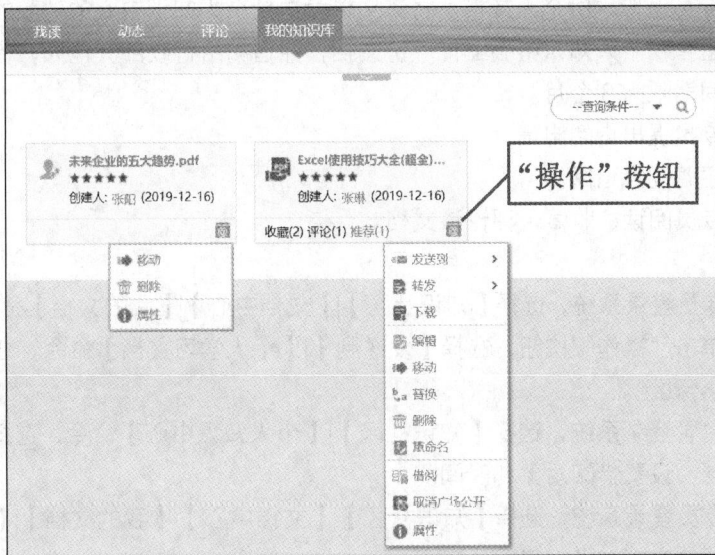

图 7-22　我的知识库

在个人知识中心中单击"我要分享"按钮，将新建或者上传的文档保存到个人的文档中心，分享到知识广场，或者借阅给指定人员，如图 7-23 所示。文档分享方式有公开到广场、私密和借阅。

公开到广场：文档会显示在知识广场中。可以设置文档阅读方式为浏览或只读，浏览方式下允许转发、下载，只读方式则不允许。

私密：文档为个人私有文档，其他人无权访问。

借阅：将文档借给他人阅读，到期收回。

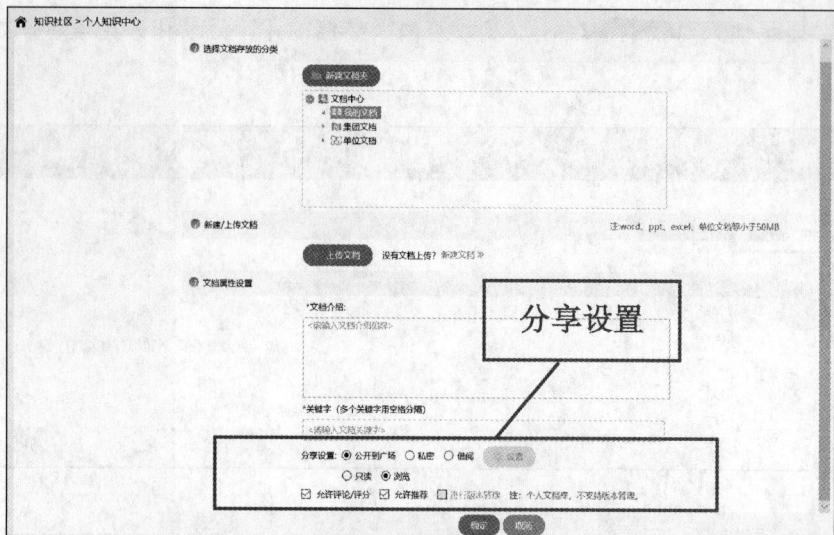

图 7-23　分享设置

实操练习

（1）人事专员上传一份个人文档，将该文档发送到个人知识中心的"我的学习区"。

（2）行政主管在个人知识中心上传一份文档，并借阅给行政部其他人，借阅时需要提交借阅申请，时间期限为 3 个月。

（3）行政专员提出借阅申请。

（4）行政主管同意借阅。

（5）行政专员阅读、收藏、评论该文档。

【操作指导】

（1）人事专员登录系统，选择【知识社区】|【文档中心】|【我的文档】命令，上传文档。选中该文档，单击"操作"按钮，选择【发送到】|【个人学习文档】命令。查看个人知识中心下的"我的学习区"。

（2）行政主管登录系统，选择【知识社区】|【个人知识中心】命令，选择"我要分享"命令，上传文档，设置借阅对象和时间。

（3）行政专员登录系统，选择【知识社区】|【文档中心】|【我的文档】|【借阅文档】命令，打开要借阅的文档，发起借阅。

（4）行政主管登录系统，选择【知识社区】|【个人知识中心】|【他人借阅】命令，处理借阅信息。

（5）行政专员登录系统，选择【知识社区】|【文档中心】|【我的文档】|【借阅文档】命令，打开要借阅的文档，收藏、评论文档。查看我读、动态、评论区域的信息。

3. 知识广场

知识广场是员工进行知识交流与互动的公共场所，目的是鼓励员工进行知识分享，扩大知识传播和利用范围；激励员工贡献个人知识，防止企业知识流失；让有价值的知识获得更大范围、更快速的传播。

知识广场提供单位学习区、广场知识热点、知识贡献榜、知识容量统计等多项应用，让知识分享更直接、知识互动效果更好，同时也可以实现员工之间的知识竞赛，提高知识传播的积极性，如图7-24所示。

图7-24　知识广场

单位学习区：显示被发送到本单位"单位学习区"的文档。

广场知识热点：显示所有公开到广场的文档、借阅给全单位的文档、共享给全单位的文档。可根据最新、最热、评论三要素对文档进行排序。

知识贡献榜：显示本单位积分前5名的员工及积分。

知识容量统计：显示本单位分享文档数员工排名，根据分享的文档数量从多到少排序。

知识激励是对知识活动参与者的激励，知识社区中，支持按照不同的知识活动（如评论、评价、新建/上传、收藏、评分、阅读等活动）以一定权重（集团管理员自定义）计算知识行为积分，累计成为用户的知识积分，并支持排序，形成知识社区统一的积分激励机制。

系统自动统计人员在知识社区内的各种互动操作次数，反映个人或团队对知识社区参与的热度，激励员工进行知识分享，参与知识互动，以达到提升个人能力、加速企业知识沉淀的目的。

实操练习

（1）会计将最新的个人所得税计算规定以只读方式公开到知识广场。

（2）单位文档库管理员将一份学习文档发送到单位学习区。

【操作指导】

（1）会计登录系统，选择【知识社区】|【文档中心】|【我的文档】命令，上传个人所得税计算规定的文档，选中该文档，单击"操作"按钮，选择"公开到广场"命令，然后查看"知识广场"结果。

（2）单位管理员登录系统，选择【V-Portal配置平台】|【PC空间管理】命令，勾选单位空间，单击"修改"按钮，进入单位空间栏目设计页面，设置空间管理员为单位文档库管理员。

单位文档库管理员登录系统，选择【知识社区】|【文档中心】|【单位文档】命令，上传文档，选中该文档，选择【发送到】|【单位学习文档】命令。

切换其他人员登录系统，选择【知识社区】|【知识广场】|【单位学习区】命令，查看结果。

4．我的收藏

我的收藏可用于查看当前用户收藏的所有文档，以及对所收藏的文档进行发送到、移动、高级和取消收藏的操作，如图 7-25 所示。

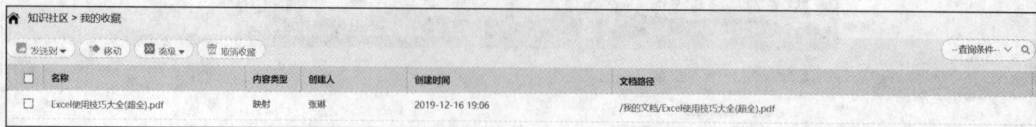

图 7-25　我的收藏

发送到：将文档发送到常用文档、个人学习文档或者指定的位置。

移动：将文档移动到其他位置。

高级：将文档以协同或邮件的方式发送。

取消收藏：将文档从我的收藏中移除。

5．文档库管理

文档库管理显示所有的文档库，如图 7-26 所示。用户对有操作权限的文档库，单击右下角的"操作"按钮，可以对该文档库进行操作，如设置/恢复显示栏目，设置/恢复查询条件，管理加锁文档，共享文档，查看文档日志、文档订阅和文档属性等。

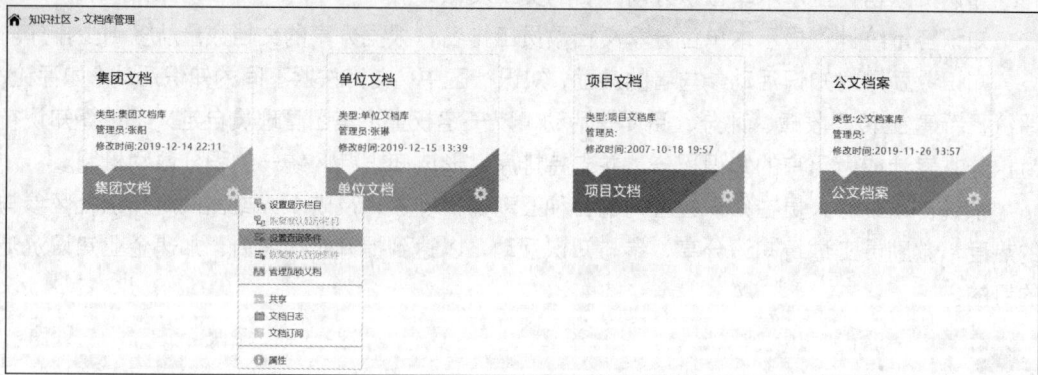

图 7-26　文档库管理

6．我的博客

系统提供用户开通、管理博客的功能，用户可以在自己的博客中发表文章，也可以收藏他人的文章，促进相互交流。博客的应用有利于隐性知识的获取、传播和存储，企业通过建立非正式的交流网络，构建隐性知识地图，辅助扩展企业知识网络，培养创新因素。我的博客页面如图 7-27 所示。

发布文章：用户在自己的博客中发表文章，文章分为共享和不共享两类，其他用户可以查看共享文章。

他人博客：配置关注对象后，可访问他人博客，查看他人发表的文章。

我收藏的文章：进入博客文章的收藏列表，可删除不需要的收藏。

个人资料：设置博主的个人介绍。

	标题	共享状态	回复数	发布时间
☐	生产现场不实施 5S管理会出现什么问题	否	0	2019-12-16 21:43
☐	精益生产不是盲目追风	是	1	2019-12-16 20:35

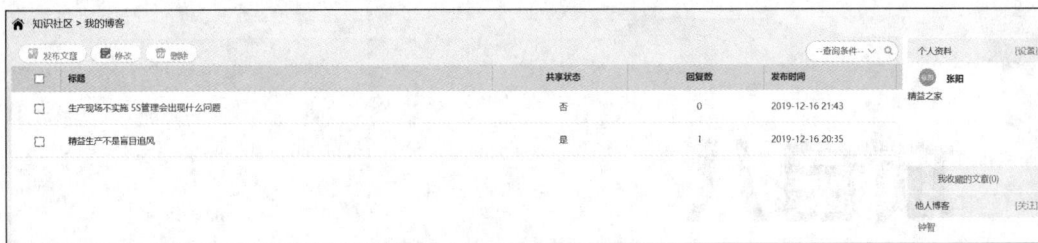

图 7-27　我的博客页面

项目小结

从内容上来看，知识包括各种技能、专业、事实、能力、法则、规律等。从表现形态来看，知识包括显性知识（各种数据、文档、材料等）和隐性知识（人头脑中的思维方式、专业知识、掌握的技能与技巧等）。

对知识的信息化管理要求企业中的每一个成员在其工作中随时随地能以各种方式获得工作所需的信息和支援，并且能够有效利用组织的业务流程和机制。因此，知识管理的信息化工具需要实现：（1）将个体知识有效转化为组织知识；（2）对组织中业务流程进行知识化管理；（3）促进组织内个体或团体的知识创造和应用。

组织中成员的活动是组织知识的源泉，任何一个组织都存在大量的信息和社交活动，无论是业务导向、学习导向还是其他交往导向活动，都在不断地交换和产生知识。致远协同 OA 系统通过知识社区的构建和管理，促进企业知识交流、创造和充分利用，通过一种流程管理机制实现企业内部知识的沉淀、分享、传播、学习和创新。

图 7-28 所示为本项目的知识（技能）框架。

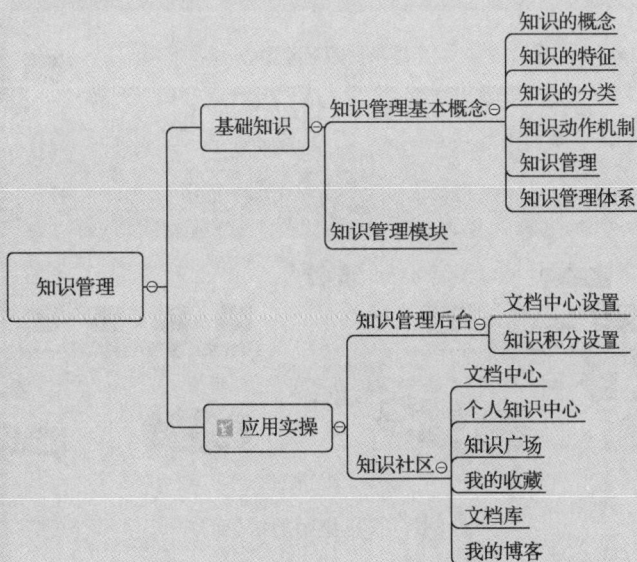

图 7-28　项目七的知识（技能）框架

项目七　知识管理

181

项目八
门户管理

项目导入

随着信息资源上升为企业的战略资源,企业越来越重视信息资源的管理和开发利用工作。作为企业信息资源的集中整合和体现,企业信息门户将企业的所有应用和数据集成到一个信息管理平台上,统一企业的信息入口,为用户提供个性化的企业信息和服务,以便快速地实现企业信息交流的实时共享和双向性。对企业来说,信息门户既是一个展示企业的窗口,又是企业相关业务的处理平台。

长扬集团构建了一体化的企业信息门户(见图 8-1),包括个人空间、部门空间、单位空间、集团空间、领导空间、各类业务空间等。企业利用信息门户整合企业内外各类信息,实现信息的统一发布、统一呈现,展示企业文化的同时,为不同的用户提供个性化的信息资源和应用服务。

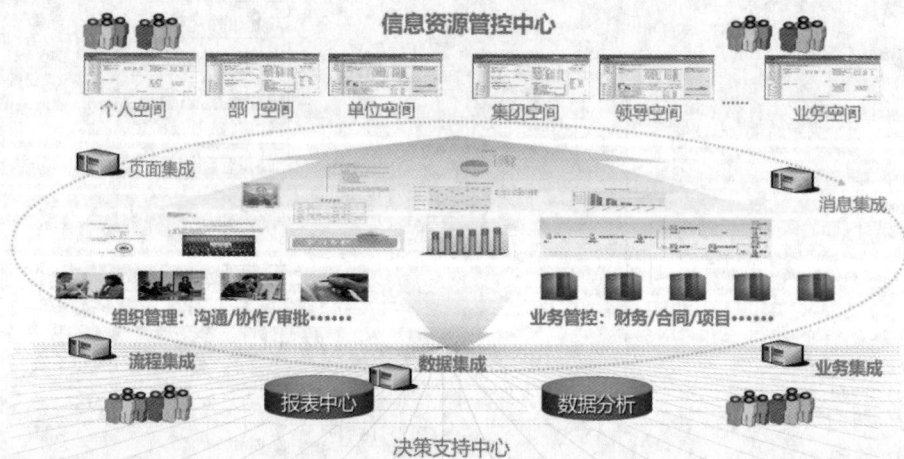

图 8-1　长扬集团的信息门户

项目分析

企业中往往存在多个应用系统,这些系统在支撑企业日常业务运转的同时也积累了大量有价值的信息资源,但是在诸多的系统运行中,仍然存在一些问题。

（1）企业业务系统众多、入口众多，导致需要管理多套业务地址与用户登录认证信息。同时，处理业务需要切换多套系统，多次进行身份验证，大大降低工作效率。

（2）各系统展现风格不一致，操作页面和操作方法不同，学习和使用成本高。

（3）各系统无统一待办、消息中心，完成日常工作需要在不同业务系统之间切换。

（4）各系统缺少信息集中发布与集中展现平台，缺少统一数据报表展现。

（5）各系统的组织架构、用户、流程、数据无法统一。

（6）复杂、庞大的信息系统给 IT 管理和维护带来极大的困难。

企业需要建立统一的信息整合平台，作为企业各类信息融汇的枢纽、信息分析与展现中心。这个信息整合平台同时也是以用户为中心的、统一的工作与信息服务平台，实现整个企业各岗位工作、管理、沟通、决策的一体化。

项目知识点

企业信息门户的概念，企业信息门户的功能，门户管理模块，文化建设模块。

项目技能点

系统门户的设置。

个人空间、部门空间、单位空间的设置。

新闻、公告、讨论、调查的设置与管理。

【任务 8-1】 门户管理基础

任务导读

（1）企业信息门户的概念与发展。

（2）企业信息门户的功能与特点。

（3）致远门户管理总体架构。

（4）致远门户空间类型与门户搭建方式。

任务实施

▶▶▶ 一、企业信息门户

20 世纪 90 年代末，美国美林公司发布了一份研究报告，首次提出了企业信息门户的概念，将企业信息门户（Enterprise Information Portal，EIP）定义为：企业信息门户是为用户提供单一入口，使用户能够按照个性化需求，提取存储在企业内部和外部的信息，从而便于进行商业决策的应用程序。报告指出，EIP 应该是企业和企业之间以及一个企业内部各部门之间进行管理、分析和信息发布的综合应用软件平台，根据每个用户所担任的角色不同定制个性化的应用页面，并利用统一的流程对每个事件进行处理，对每个消息进行传递，从而把系统中的用户联系起来。

1. 企业信息门户的发展

企业信息门户最初是由企业的网站发展演变而来的，计算机网络技术的发展让门户的功能在企业中得到丰富和拓展，企业信息门户的发展经历了 3 个阶段。

第 1 个阶段，信息发布阶段。企业信息门户只是一些静态网页，企业将有关的信息通过静态网页的形式展现在自己的网站上。

第 2 个阶段，文档共享阶段。企业在原有只能发布信息的静态网站基础上增加了文档共享和搜索功能，把企业内部的共享文档集中放到信息化门户中，让用户自由下载，这种方法在一定程度上达到内容管理的基本功能。

第 3 个阶段，系统集成阶段。随着企业在生产和管理过程中建立起来的应用系统越来越多，各应用系统中的数据不能共享，形成数据孤岛，于是产生了将各种应用系统进行集成的思想。例如，将办公系统、财务系统、生产系统等应用系统的数据进行整合，构建统一的信息化门户平台，使用户可以通过统一的入口找到分布在企业内部的各种信息内容，并逐步完善各类功能模块，使企业各业务应用系统之间实现信息交换。

企业信息门户被认为是企业信息化过程对"信息集成"的需求，将多个不同的系统整合到一个具有扩充性的交互平台上，并增加其他的个性化功能。EIP 不仅仅局限于建立一个企业网站，提供一些企业、产品、服务信息，更重要的是要求企业能实现多业务系统的集成，能对用户的各种要求做出快速响应，并且能对整个供应链进行统一管理。EIP 提供一个唯一的企业接入点，通过该接入点，为企业管理者、员工、客户、合作伙伴等提供全面的企业信息、应用和服务，从而为企业创建高效率的业务模式。

2. 企业信息门户的功能

企业信息资源主要是指企业内部有关生产经营管理方面的信息和外部的市场信息、经济信息、科技信息。从信息存在的形式上来看，企业信息资源包括各类文本信息、数据库信息、Web页面信息、图形图像信息、多媒体信息、纸质印刷品数字化后形成的信息等。企业信息资源管理的任务是围绕企业的战略目标，有效地收集、获取和处理企业内外部信息，最大限度地提高企业信息资源的质量、可用性和价值，并促进信息在企业不同部门和不同群体之间的共享。从满足企业信息资源管理的需求来分析，EIP 作为企业统一的信息资源管理平台应具备以下功能。

（1）提供一个实现企业内部信息资源整合和集成的基础架构。企业能够在不同层面上（展现层/应用层/数据层）对多个异构的、相对分散独立的信息资源系统进行整合，并让它们重新结合为一个新的有机整体，形成一个效能更好、效率更高的信息资源体系，从而保证信息资源得到更好的利用，并在此基础上实现企业级、跨系统的搜索功能。

（2）承担连接、沟通企业各职能部门的信息枢纽职能。EIP 将梳理企业各部门产生的信息，并根据各部门不同的信息需求，从企业发展战略的整体性高度加工、组织和统一展现企业内外部相关的信息资源，为企业各部门加强整体协作以共同实现企业的目标提供一个高效的协作环境。

（3）提供企业网站统一部署、统一进行用户管理、信息资源集中授权以及个性化和信息推送的增值服务。EIP 能够统一部署和管理企业内部门户、各部门子门户网站、团队或项目站点；实现对企业所有用户的统一授权、统一管理以及应用系统的单点登录功能（Single Sign

On，SSO）；通过对企业门户信息的分级和安全管理，确保将适当的信息提供给适当的人；提供信息资源和服务分类机制，使用户可以按分类迅速导航到相应的信息资源和服务中；根据用户的配置信息展现个性化信息资源和服务，对门户和其他企业信息及数据进行个性化分类和推送等。

3. 企业信息门户的特点

企业信息门户通过唯一的登录页面让用户访问企业内部所有其需要的信息，同时将企业的各种相关信息进行统一的展现。企业信息门户主要有以下 7 个特点。

（1）唯一的登录入口。用户通过唯一的访问入口登录企业信息门户，企业信息门户根据用户角色和权限将各种相对分散、独立的信息进行整合，展示给用户一个整体的信息集成页面，用户通过此平台就可以访问到其所需的信息与应用，提高企业内部系统的运作效率，提升企业的管理能力。

（2）个性化的应用服务。根据每个人的需求不同，企业信息门户可以制订出符合每个用户的个性化应用与服务，根据系统分配给用户的角色来呈现适合用户所需的不同信息和页面，从而增强门户的吸引力和亲和力，提高用户的访问量。

（3）强大的内容管理能力。用户通过企业信息门户能够创建、发布、审批、搜索和处理合同、文件、模板等各种格式的文档，企业信息门户支持各种结构化和非结构化的数据类型。

（4）连续不间断的服务。用户可以在任何时间、任何地点访问企业的信息资源和应用系统，保证企业不间断运营，充分发挥企业现代化运作的优势。

（5）协同工作及共享。用户可以通过企业信息门户分享信息，通过个人日历和工作日志安排工作，通过门户进行电子邮件管理，还可以建立搜寻引擎等，利用各种不同的方式完成自己的工作，从而实现企业内部系统间和不同企业间的信息共享。

（6）与企业现有数据和系统的集成。在充分保护原有投资的基础上，企业可以将现有的数据和系统有效地集成到信息门户上，不需要重新开发各种业务系统，为企业节约大量资金。

（7）安全保障和自主维护。整个信息门户数据要求实现机密性和完整性，需要利用当前计算机网络安全技术和制订相关的安全管理机制来实现。同时企业需要有自己的门户管理员和维护人员，实现信息门户的自主维护。

⟫⟫⟫ 二、门户管理模块

1. 模块概述

致远门户为管理层、员工、客户、合作伙伴、供应商、代理商等与企业密切相关的机构和个人，开辟了一条通往企业管理的"必经之路"，各机构和个人通过企业信息门户可以各取所需，获得高质量的服务，并进一步辅助企业进行更高级的经营决策，甚至影响企业的战略决策。

致远门户总体架构分为集成环境支撑、门户组件层、配置管理层、应用展现层，如图 8-2 所示。

集成环境支撑为门户系统提供软硬件环境，同时提供中间件服务。门户组件层是门户服务提供的基础，包括流程引擎、消息引擎、报表引擎、搜索服务、权限管理、安全服务等。配置管理层主要提供配置服务，包括流程管控、数据管控以及资源管控源的配置，并为用户提供统一门户、单点登录、统一待办等应用。应用展现层为用户提供内外部门户、二级门户、移动门户、分子公司门户等门户页面的呈现。

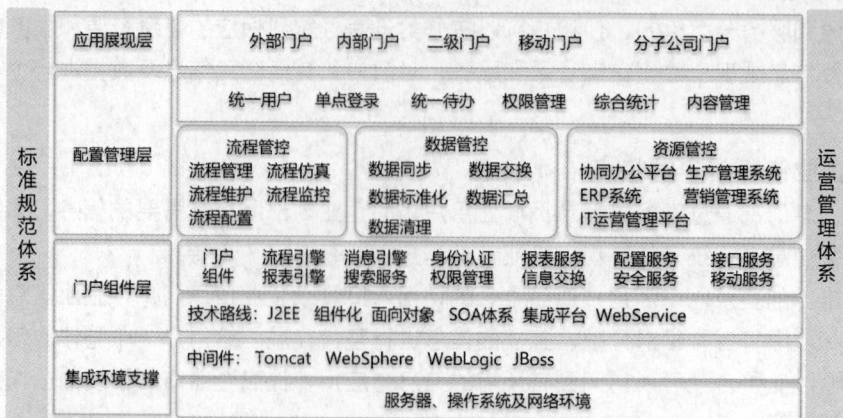

图 8-2　致远门户总体架构

2. 门户设计

致远门户形似企业网站的首页。企业通过首页的设计可以灵活控制用户的范围以及发布者的范围，信息的发布与管理直接在系统前台轻松进行，无须专门的网站维护技术。它是团队高效协作沟通、信息透明展现的平台，是个人工作办公、组织文化建设成果展现的平台，是企业中各类资源整合、扩展应用集中展现的平台。致远门户可达成企业价值观、行为的统一和层级管理的和谐，为企业提供一个一体化的协同办公和业务管控平台。

（1）页面设计

门户的页面包括主页和内页。主页的设计要求简洁大方、实用美观，这是用户首先接触和了解的页面，所以该页的设计排版、色彩都相当重要。门户主页以 1～2 屏为宜，将主要特色内容最大化展示在主页，便于用户访问时使用。门户内页的设计也要保持结构和色彩的一致性，使用统一的图案和背景，保持整个门户页面的统一性。

（2）布局设计

用户在浏览门户版面时，版面的上部比下部注目价值高，左侧比右侧注目价值高。所以，版面的左上侧最为引人关注。利用版面不同位置注目价值的差异，将门户主要内容排在版面突出位置，使门户布局主次分明、一目了然。实际应用中可以根据用户的实际需求进行灵活调整。

（3）栏目设计

门户系统栏目的设计要符合企业对信息和办事的整合的基本要求。所以门户栏目设计的方法是，立足现有要求，将栏目设计加以梳理、整合和改进，尽量避免栏目设置过多、过乱和过杂。栏目设计清晰明了，首页不杂乱，用户能够迅速找到所要的信息入口，从而为用户提供及时的、有价值的信息。同时门户应提供栏目管理功能，用户能够按照实际需求对栏目进行灵活操作，如增加、修改、删除等。

3. 门户空间类型

致远为用户提供多层级、多形态、多角色、多场景的门户系统，门户按照应用场景分为登录前门户、系统主门户、子门户和大屏。

登录前门户是系统的外部门户，用来呈现登录前的信息和第三方系统的入口，系统只有1 个登录前门户。

系统主门户是登录后的系统级门户，以呈现工作内容为主，系统中只有 1 个主门户。

子门户是根据不同的职能或业务需要搭建的门户，子门户的样式及呈现形式一般区别于主门户，系统中可设置多个子门户，如子公司门户、报表门户、营销门户等。

大屏是一种特殊的门户，用于在电视机等终端设备上呈现新闻、报表、图片等信息。企业可以设置多个大屏。

图 8-3 所示为一些常见的门户样式。

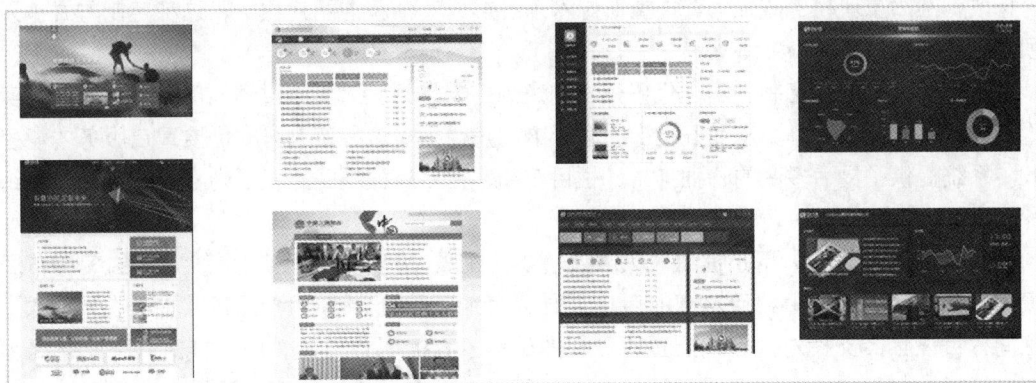

图 8-3　一些常见的门户样式

空间用于展示门户的信息内容，按照不同角色、组织类型、业务类型，主题类型可进行以下分类。

按角色分：个人空间、领导空间、外部人员空间等。

按组织类型分：集团空间、单位空间、部门空间、团队空间等。

按业务类型分：项目管理空间、销售管理空间、预算管理空间、人事管理空间等。

按主题类型分：协同工作主题空间、公文管理主题空间、目标管理主题空间、会议管理主题空间等。

4. 门户设置

致远门户搭建采用"定制门户模板+内容配置"的方式，如图 8-4 所示。

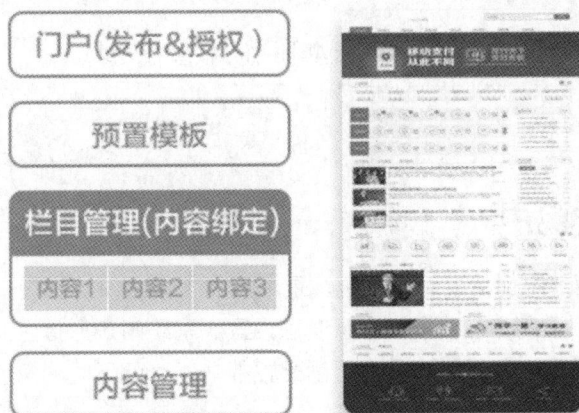

图 8-4　门户搭建方式

门户支持 3 种定制模式：基于门户设计器页面的定制、基于门户模板导入导出的定制和基于代码开发的定制。

基于门户设计器页面的定制。基于门户设计器界面的定制主要通过设计器页面对门户的相关属性进行修改，如门户模板样式、皮肤样式、栏目外框样式等，这种定制方式无须重启服务即可生效。

基于门户模板导入导出的定制。基于门户模板导入导出的定制主要通过将门户组成的所有资源导出为一个 Zip 包，用户可以用 WinRAR 工具解开这个 Zip 包，并对相关的门户资源进行修改，然后重新打包成 Zip，再重新导入系统形成一个新的门户模板，这种定制方式也无须重启服务即可生效。

基于代码开发的定制。基于代码开发的定制主要是开发人员通过遵循门户规范去开发实现门户的各个组成部分，从而开发出一套新的门户模板。这种定制方式需要重启服务才能生效。系统提供了灵活多变的外框样式、栏目布局、栏目外框样式、栏目内容，满足每个组织和个人的个性化需求。

空间栏目设计器为用户提供较大程度的灵活配置功能，用户通过系统预置的多种布局模版，快速完成布局，利用丰富的用户页面（User Interface，UI）配置，提升布局效果。空间栏目设计器支持对内容的配置管理和图标等素材的配置管理，门户样式、空间布局、皮肤风格、栏目样式、图表风格等方面，都可以进行在线编辑，充分满足用户的个性化配置要求。

【任务 8-2】 门户空间应用

任务导读

根据长扬集团提出的门户设计管理需求，实现门户的配置和管理。

（1）根据企业内部不同岗位、不同部门、不同下属公司的员工本身的工作范畴，建立内部统一的、不同级别的信息门户。

（2）信息门户的展现形式、内容都可以根据用户的不同进行个性化的展现，以加强工作信息的利用价值。

（3）信息门户能做到分级、分权，满足集团的分权管控要求。

任务实施

一、系统门户

门户是组织/团队/部门的信息共享平台，是个人的工作入口。在门户管理后台，系统管理员可对系统主门户、子门户及其空间进行管理设置。系统门户形似企业网站的首页，但与普通的网站首页不同的是，系统门户具有灵活配置的功能，而不同的角色对系统门户的设置权限也不相同。

集团管理员在后台选择【V-Portal配置平台】|【PC门户管理】命令，可以设置集团统一的门户样式，也可以授权单位管理员进行设置，如图 8-5 所示。

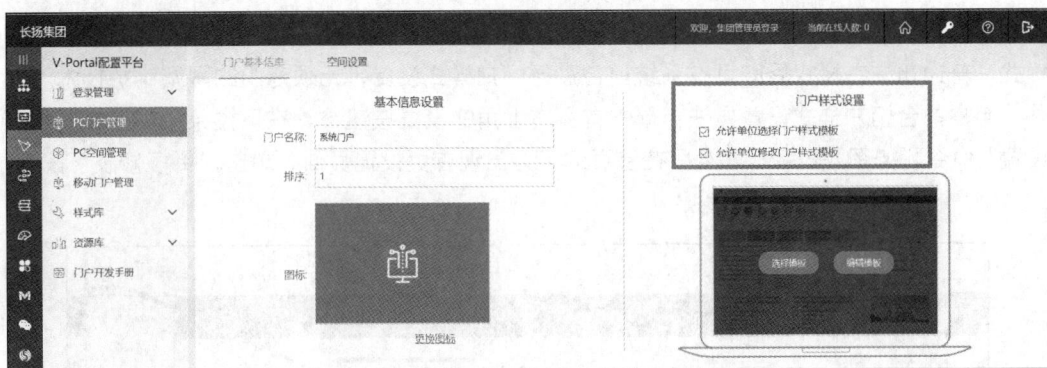

图 8-5　集团管理员后台的 PC 门户管理

系统预置了 8 种门户模板供用户选择，并将门户模板按照工作类、业务类和职能类进行分类。同时允许用户对每个门户模板的样式进行设置，包括导航菜单、皮肤设置、栏目外框、页面组件（按钮、搜索框、树、页签）、报表风格。图 8-6 所示为门户模板，图 8-7 所示为门户样式设置。

图 8-6　门户模板

图 8-7　门户样式设置

单位管理员可以在后台设置单位统一的门户样式，也可以允许用户自己选择和设置门户样式。普通用户在授权后即可在系统前台进行门户样式设置，无须专门的网站维护技术。

用户前台门户样式设置方法：单击首页右上角的设置按钮 ⚙️ ，在下拉菜单中选择"首页设置"命令，如图8-8所示。然后在首页的下方出现首页设置页面，单击"更多修改"按钮，进入门户样式设置页面。

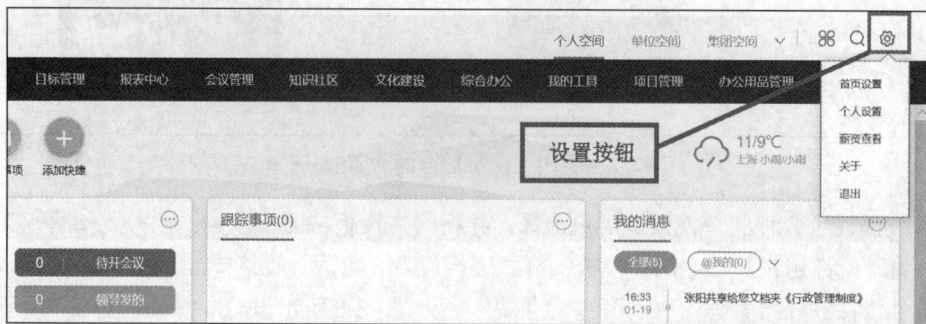

图8-8　首页设置

系统门户默认显示3个空间：个人空间、部门空间和集团空间。空间的显示数目、显示顺序可以设置和调整，单击空间名称进行空间切换，第一个空间即为用户登录后显示的首页空间。

实操练习

人事专员将系统门户设置为：经典式工作门户。在导航区显示：搜索、刷新按钮。导航菜单包括：首页设置、个人设置、关于、退出。空间及显示顺序为：个人空间、部门空间、集团空间。门户菜单显示：协同工作、公文管理、知识社区、文化建设和我的工具。

二、个人空间

个人空间用于展现与个人工作紧密相关的信息，如待办工作、表单审批、跟踪事项、我的任务、关联项目、日程事件、我的模板、我的学习区、我的收藏、关联人员、关联系统等，便于个人工作事务的管理。

单位管理员对个人空间进行管理，登录后选择【V-Portal配置平台】|【PC空间管理】|【个人空间】命令，对整个单位所有用户的个人空间栏目和布局进行设置，并设定是否允许前端用户自定义个人空间，如图8-9所示。

空间栏目布局采用表格布局，单位管理员可以选择系统提供的模板，也可以自定义模板。每个单元格都可以添加、编辑、移除栏目，如果一次选择多个栏目，则这些栏目自动形成组合栏目，组合栏目默认显示样式为标准页签，可以编辑组合栏目将显示样式设置成标准图标或多彩磁贴，图8-10所示为不同的栏目显示样式。

若单位管理员设定允许前端用户自定义个人空间，则用户在个人空间页面，直接单击栏目右上角的编辑按钮 ✏️ ，即可对该栏目进行编辑、移除、添加的操作。或者单击页面右上角的设置按钮 ⚙️ ，进入PC空间设置页面，选择个人空间进行修改，不仅可以编辑栏目，还可以设置栏目布局。

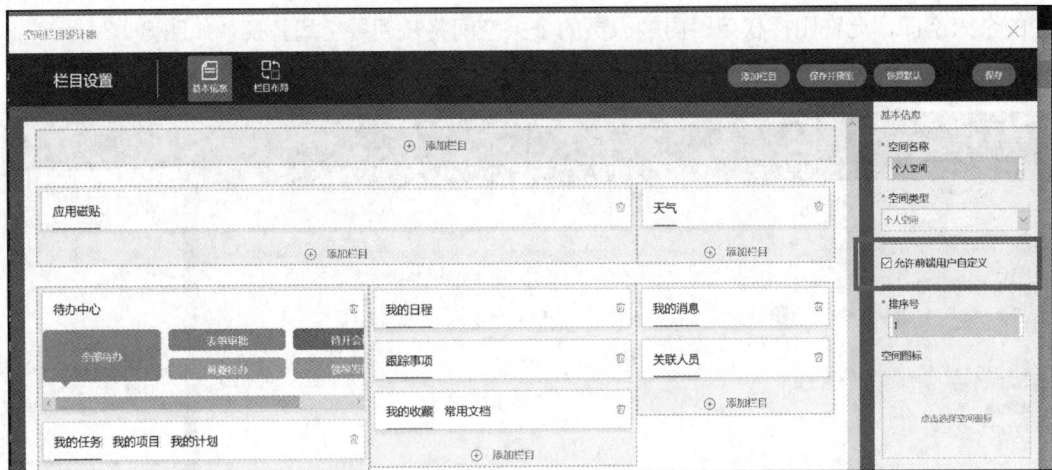

图 8-9　个人空间管理

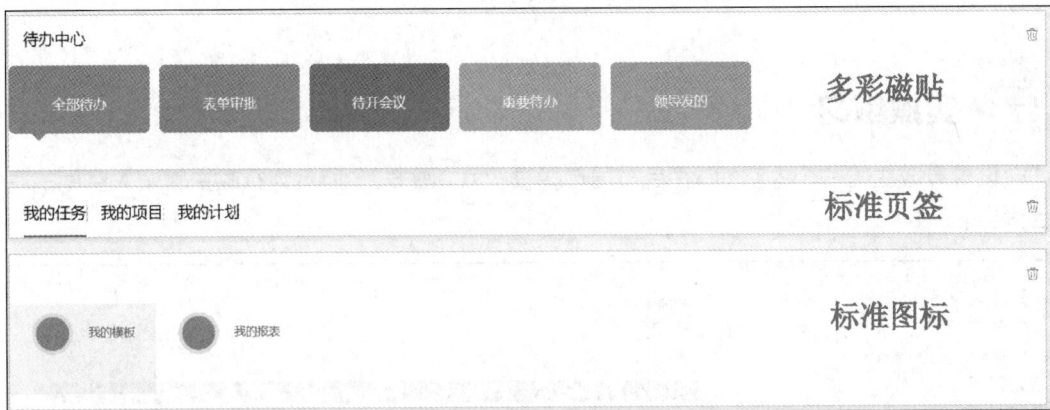

图 8-10　不同的栏目显示样式

门户空间配置时选择"恢复默认"，个人空间的管理员恢复为单位管理员，单位空间的管理员恢复为集团管理员。添加扩展栏目时，系统管理员选择【信息集成配置】|【关联系统管理】命令，预先将扩展栏目授权给前端用户。

首页右下角的铃铛按钮 🔔 是消息盒子，实时显示用户收到的消息提示，默认情况下呈收起状态，呈收起状态时消息盒子可以随意在首页框架中拖动，单击该按钮，可以进行消息提醒设置，如忽略全部、查看全部设置，如图 8-11 所示。

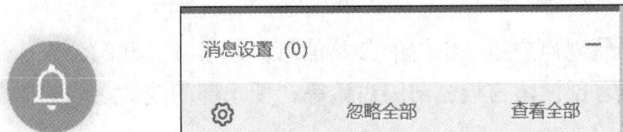

图 8-11　消息盒子

系统预置的空间中，个人空间、领导空间、编外人员空间都属于展示个人信息的空间，可选择的栏目信息和设置与个人空间一致，既可以由单位管理员统一管理，也可以允许前端用户自定义。

领导空间由单位管理员进行开通并授权。单位管理员可以设定是否允许领导空间代替用户的个人空间，允许则授权范围内的人员的个人空间将被领导空间替换，如图 8-12 所示。

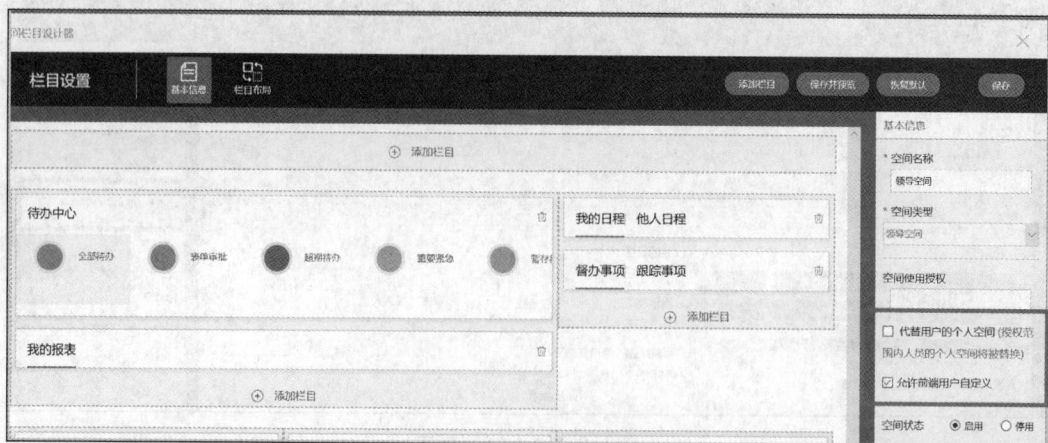

图 8-12　领导空间管理

实操练习

设置行政主管的个人空间：栏目布局选择模板六，图 8-13 所示为行政主管个人空间的栏目内容。

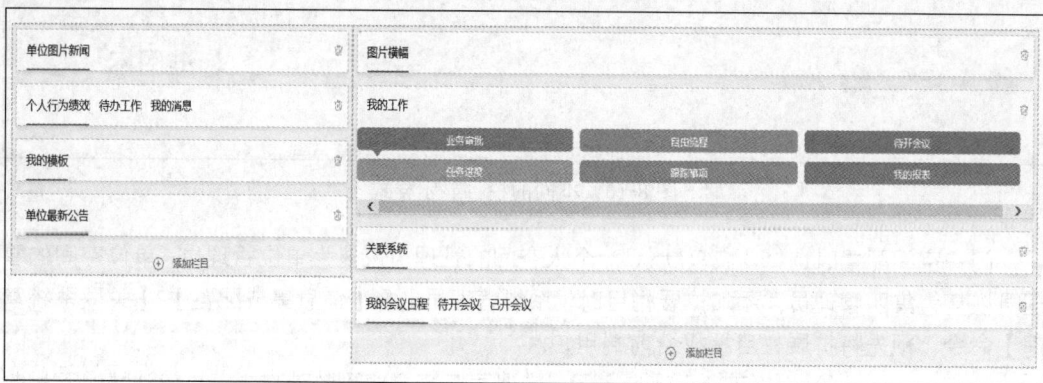

图 8-13　行政主管个人空间的栏目内容

三、部门空间

部门空间用于展现用户所在部门的公共信息，如横幅、部门公告、部门成员、部门学习区、部门知识文档、部门留言板、部门讨论等，便于部门成员之间的信息沟通与管理。

1. 部门空间管理

部门空间需要单位管理员在后台开启后才能使用。单位管理员选择【组织机构设置】|【部门管理】命令，启用部门空间，然后选择【V-Portal 配置平台】|【PC 空间管理】命令，在部门空间进行空间管理授权、空间使用授权、空间状态设置、空间菜单设置、栏目编辑和布局调整，如图 8-14 所示。

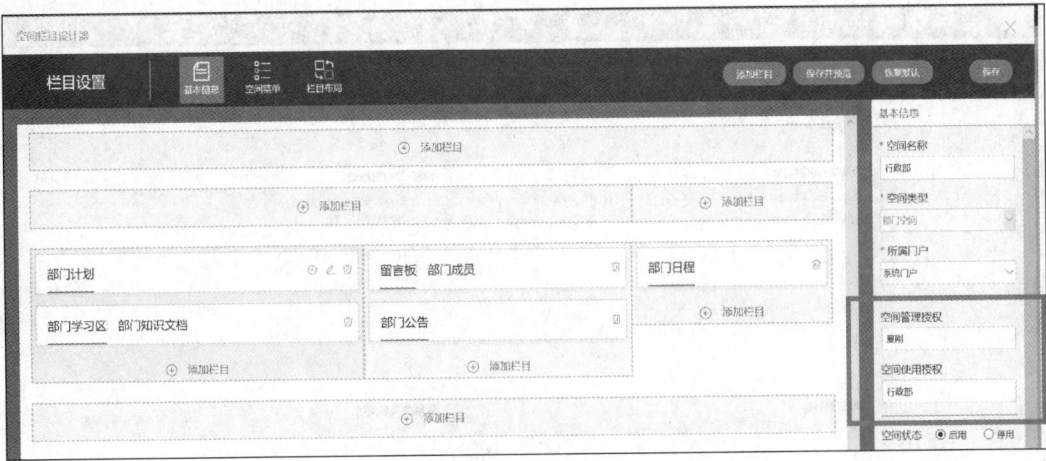

图 8-14　部门空间管理

　　部门主管默认具有部门空间管理员权限，在部门空间设置中可以设置多个空间管理员。若是勾选了"启用空间新闻/公告/讨论/调查"，则空间管理员不仅可以进行空间设置，还能发布和管理部门讨论、公告。

　　部门空间管理员可以在前端进行部门空间管理操作，选择【个人设置】|【门户设计】|【系统空间管理】|【PC 空间管理】命令，即可对部门空间进行管理。

　　部门空间启用后，空间使用者的系统门户导航自动显示部门空间。若是空间管理员，单击部门空间将弹出部门空间管理菜单，选择"空间设置"命令也可以进行空间管理操作，如图 8-15 所示。

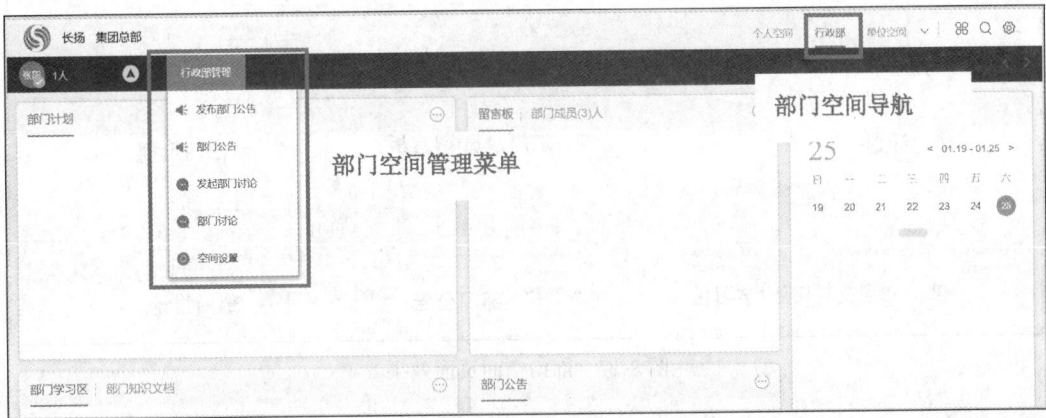

图 8-15　部门空间导航与空间管理菜单

2. 部门空间栏目

　　在部门空间栏目中，部门公告由部门空间管理员发布，对于部门讨论、部门事件、部门计划、留言板等，部门成员都可以发布。

　　"部门知识文档"栏目包括文档和文档夹，"部门学习区"栏目仅包括文档。部门知识文档和部门学习区的内容由部门管理员负责推送，部门管理员对文档有全部、编辑、只读之一的权限，才有权推送。

　　"部门成员"栏目显示部门人员信息。单击具体的人员，出现当前用户与该人员的信息交互页面，如图 8-16 所示。

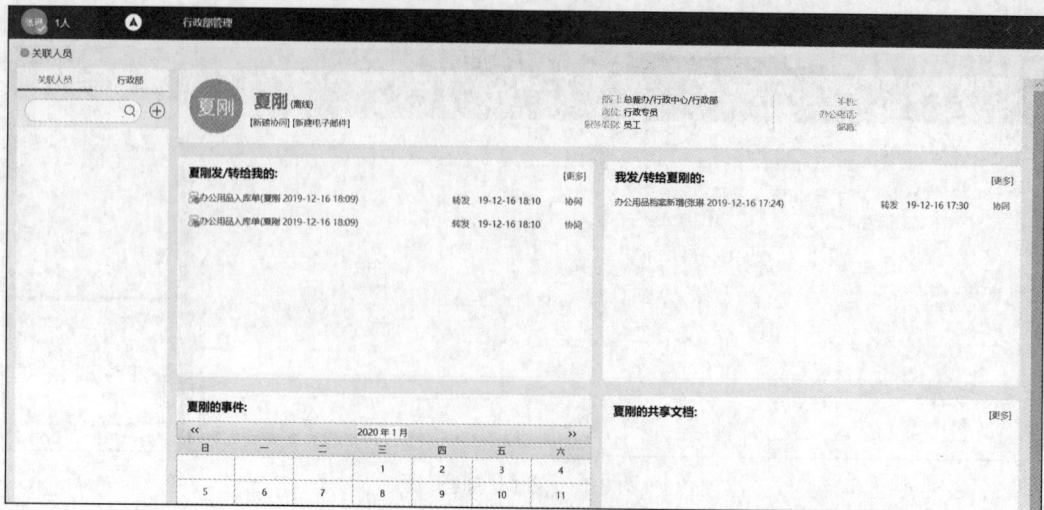

图 8-16　部门成员信息交互

实操练习

设置人力资源部的部门空间，图 8-17 所示为部门空间页面效果。

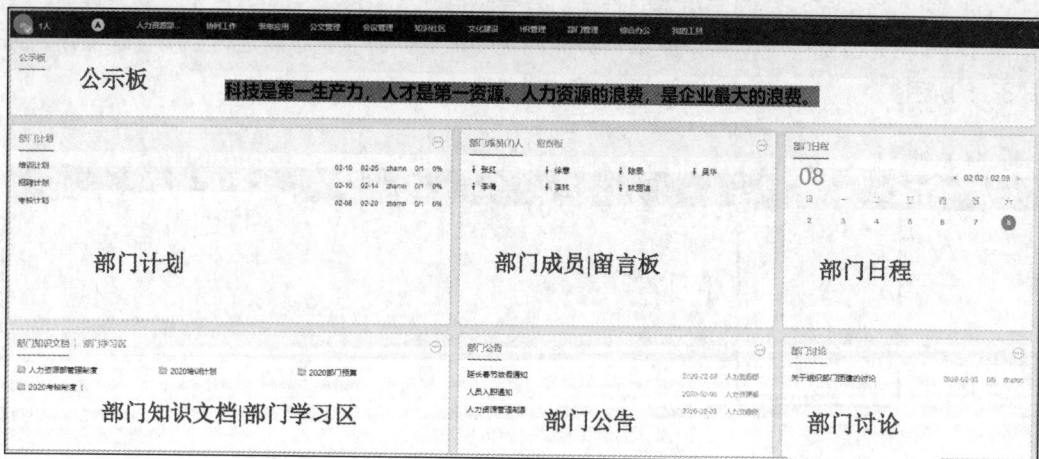

图 8-17　部门空间页面效果

四、单位空间

单位空间用于展现用户所在单位的公共信息，如最新新闻、单位图片新闻、单位最新公告、单位置顶公告、单位最新调查、单位最新讨论、单位文化建设、单位知识文档、单位学习区等，使单位的文化建设得以及时、有效地传播，若用户在同集团下在多个单位兼职，可进行单位空间切换。

单位管理员在后台对单位空间进行管理，选择【V-Portal配置平台】|【PC空间管理】命令，在单位空间进行空间授权与设置。单位管理员默认具有单位空间管理员权限，单位空间管理员可以在前端进行单位空间管理操作，选择【个人设置】|【门户设计】|【系统空间管理】|【PC空间管理】命令，即可对单位空间进行管理。图 8-18 所示为单位空间管理页面。

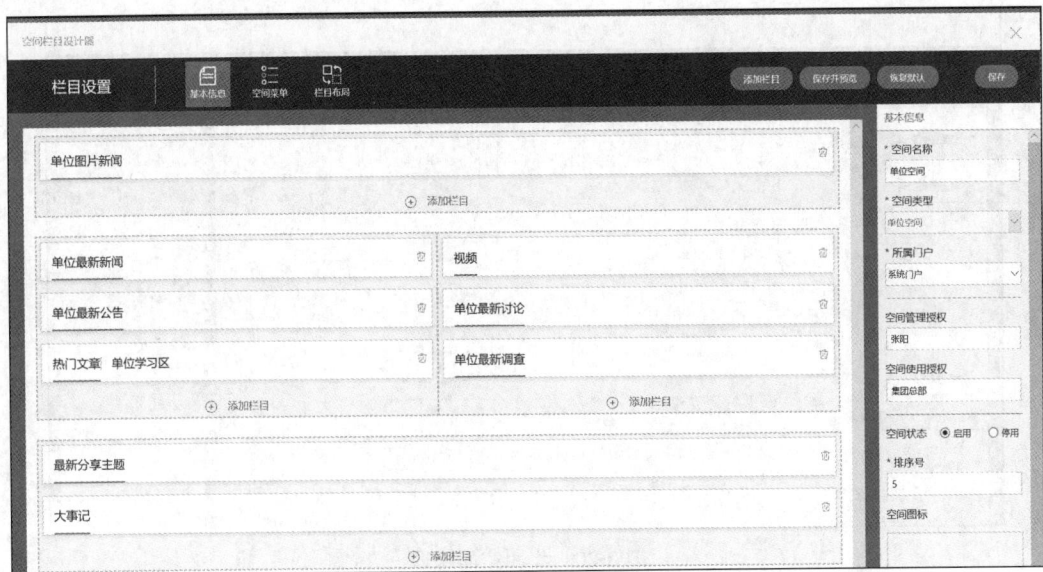

图 8-18 单位空间管理页面

单位空间用户登录后，单击系统门户导航中的"单位空间"页签，进入单位空间。对于单位空间管理员用户，其单位空间会默认显示单位空间管理菜单，选择"空间设置"命令，也可以进行单位空间管理，如图 8-19 所示。

图 8-19 单位空间管理菜单

单位空间栏目中的单位文化建设由单位文化建设管理员管理，单位知识文档与单位学习区由单位文档库管理员管理。

▶▶▶ 五、集团空间

集团空间用于展现整个集团的公共信息，如集团最新新闻、集团图片新闻、集团最新公告、集团置顶公告、集团最新调查、集团最新讨论、集团文化建设、集团知识文档、集团学习区等。使集团上下有一个完全共享的信息空间和交流空间，增加员工的归属感和使命感。

集团空间由集团管理员在后台配置，选择【V-Portal 配置平台】|【PC 空间管理】命令，在集团空间进行设置。集团管理员有修改集团空间名称、启用空间菜单、空间管理和使用授权等权限，如图 8-20 所示。

与单位空间管理类似，集团空间管理员可以在前端进行单位空间管理操作，选择【个人设置】|【门户设计】|【系统空间管理】|【PC 空间管理】命令，或者选择【集团空间】|【集团空间管理】|【空间设置】命令对集团空间进行管理。

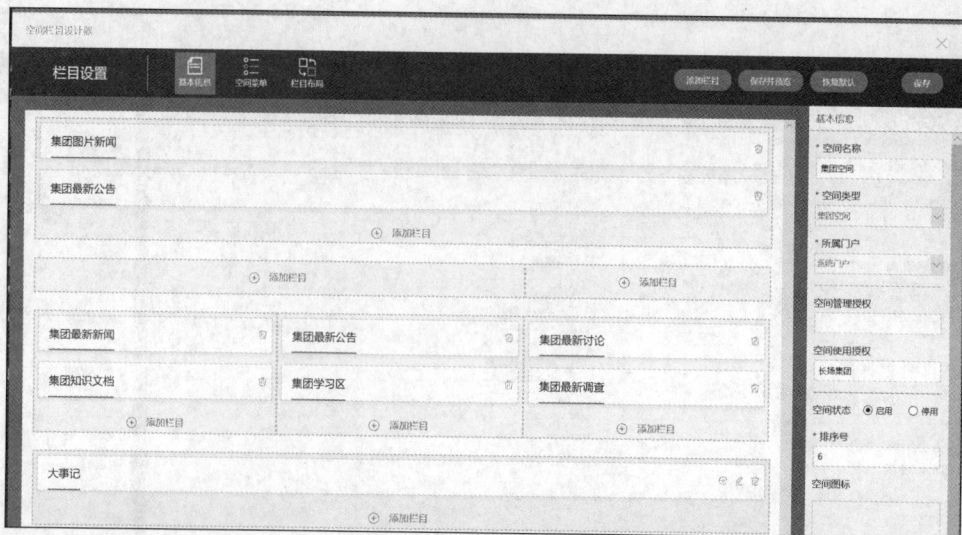

图 8-20　集团空间管理

集团空间栏目中的集团文化建设由集团文化建设管理员管理，集团知识文档与集团学习区由集团文档库管理员管理。

六、自定义空间

自定义空间包含自定义个人空间、自定义团队空间、自定义单位空间、自定义集团空间。自定义空间用于综合展现用户、所在单位或者所在集团自定义的信息。

自定义空间可由单位管理员配置，也可由集团管理员配置，授权的空间管理员可以在前台进行空间配置管理。授权用户显示自定义空间，自定义空间栏目设置的方式和功能与其他系统空间类似，图 8-21 所示为某单位的督查督办平台。

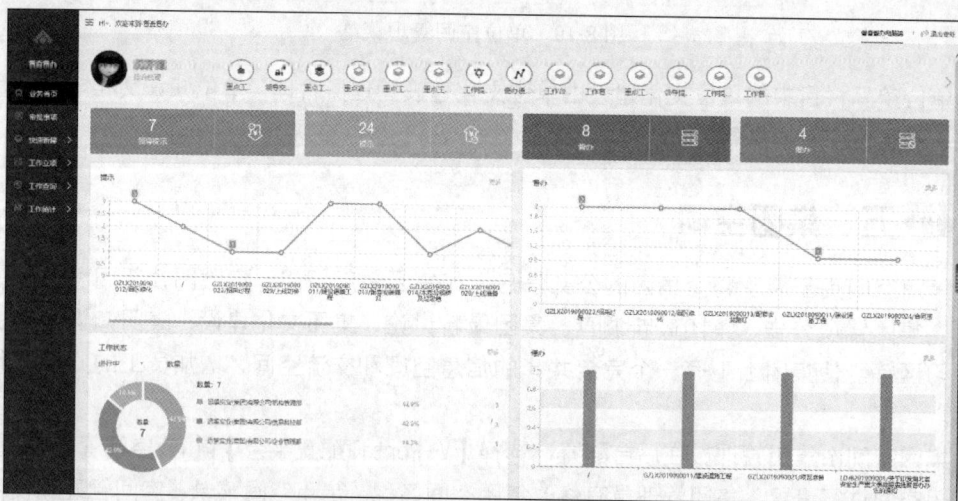

图 8-21　某单位的督查督办平台

七、二级主题空间

二级主题空间包含协同工作主题空间、目标管理主题空间、会议管理主题空间、公文管理主题空间、协同驾驶舱主题空间。二级主题空间用于分类展现主要功能菜单所对应的空间，更直观地展现各个功能模块。图 8-22 所示为协同工作主题空间。

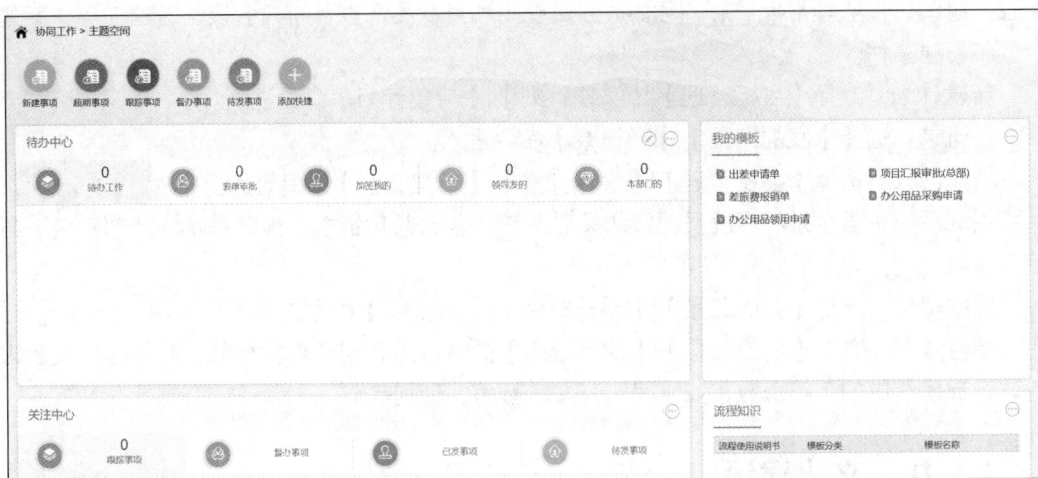

图 8-22　协同工作主题空间

单位管理员可对二级主题空间进行管理，单位管理员登录系统后选择【V-Portal 配置平台】|【PC 空间管理】命令，对整个单位所有用户的主题空间栏目布局进行设置，并设置是否允许用户自定义主题空间。

若单位管理员设定用户可以自定义主题空间，则用户自身可对主题空间进行管理，选择【个人设置】|【门户设计】|【个人空间设置】|【PC 空间设置】命令，选择对应的空间，可以设置空间布局并进行栏目设置。

▶▶▶ 八、我的快捷

我的快捷为用户提供快捷的导航菜单，使用户直接进入日常工作中常用的子菜单。单击门户右上角的设置按钮，选择【首页设置】|【快捷设置】命令，对导航菜单进行自定义，如图 8-23 所示。

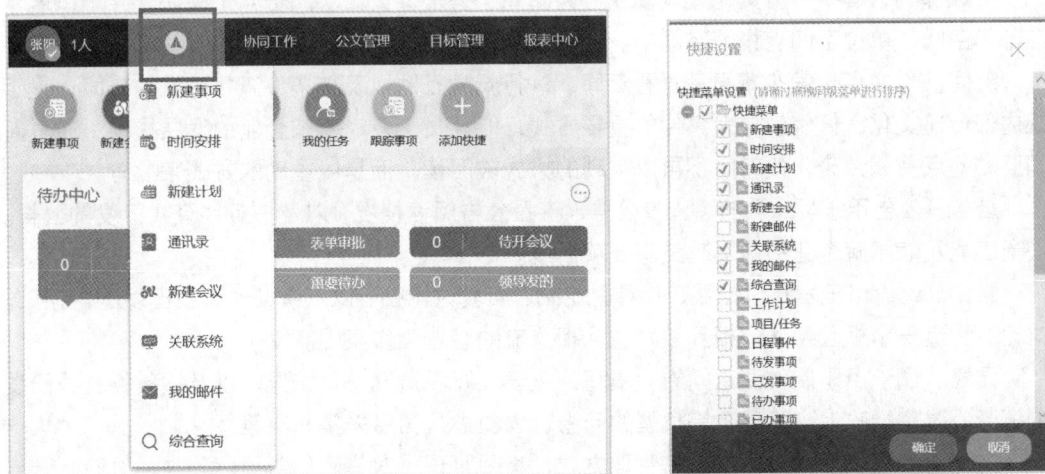

图 8-23　我的快捷

新建事项：选择【协同工作】|【新建事项】命令进入。

时间安排：选择【目标管理】|【时间视图】命令进入，默认显示周视图，显示本周计划、会议、时间、任务等常用信息，可切换到日视图和月视图，也可新建会议、新建任务、新建计划和新建事件。

新建计划：选择【目标管理】|【工作计划】|【新建计划】命令进入。

通讯录：选择【我的工具】|【通讯录】命令进入。

新建会议：选择【会议管理】|【会议安排】|【新建会议】命令进入。

关联系统：显示系统管理员配置的关联系统，包含常用链接、内部系统、外部系统、自定义系统。

我的邮件：选择【我的工具】|【电子邮件】|【收件箱】命令进入。

综合查询：选择【我的工具】|【综合查询】命令进入，用于根据标题、时间段、发起人等，查询系统中的各类资源，如协同、公文、新闻、计划等。

▶▶▶ 九、文化建设

企业文化是指企业在创立和发展的过程中创造的具有该企业特色的精神财富和物质形态。企业文化是企业的灵魂，包含非常丰富的内容，如文化观念、价值观念、企业精神、道德规范、行为准则、企业制度、企业形象、经营哲学等。任何一个企业都有其内在的文化和价值主张，它可以展示企业的形象，指导和约束员工的行为规范，创建和谐、友善的工作环境和交流氛围，丰富员工业余文化生活，传播企业的正能量，有效增强员工的归属感和自豪感，进而增强企业的凝聚力和向心力。

企业文化由 3 个层次构成。

（1）表面层的物质文化，包括企业 Logo、标语口号，厂容厂貌，人员着装，产品造型、产品外观等。

（2）中间层的制度文化，包括领导体制、行为规范以及各项规章制度和纪律等。

（3）核心层的精神文化，包括价值观念、经营哲学、群体意识、员工素质和道德传统等。精神文化是企业文化的核心，被称为企业精神。

致远协同管理平台将文化建设模块分为新闻、公告、讨论、调查 4 个模块，并可以展示在部门空间、单位空间、集团空间中。

新闻。新闻用于发布新闻、查看新闻、进行新闻互动以及按条件查找已发的新闻，是组织内部传递文化、价值观与大事件的重要方式，能让员工及时感知企业的发展状况。通过新闻互动的点赞和评论，使新闻不再以被动的方式被阅读，而是以主动的方式来参与。

公告。公告用于发布公告、查看公告、查看公告阅读情况，以及按条件查找已发的公告。使员工能及时了解企业的最新政策与各项制度。

讨论。讨论用于发布讨论贴、查看讨论贴、回复讨论贴，以及按条件查找已发的讨论贴。讨论可营造一个相互帮助、相互激励、互相交流的企业工作氛围。

调查。调查用于制作调查问卷、填写调查表、查看调查统计结果，以及按条件查找已发的调查。收集行政上、管理上等类型的问卷，以便进行信息采集和决策。

文化建设模块采用分级授权与管理方式，集团管理员对集团的新闻、公告、讨论、调查进行管理授权，单位管理员对单位的新闻、公告、讨论、调查进行管理授权。部门空间管理员具有发布部门公告的权限，本部门和本部门下级部门的所有人员、在本部门兼职的人员，以及部门空间使用范围内的所有人员有发布部门讨论的权限。

图 8-24 所示为单位管理员授权新闻管理员、审核员的页面。

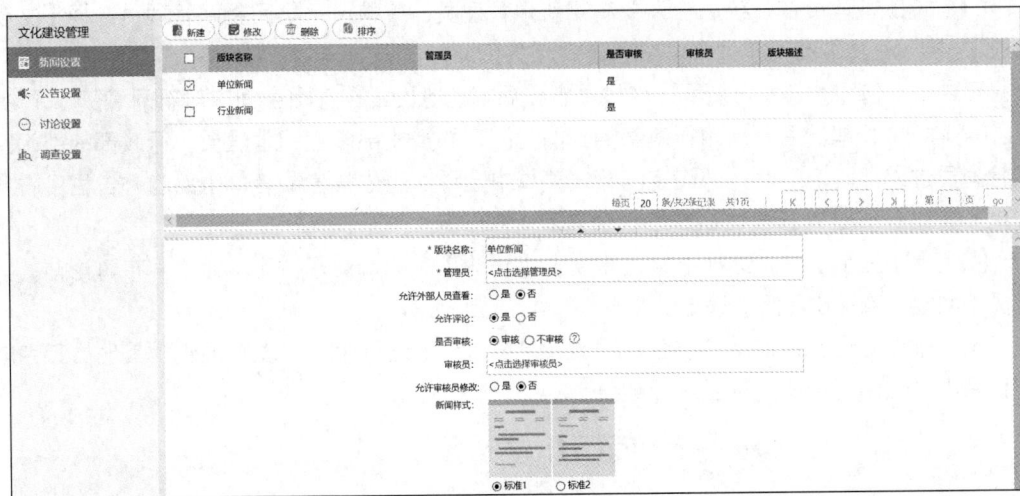

图 8-24　单位管理员授取新闻管理员、审核员的页面

单位新闻管理员选择个人空间的【文化建设】|【新闻】命令，进入新闻页面，如图 8-25 所示。单击所授权板块后面的按钮<kbd>+</kbd>，或者单击人员头像信息区域的"+发布新闻"按钮，可以发布新闻，也可以查看自己评论、收藏的新闻。通过查看自己发起的新闻，可对自己发起的新闻进行修改、删除、再发布的操作。

图 8-25　新闻页面

实操练习

（1）集团发布《继续奋斗，不负韶华——2019 年终总结表彰大会》新闻，员工查看后备受鼓舞，对该新闻进行评论。

（2）行政部发布公告，告知部门所有员工查看新修订的绩效管理制度。

（3）员工发布一个二手手机的交易讨论帖，在物品交易后将讨论结帖。

（4）分公司举办摄影大赛的活动，需要对收集的图片进行投票，选出最受欢迎的前 5 张图片，要求每次限选 5 张。通过调查的统计结果图，可以看出投票数最多的 5 张图，并且还可以通过筛选部门看出不同部门的喜好。

【操作指导】

（1）集团管理员在系统后台设置集团新闻管理员、审核员；集团新闻管理员选择【文化建设】|【新闻】|【集团新闻】命令，进入"集团新闻页面"，或者进入集团空间，在集团新闻栏目中，上传图片，发布新闻；审核员审核后，其他员工在集团空间中对新闻点赞、评论。

（2）单位管理员后台启用行政部的部门空间，并授权部门空间管理员；行政部的部门空间管理员进入部门空间，在部门空间管理菜单中选择部门公告，或者单击部门公告栏目右侧的更多按钮 ⊙，进入公告页面，发布公告。

（3）员工登录系统，选择【文化建设】|【讨论】命令，进入讨论页面，发布讨论帖；其他员工回复，物品交易后，发起人结帖。

（4）单位管理员设置单位调查管理员，单位调查管理员设计并发布调查，其他员工完成调查后，单位调查管理员查看统计结果。

▼ 项目小结 ••••

企业信息门户（EIP）作为企业统一的信息资源管理平台，将各种信息资源进行基于角色的有效组织，为用户提供单点登录、个性化定制、导航、搜索以及信息集成等多种功能，实现企业信息资源的集中访问和个性化应用服务。

致远协同 OA 系统的门户管理为企业构建跨越多个系统的统一信息获取、统一业务处理入口提供支持，并支持企业根据自身的业务特点、管理需求和交互要求，建立自有风格的网站式综合业务门户。致远门户采用"定制门户模板+内容配置"的门户搭建方式，其中门户模板采用预置和定制模式，企业可以直接使用系统预置的模板，企业也可根据自身需要依据门户模板规范开发、定制个性化模板。

图 8-26 所示为本项目的知识（技能）框架。

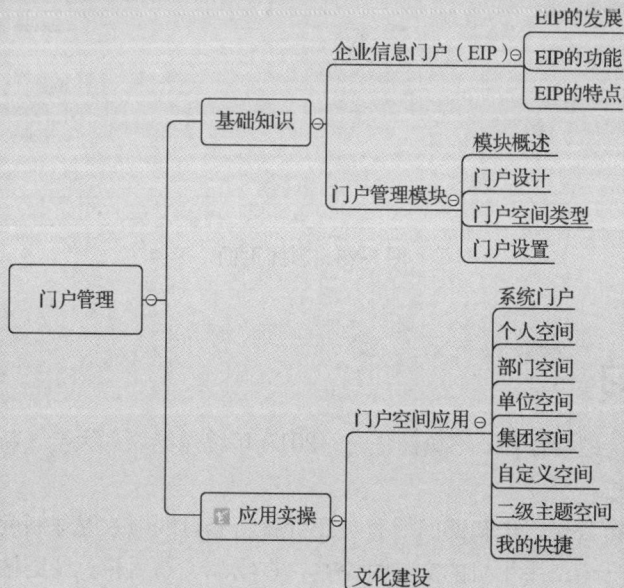

图 8-26　项目八的知识（技能）框架

项目九
OA 系统集成

项目导入

长扬集团基于致远协同 OA 系统整合多个业务信息系统，从统一门户、信息共享、流程互通和应用集成等多方面构建集团信息化建设总框架，消除信息孤岛，实现信息与应用共享、信息系统资源的优化配置。企业的 OA 系统集成包括以下几个方面的内容。

统一门户：统一业务系统风格，集成信息提醒功能，实现系统间单点登录，应用页面按照个人、角色、单位等灵活定制，不同用户可以获取不同的应用门户。

数据整合：整合人事、财务、采购、销售、生产等业务系统基础数据，建立长扬集团主数据管理及数据仓库，并在数据中台基础上搭建数据运营分析平台，实现基于统一平台的数据可视化分析应用。

应用整合：基于统一的综合应用平台，整合业务流转、事项审批、督查督办、会议管理、统一通信、工作动态、绩效考核等应用，整合预算管理、人事管理等其他应用系统，实现协同管理。

项目分析

企业不同部门对管理工具的需求存在层次性，其推广应用很多是从一些局部、简单应用开始，逐渐形成多种管理软件在不同部门并存的局面。各系统之间独立部署、独立运行、独立维护，各自发挥其在各系统领域间的管理效用，引导企业建立标准作业流程，规范员工行为，优化组织结构，夯实了企业管理信息化的基础。

随着企业规模发展壮大，管理纵深拓展，多系统独立并行应用的弊端逐渐显露。

（1）孤岛效应。多个独立系统之间信息不能共享、功能不关联，无法同步更新信息资源、进行系统联动，造成数据孤岛、信息孤岛、应用孤岛。例如，组织架构与人员信息更新时，需在所有相关系统中逐一维护，无法一键更新。

（2）账号繁多。不同系统使用不同的登录地址、登录账号及密码，账号切换及密码记忆烦琐，需要管理多套业务地址与用户登录认证信息。

（3）效率低下。部分客户/服务器架构的系统，流程设置较为简单，权限无法细化，缺少及时的消息提醒与便捷的移动审批；多系统间缺少统一的待办中心，完成日常工作需要在不同业务系统之间切换，造成企业运行效率低下。

（4）成本增加。多系统、多账号登录导致软件许可费用较高，多系统独立部署与运行导致维护成本较高，多系统操作页面和操作方法不同导致学习和使用成本较高。

因此，企业需要对多个应用系统中的数据和流程进行集成处理，实现数据资源的高效整合，消除系统孤岛，实现数据、信息有效联动，满足企业对跨系统、社会化协作的需求。

项目知识点

协同+集成的概念，协同+集成的内容，CIP 的功能。

项目技能点

协同+集成应用案例分析。

【任务 9-1】 OA 系统集成基础

任务导读

（1）什么是协同+集成？

（2）协同+集成包括哪些内容？

（3）致远 CIP 如何支持协同+集成应用？

协同+集成是基于致远协同管理平台的应用集成解决方案。理解致远协同+集成的基本概念、发展和具体内容，业务流程管理的理念，掌握致远 CIP 的功能和技术，是应用致远协同管理平台实现企业应用集成的基础。

任务实施

一、协同+集成概述

协同 OA 系统的应用，是企业管理信息化中的重要一环。协同 OA 系统基于严格的权限控制及细化的流程管控，规范企业各级管理制度落地执行，实现企业无纸化办公，大幅提升个人、组织间的协作效率。OA 系统稳定运行后，企业开始更多地关注协同+集成的应用，即利用协同 OA 系统来构筑企业信息化管理的中前端，即实现"三个统一"。

统一流程。统一流程是指利用协同 OA 系统的工作流程技术、电子表单技术与数据集成对接技术等，实现 BPM 业务流程管控。整合全部信息系统的流程调度，将企业数据实现一端录入、多端共享，完成审批流与业务流的打通，完成系统与系统之间的业务数据连接，打破信息孤岛，实现业务一体化管控。

统一门户。统一门户是指利用协同 OA 系统来实现跨系统的数据事项采集与呈现，不需切换系统即可完成其他系统内的事项处理。

统一报表。统一报表是指利用协同 OA 系统的报表系统或者第三方报表系统，实现企业高管层及业务管理层的跨系统数据整合与呈现，实现业务数据即时查验、移动查询及精准预警报送。

1. 协同+集成应用发展

从协同+集成的应用层面来说，一般分为以下 5 个发展阶段，实现从协同办公到业务协同、集成协同、产业链协同及社会化协同的协同创新突破。

（1）协同办公。协同办公即传统意义上的 OA 系统。协同办公主要包括流程电子化、审批无纸化与移动化，同时匹配常用的通知公告、电子文档、会议管理等。

（2）业务协同。业务协同一般常用于中小型企业，根据实际业务成熟度及信息化需求迫切度，构建人力资源管理、财务管理、项目管理、协同办公管理等单项业务应用系统，实现局部管理信息化。针对此类建设模式，一般建议统一 IT 架构、开发环境、数据存储与基础平台，为集成整合打下基础。

（3）集成协同。集成协同一般常用于中大型企业，其信息化建设已覆盖大部分业务域，在深化业务管理的基础上，构建综合管控模型，疏通企业自下而上的数据通路，推动集成整合，贯通综合管控流程，打造一体化的综合管控平台。例如，在实现合同管理的过程中，同时串联客户管理、付款管理等，实现客户档案录入、客户开发跟进、合同签订、开票收款、财务系统对接的全闭环管理。

（4）产业链协同。产业链协同是目前逐步开始热门的应用层级，通过有效联动产业上下游，提高协作效率，形成产业链协同和企业级大数据，为管理层提供决策支持。例如，供应商、经销商管理是实现组织业务管理对外部业务数据掌握和管控的一环，企业通过对供应商和经销商的线上管控，实现外部管控数据与内部管理数据的对接，实现内外协同全过程透明可控，提升信息对称准确度与效率，降低对称成本，实现降本增效。

（5）社会化协同。社会化协同是满足企业外部数据采集与移动互联应用便捷对接的应用层级，拉近终端客户与企业距离，构建企业服务生态。例如，对接携程商旅、滴滴打车、百度人工智能（Artificial Intelligence，AI）等新兴应用，将移动互联技术与协同管理应用相结合，提升应用体验感和便捷度。

2. 协同+集成内容

从协同+集成的内容层面来说，一般包含单点登录集成、基础数据集成、消息事件集成、业务流程集成、门户页面集成及数据报表集成。

（1）单点登录集成

单点登录（Single Sign On，SSO）是指在多个应用系统中，用户只需要登录一次就可以访问所有相互信任的应用系统。它包括可以将主要的登录映射到其他应用中用于同一个用户的登录的机制。

SSO 的实现机制：当用户第一次访问某个应用系统时，因为还没有登录，会被引导到认证系统中进行登录；根据用户提供的登录信息，认证系统进行身份校验，如果通过校验，应该返回用户一个认证的凭据——ticket；用户再访问别的应用时就会将这个 ticket，作为自己的认证凭据，应用系统接收请求后会把 ticket 送到认证系统进行校验，检查 ticket 的合法性。如果通过校验，用户就可以在不用再次登录的情况下访问其他应用系统。

SSO 实现基于统一账号作为多信息系统的统一入口，无须记忆多套账号与密码，统一业务管理操作，提高工作效率。例如，基于 OA 系统单点登录 ERP 系统、HR 系统、网站系统、邮箱等。

（2）基础数据集成

数据集成主要是指将企业分散的信息系统的业务数据进行再集中、再统一管理的过程，是一个渐进的过程，面对各系统中凌乱、重复、歧义的数据，数据集成的需求日渐迫切：企业需要一个主数据管理系统来统一企业的产品信息、客户信息；企业需要一个数据仓库系统来提高领导层的决策意识，加快市场战略调整行动；企业需要一个数据中心系统来集中交换、分发、调度、管理企业集成数据。

企业统一数据集成架构，主要是指以数据仓库系统为待办提供服务而兴建的数据集成平台，面向企业内部如 ERP、财务、OA 等各业务操作系统，集成企业所有基础明细数据，将数据转换成统一标准，按星形结构存储，面向市场经营分析、客户行为分析等多个特有主题进行商务智能体现。

协同 OA 系统采用企业统一数据集成架构，实现多个系统的基础数据自动统一，如客商档案、物料档案等数据，可以通过一个系统录入，提供给多个系统共享。

（3）消息事件集成

消息是一个报告事件发生的通知，基于消息驱动的应用系统中，业务是围绕消息的产生与处理展开的，并依靠消息循环机制来实现。消息由系统循环检测、捕获并放入消息队列，主动推送给相关人员处理。

协同 OA 系统实现多个系统的消息集中推送、集中接收与集中处理，如任务消息提醒、项目消息提醒、邮件消息提醒等。

（4）业务流程集成

真正的业务流程集成并不是简单对某一部门或某一项工作流程进行管理和维护。从企业全局来看，一个完整的业务流程通常是由多个细粒度的业务流程协同完成的，而这些细粒度的业务流程来自企业内相互独立的已有系统。业务流程集成方案主要是将这些跨异构系统的业务流程串联起来，让整体业务流程从企业全局上形成闭环。

协同 OA 系统通过构建日常行政工作流程管理的 OA 协同，在现有业务系统集成的基础上扩展开发一些流程组件，来满足流程管理集成的需要。实现与第三方系统的业务流程集成，主要用于外部系统的数据变化触发 OA 系统，如集成第三方系统的待办事项到 OA 系统，OA 系统处理完成后返回审批结果至第三方系统，打破信息孤岛，实现异构系统之间业务的连接和统一。

（5）门户页面集成

门户是一种 Web 应用，通常用来提供个性化应用服务、单点登录，聚集各个信息源的内容，并作为信息系统表现层的宿主，将企业的所有应用和数据集成到一个信息管理平台上。

协同 OA 系统，以系统导航形式或菜单、栏目形式，整合多个系统的信息呈现。其功能主要体现在：提供统一工作页面；集成流程代办、邮件处理、会议事项等；集成多业务应用系统及报表信息；实现单点登录；统一信息发布，新闻、通知、公告等内容审核后自动上传及显示在门户上。

（6）数据报表集成

数据展示业务信息，为业务决策提供依据；业务产生数据，最终以数据报表的方式呈现。商业智能的关键是从许多来自不同企业运作系统的数据中提取有用的数据并进行清理，以保证数据的正确性，然后经过抽取（Extract）、转换（Transform）和装载（Loading），即 ETL过程，合并到一个企业级的数据仓库里，从而得到企业数据的全局视图，在此基础上利用合适的查询和分析工具、数据挖掘工具（大数据魔镜）、联机分析处理工具等对其进行分析和处理，然后呈现给管理者，为管理者的决策过程提供支持。

协同 OA 系统支持第三方数据抽取，可以实现跨系统的数据抽取与分析，通过构建业务数据分析模型，进行实时数据分析，并以丰富的图表形式呈现给用户。

3. 协同+集成带来的变革

（1）业务数据重构

协同+集成应用实现了基于管理维度的业务数据重构，整合多系统业务数据，形成数据仓库，供多端调用。数据仓库面向主题建立，这决定了数据仓库区别于普通的业务数据库，拥有高效的数据组织形式、完整的数据体系、清晰的数据分类及分层机制。所有数据在进入数据仓库之前都经过清洗和过滤，基于优化查询的组织形式，使原始数据不再杂乱无章。

数据仓库的构建将大大缩短获取信息的时间。数据仓库作为数据的集合，包括日志信息、数据库数据、文本数据、外部数据等都可以集成在数据仓库中。数据仓库的最大优势在于一旦底层从各类数据源到数据仓库的 ETL 流程构建成型，那么来自各方面的信息将通过自动任务调度的形式流入数据仓库，使数据获取的效率迅速提升。从应用来看，使用数据仓库可以大大提高数据的查询效率，尤其对海量数据的关联查询和复杂查询，数据仓库有利于实现复杂的统计需求，提高数据统计的效率。

数据仓库的数据来源于不同的源数据，并提供多样主题的数据应用，数据自上而下流入数据仓库后向上层开放应用，而数据仓库只是中间集成化数据管理的一个平台，如图 9-1 所示。

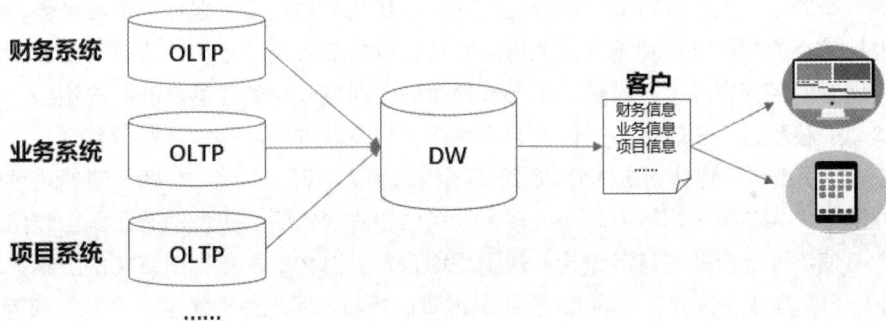

图 9-1　业务数据重构示意

💡 小贴士

数据仓库（Data Warehouse，DW）

数据仓库概念创始人比尔·恩门在《建立数据仓库》一书中对数据仓库的定义是：数据仓库是面向主题的、集成的、相对稳定的、随时间不断变化（不同时间）的数据集合，用以支持经营管理中的决策制订过程。数据仓库中的数据面向主题，与传统数据库应用不同的是，数据仓库更像一种过程，是对分布在企业内部各处的业务数据的整合、加工和分析的过程，而不是一种可以购买的产品。

① 主题导向

主题是一个在较高层次上将数据归类的标准，每一个主题对应一个宏观的分析领域。有别于一般联机事务处理系统，数据仓库将资料进行模型设计，着重将资料按其意义归类至相同的主题区，因此称为主题导向，如顾客、产品、销售订单、库存、科目等即为主题组件。

② 集成性

数据仓库中的数据是从原有分散的数据库中抽取出来的，由于数据仓库的每一主题所对应的源数据在原有分散的数据库中可能有重复或不一致的地方，加上综合数据不能从原有数据库中直接得到，因此数据在进入数据仓库之前必须经过数据加工和集成。这是建立数据仓库的关键步骤，首先要统一原始数据中的矛盾之处，其次要将原始数据结构由面向应用转变为面向主题。

③ 稳定性

数据仓库的稳定性是指数据仓库反映的是历史数据，而不是日常事务处理产生的数据，数据经加工和集成进入数据仓库后是极少或根本不修改的。数据仓库中数据的不可更新性是针对应用来说的，即用户进行分析处理时载入与访问，不进行数据更新操作。

④ 随时间不断变化

从数据集成入库到最终被删除的整个数据生成周期中，数据仓库中的数据随时间不断变化。数据仓库是不同时间的数据集合，数据仓库的目的是构建面向分析的集成化数据环境，为企业提供决策支持。

（2）管理流程重构

业务流程管理（BPM）是以业务流程为管理对象，利用先进的管理手段、信息技术以及新技术对现有的业务流程进行测试、验证、研究、优化和再设计，以提高流程绩效，最大限度地实现技术上的功能集成和管理上的职能集成，以打破传统的组织结构，建立新型的组织结构，实现企业经营在成本、质量、服务和速度等方面突破性的改善。BPM 与组织、权限、业务、集成、移动、门户等融为一体，为企业提供更完整的制度落地及运营管理。

BPM 与组织结构一体化：协同 OA 系统基于组织中人、部门、岗位、角色进行流程流转及分支条件匹配，并支持兼职兼岗、一人多岗、多维矩阵式组织、小型动态团队工作组等多种组织形态，使流程运行规则与组织管理规则相结合，可以构建基于组织结构的流程体系。

BPM 与 ERP 集成一体化：协同 OA 系统通过集成接口，实现待办集成、消息集成等，支持双向流程集成，包括 NC、SAP 等主流 ERP 软件，涉及供应链、财务、人力、房产建筑等多种业务流程场景，让协同成为信息化的审批中心，领导在协同中处理全部审批事项。

BPM 与表单业务一体化：协同 OA 系统将 BPM 与 CAP 表单业务无缝融合，提供基于表单业务规则的条件流转、流程节点、流程仿真等，适应各种业务、管理办事机制和场景。

BPM 与门户一体化：协同 OA 系统中的流程待办、已办、关注事项、流程报表结果、流程消息、流程效率结果等，均可以多种形式在门户中呈现，并支持不同的角色（管理者、普通员工）根据权限查看不同的内容。

BPM 与移动一体化：协同 OA 系统引入移动化、智能化技术，支持全部审批事项在移动端进行审批；让管理者和员工随时随地进行流程协作，提升流程审批效率；同时引入 AI 技术，进行流程流转预测、流程智能消息提醒、流程波动分析等。

协同+集成应用将协同 OA 系统打造为统一的业务流程处理及待办中心，执行业务流程重组，不断简化复杂的流程运行，消除各业务流程中的非增值步骤，提高流程执行效率。图9-2所示为业务流程重组（BPR）给企业组织架构和管理模式带来的变化。

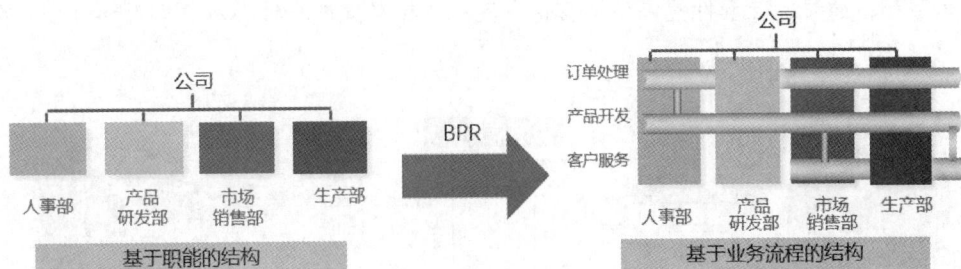

图9-2 业务流程重组示意

》》》二、CIP

随着企业信息统一、业务统一需求的逐渐增加，致远协同 OA 系统对集成的支持也从基于 CTP 的独立插件开发，发展到提供集成平台支持，即 CIP。CIP 以综合性、场景化、通用化、配置化为特征，提供各种级别的系统集成要求。

CIP 以通用集成基础服务和整体业务应用组件为核心，为所有集成相关资源和标准插件提供统一的管理和监控平台。在底层提供广泛的内外接口/事件支持，减少异构系统的技术和业务复杂度影响，降低集成门槛和实施成本；在应用层封装包含完整功能的通用应用服务，支持多系统接入。图9-3 所示为 CIP 的架构。

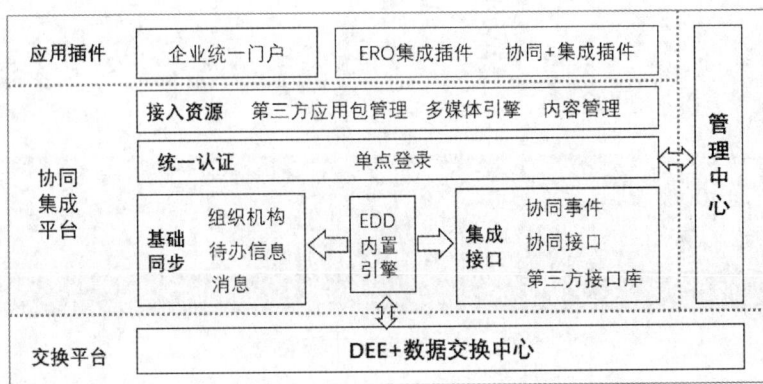

图9-3 CIP 的架构

CIP 不仅提供应用接入、主数据同步、业务数据实时集成、流程集成、功能集成和门户集成等典型集成应用的快速创建，同时也保留了广泛的客户化扩展空间，消除了企业系统信息孤岛，降低了集成风险与开发难度，缩短了集成交付周期，提高了业务过程管理与结果数据管理的效率。

CIP 的特性：提供平台接口、集成开发工具和标准集成插件，支持主数据同步、业务数据集成、流程集成、门户集成、协同+应用集成、企业统一信息门户等多种集成模式；提供内外开放接口库、组织机构同步、消息/待办集成、单点登录、企业统一信息门户、数据交换等集成服务支持；提供大量第三方标准集成插件，包括 NC 集成插件、EAS 集成插件、SAP 集成插件、视频会议集成插件、携程商旅集成插件等。

CIP 的集成模式：通过标准的 Web 服务接口进行无侵入的集成开发；通过本地软件开发工具包提供开发规范、应用程序接口以及配置工具，进行页面、数据和流程的紧密集成和应用定制；通过标准套件提供与主流企业应用的标准集成套件。图 9-4 所示为 CIP 的集成模式。

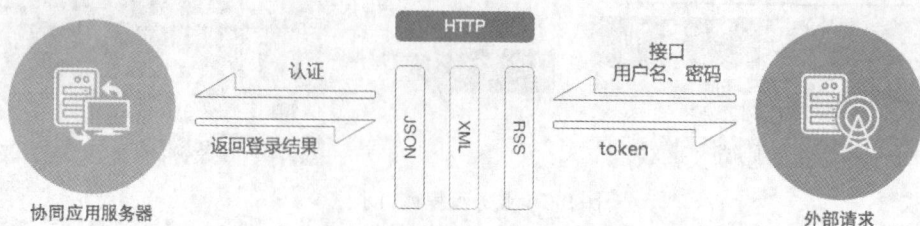

图 9-4　CIP 的集成模式

小贴士

致远 OA 平台底层

致远基于多年协同的经验，以及数万家客户的积累，结合国内政府、企业客户实施经验，提炼出致远协同平台（Seeyon Collaboration Platform，SCP）总体架构设计，分为 5 个设计平台，如图 9-5 所示。

图 9-5　致远 OA 平台底层

CTP：技术平台，包含基础框架、规范、组件和引擎等基础工具。

CAP：应用平台，通过构建方式，可形成企业业务管理、应用模块。

CMP：移动平台，联通各平台到移动端。

CIP：集成平台，通过配置，与异构系统连接。

CDP：数据平台，通过数据规则，采集行为数据、过程数据，形成企业数据仓库。

小贴士

DEE（数据交换引擎）

数据交换引擎（Data Exchange Engine，DEE）是致远协同 OA 系统与异构系统（第三方系统）进行数据交换的协同应用中间件，是敏捷的集成开发工具，可快速搭建灵活的集成场景，降低点对点的集成成本，加速协同系统与业务数据交互，从而满足重要系统之间无缝共享和交换数据的需要，提高业务的灵活性。

DEE 是致远协同 OA 系统与异构系统（第三方系统）进行集成的唯一合法入口，同时也是致远协同 OA 系统与异构系统（第三方系统）进行数据交换的可视化配置工具。DEE 提供多种可视化适配器和接口，降低了开发难度，提高了用户开发效率，可以快速、灵活地搭建集成场景。DEE 设计调试后，支持以资源包的形式导入正式系统的运行态，降低开发成本。图 9-6 所示为 DEE 平台中数据交换的关系。

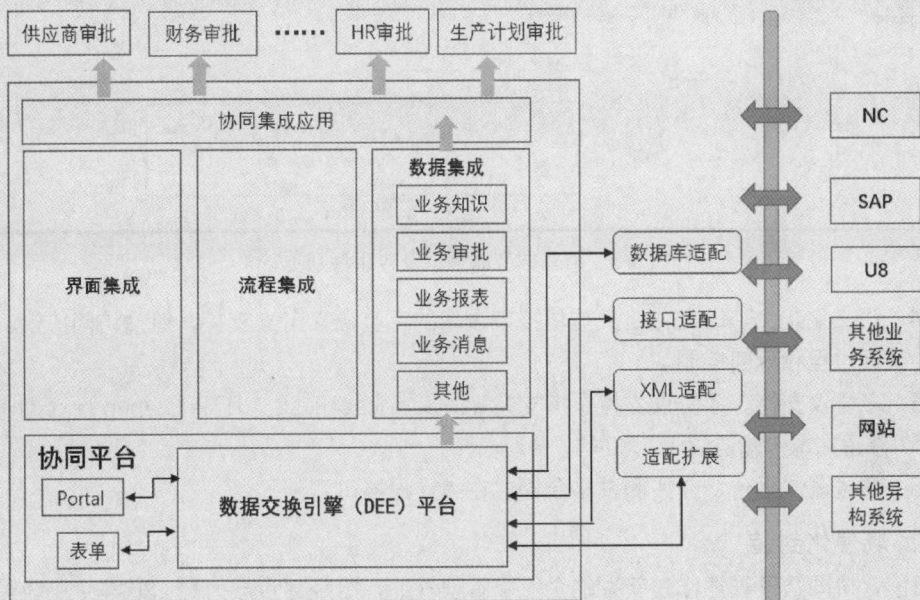

图 9-6　DEE 平台中数据交换的关系

1. 资源化管理

CIP 提供标准 Web 服务接口，完成产品功能的个性化定制、扩展、调用、新增等，实现与异构系统进行人员、页面、数据和流程集成等功能。

CIP 将所有与集成相关的应用系统、内外接口、事件和 DEE 任务，均视为集成资源，这些资源包含所有集成开发所必需的信息，如第三方应用的连接参数、业务接口及调用规范、事件触发及相关业务数据等。所有资源按照 CIP 提供的标准规范，注册到 CIP 中，构成协同 OA 系统应用开发的基础组件，统一为运维管理提供基础支撑。

其中，第三方产品可以资源形式，注册到 OA 系统的 CIP 集成平台，进行统一管理。图 9-7 所示为第三方产品登记及应用注册方式。

资源库作为 CIP 的基础服务，具有以下特征。

（1）第三方应用接口补丁包管理。第三方应用接口补丁包管理可管理第三方应用的增强包部署，从而实现集成的内外完整资源管理。

（2）预置与共建。平台预置了多种协议的业务接口，直接支持基于该类接口的集成实施，同时允许用户自定义添加新的第三方应用接口，并支持这类接口发布与分享。

（3）信息完整。接口的描述不仅包含调用规范，还要求详细说明业务、环境和技术约束，确保接口的正确、可靠使用。

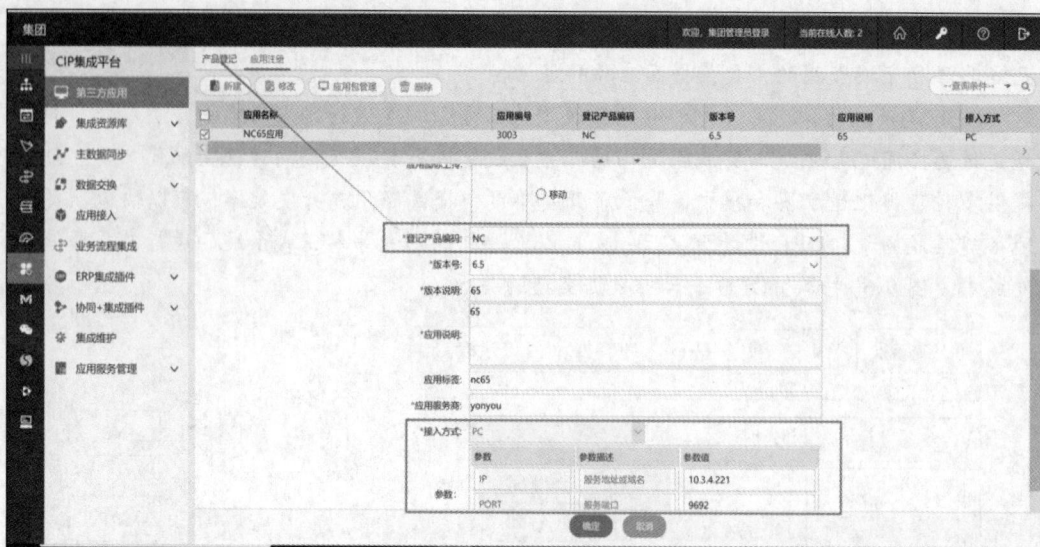

图 9-7　第三方产品登记及应用注册方式

（4）语义化定义。语义化定义提供接口调用的完整语义定义支持，包括访问协议、接口参数、认证过程和返回控制。

（5）多协议支持。多协议支持是指支持 Web Service、Rest、HTTP（Hyper Text Transfer Protocol，超文本传输协议）、JCO 等。

（6）在线测试平台。在线测试平台提供在线远程接口测试平台。

2．场景化封装

目前，协同管理软件作为新兴的企业级管理软件，已经逐步成为继 ERP 等企业级管理软件之后重要的企业级管理软件之一，是企事业单位及政府机构实现信息化运营管理的重要手段。随着新一代信息技术的发展和企业数字化转型升级速度的加快，协同管理软件开始向平台化、移动化、云化、智能化等方向发展，成为企业、政府统一的工作入口和运营平台，如图 9-8 所示。

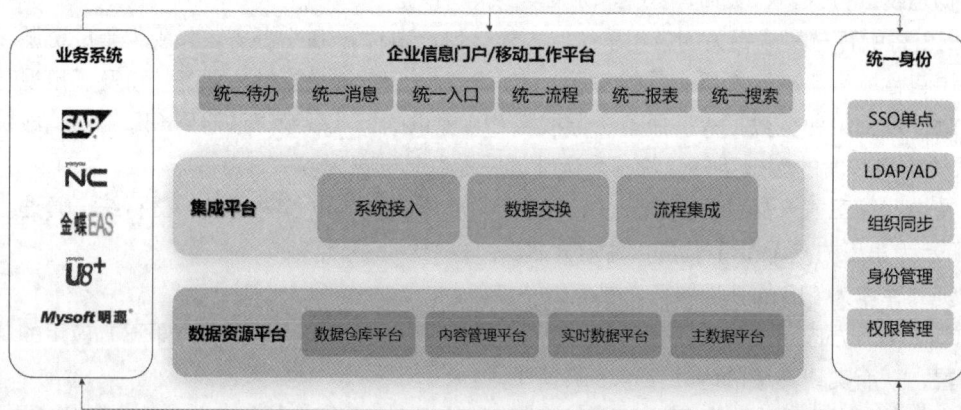

图 9-8　CIP——协同工作入口和运营平台

致远协同 OA 系统基于 CIP，整合分析大量用户的实际应用需求与功能，从企业应用核心需求出发，提供大量第三方标准集成插件，包括 SAP 集成插件、NC 集成插件、EAS

集成插件、U8 集成插件、视频会议集成插件、携程商旅集成插件等。致远 OA 协同系统场景化集成插件的封装，较大程度地实现了全域、全场景的协同办公，提升了组织运营与管理效能。

（1）SAP 集成插件

SAP 是全球企业管理软件与解决方案的技术领袖，同时也是 ERP 市场领导者。30 余年来，通过其应用软件、服务与支持，SAP 持续不断向全球各行业、企业提供全面的企业级管理软件解决方案。随着 SAP 在中国用户的激增，协同与 SAP 系统的集成需求快速增长。图 9-9 所示为致远协同 OA 系统与 SAP 集成应用的场景。

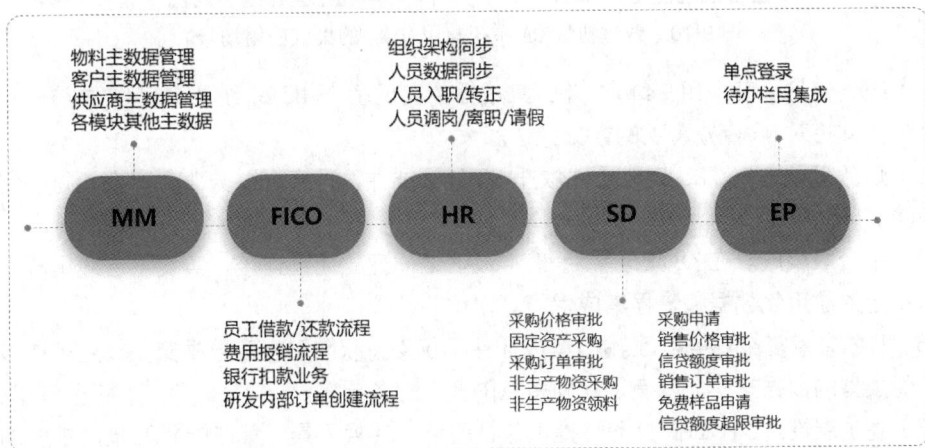

物料主数据管理　组织架构同步　单点登录
客户主数据管理　人员数据同步　待办栏目集成
供应商主数据管理　人员入职/转正
各模块其他主数据　人员调岗/离职/请假

MM　**FICO**　**HR**　**SD**　**EP**

员工借款/还款流程　采购价格审批　采购申请
费用报销流程　固定资产采购　销售价格审批
银行扣款业务　采购订单审批　信贷额度审批
研发内部订单创建流程　非生产物资采购　销售订单审批
　非生产物资领料　免费样品申请
　　信贷额度超限审批

图 9-9　致远协同 OA 系统与 SAP 集成应用的场景

基础数据集成。基础数据集成实现致远协同 OA 系统和 SAP 的组织架构和人员数据的一致性，避免人工操作带来的工作量和失误，提高办公效率。基础数据支持集团到集团、公司到公司、公司到部门的绑定策略，支持集团直属人员、直属公司、公司直属人员等组织模式，支持手动同步、定时自动同步、全量同步、增量同步多种方式，支持部门、岗位、职级、人员单独的同步和日志查询等操作。

财务凭证集成插件。财务凭证集成插件实现协同财务表单自动生成 SAP 总账凭证，实现财务业务审批和财务记账的无缝衔接，节省企业财务人力成本。

业务审批集成。业务审批集成实现致远协同 OA 系统和 SAP 业务审批的集成，统一业务审批方式与入口，实现业务流、信息流与审批流的一体化执行，并同步支持在线移动审批。

（2）NC 集成插件

用友是国内领先的 ERP 供应商，致远协同 OA 系统提供用友 NC 系列的集成插件，实现从基础主数据、信息、门户、业务流程的全面无缝集成，满足用户跨系统业务实现、决策支持、知识挖掘、商业智能等一体化服务的需求，打造企业统一的办公办事平台。致远协同 OA 系统与用友 NC 的集成应用场景如图 9-10 所示。

NC 集成插件以协同的应用集成平台为核心，连接 NC UAP（Unified Application Platform）平台，实现底层业务集成，具有稳定、通用和高扩展性的特点，具体实现以下功能。

（1）统一组织结构。NC 集成插件提供自动定时同步和手工同步两种方式，实现从 NC 到 V5 的组织结构同步，包括部门、人员、岗位、职务，既满足组织静态信息的同步，也支持组织动态信息变更的同步。

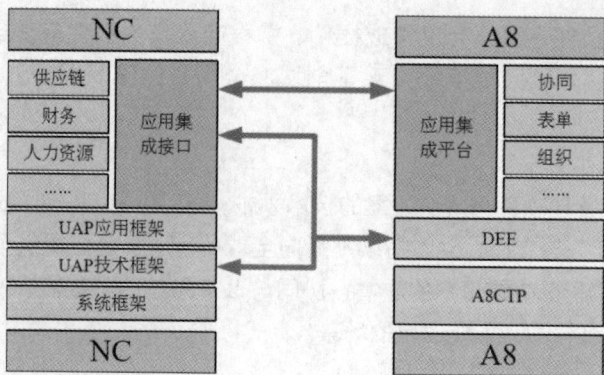

图 9-10 致远协同 OA 系统与用友 NC 的集成应用场景

（2）统一信息。基于用户绑定，NC 集成插件实现多个 NC 系统的消息/待办统一集成到协同平台，支持对 NC 待办事项的数据穿透。

（3）财务审批统一。NC 集成插件依托 NC 凭证插件，可实现财务业务审批和财务记账的无缝连接。

（4）平台级集成。在 A8 集成平台和 NC UAP 之间建立无缝连接，实现平台级集成，构建稳定、安全的通用化数据和流程集成保障。

（5）双向多点复杂业务交互。NC 集成插件不仅支持权限触发类数据交换，还可在多节点实现不同类型的数据交换，以满足双向多点的复杂业务要求。

（6）高扩展性。CIP 面向业务，提供包括验证、转换工具、集成配置等集成扩展功能，为增加集成业务范围和客户个性化业务需求提供高效、便捷的工具。

3. 全面运行监控

CIP 集成平台支持 NC 插件部署、EAS 基础插件部署、SAP 同步插件部署、携程商旅插件部署、视频会议插件部署及电话会议插件部署等，为所有标准集成插件提供统一的部署检测，并指导纠错方式，如图 9-11 所示。

图 9-11 插件部署检测

CIP 集成平台为所有自建集成应用提供全面检测，对内外交换发生的异常执行快照，支持重发，如图 9-12 所示。

图 9-12 集成维护页面

【任务 9-2】 OA 系统集成应用

任务导读

（1）单点登录集成应用。
（2）基础数据集成应用。
（3）消息事件集成应用。
（4）业务流程集成应用。
（5）门户页面集成应用。
（6）数据报表集成应用。

任务实施

一、单点登录集成

随着信息化建设的不断深入，用户为获取所需的服务和信息，需分别登录各业务系统。一方面，从用户角度来看，由于用户需要登录较多的业务系统，出错的可能性也随之增加，受到非法截获和破坏的可能性也同时增大，安全性相应降低；另一方面，从系统运维的角度来看，由于多系统、多账号、多规则的存在，系统管理员往往要花费大量的时间完成用户账号及密码维护的工作。

基于上述矛盾问题，企业对信息系统集成建设提出一个基本要求：网络用户可以实现基于最初访问网络的一次性身份验证，对所有被授权的网络资源进行无缝的访问，从而提高网络用户的工作效率，降低网络操作的费用，同时提高网络的安全性。这里所说的"一次性身份验证"即单点登录集成（SSO）。

SSO 的使用打破以往"多套应用，多套安全策略"的复杂局面，将网站内所有应用中的用户登录和用户信息管理集中起来，统一管理，相较于传统的登录模式有以下优点。

（1）管理成本减少。单点登录代替每套应用系统的登录，使用户只需记住一个登录凭证即可；同时，系统管理员也不必再对同一用户的多个账户名称及密码信息进行管理和维护。

（2）系统的可用性增强。用户通过单点登录进入系统，所见到的即是自己有权访问的所有资源目录，不需要为获取不同种类的信息和服务在多个业务系统中切换，同时也减少了用户登录出错的可能性。

（3）系统的安全性增强。由于单点登录使用的是一整套 PKI/CA（Public Key Infrastructure/ Certification Authority，公钥基础设施/证书）认证机制，因此其安全性比使用数据库认证要高；另外，系统管理员可以通过直接禁止和删除用户来取消该用户对所有系统资源的访问权限。基于以上两点，系统的整体安全性有显著的增强。

因致远协同 OA 系统应用的广泛性及独特性，企业大多选择以 OA 系统作为主入口及应用页面，以关联系统链接进入的方式，或者以页签页面集成进入的方式，实现单点登录至其他业务子系统，查阅并处理业务系统相关信息。图 9-13 所示为 OA 系统与 ERP 系统的单点登录页面。

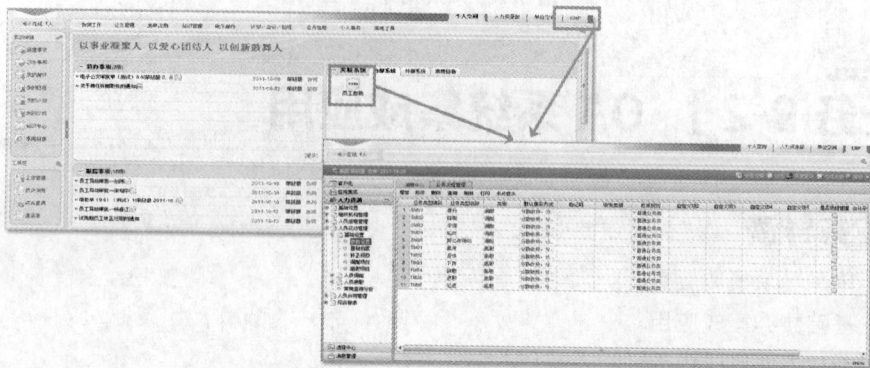

图 9-13　OA 系统与 ERP 系统的单点登录页面

▶▶▶ 二、基础数据集成

基础数据集成，即整合利用多系统的基础数据，形成数据仓库，供多端访问及调用。数据仓库面向各主题，如客商档案、物料档案、科目档案、部门档案、人员档案等，数据仓库的建立，避免手工录入系统发生的数据差错，保证基础数据的唯一性与准确性，实现了信息共享，资源得到充分利用，相关业务系统可随时调用最新的基础数据进行业务管理及流程审批等。

例如，基于已建立的供应商档案主数据，用户在 OA 端发起采购订单时，可关联获取 ERP 端的供应商档案，且关联档案时支持模糊查询，如图 9-14 所示。

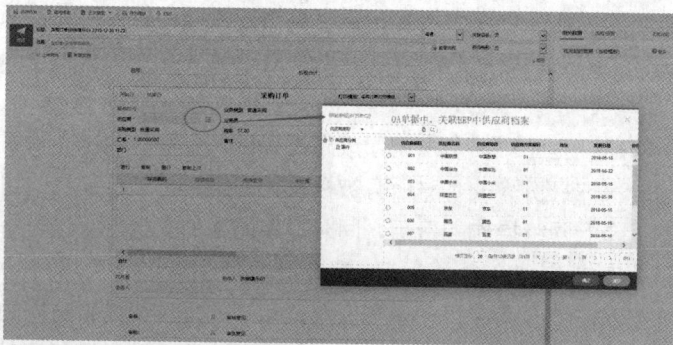

图 9-14　供应商档案基础数据集成

例如，基于已建立的存货档案主数据，用户在 OA 端发起供应链业务审批单时，可关联获取 ERP 端存货档案，且关联档案时支持模糊查询，如图 9-15 所示。

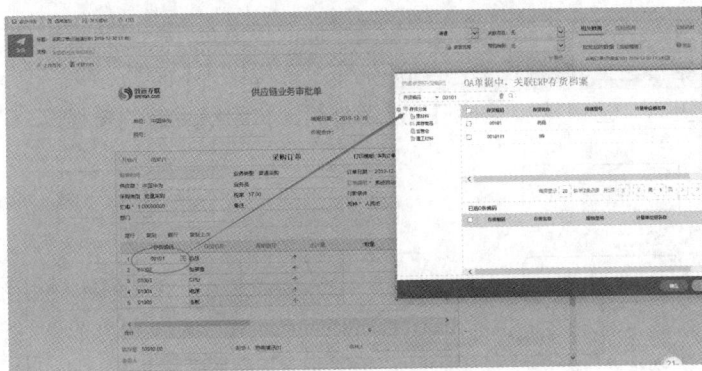

图 9-15　存货档案基础数据集成

▶▶▶ 三、消息事件集成

消息事件集成即与相关第三方系统实现统一的消息管理，消息提醒集中显示。例如，第三方系统传递至 OA 端审批，同步消息提示，如图 9-16 所示。

图 9-16　ERP 端消息推送至 OA 端

例如，OA 端单据审核完成后，同步推送消息至第三方系统，如图 9-17 所示。

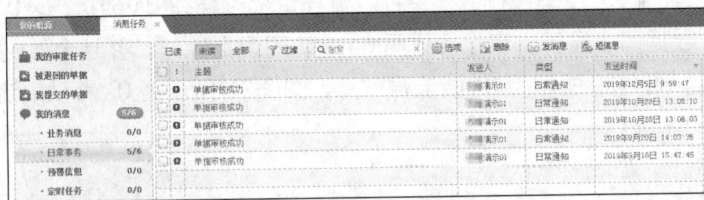

图 9-17　OA 端消息推送至 ERP 端

消息事件集成有利于实现主动提醒、事件跟踪、统筹全部系统消息，形成统一的工作桌面、事务一站处理，提高办事效率。

▶▶▶ 四、业务流程集成

业务流程集成即利用协同 OA 系统的工作流程技术、电子表单技术与数据集成对接技术等，以统一的可视化配置方式实现与其他第三方系统的流程对接，细化流程审批权限，支持在线审批与移动审批，完成审批流与业务流的打通，打破信息孤岛，实现业务一体化管控。

业务流程集成的第 1 步是明确流程发起端，系统支持任一端发起的流程集成。

如果在第三方发起流程审批，流程发起后可协同传递至 OA 端执行审批流程，同步将第三方表单中的数据传递至 OA 端表单；当 OA 端审批流程结束，审批结果将自动返回第三方系统，单据状态变更为"已审核"，图 9-18 所示为第三方系统发起的流程。

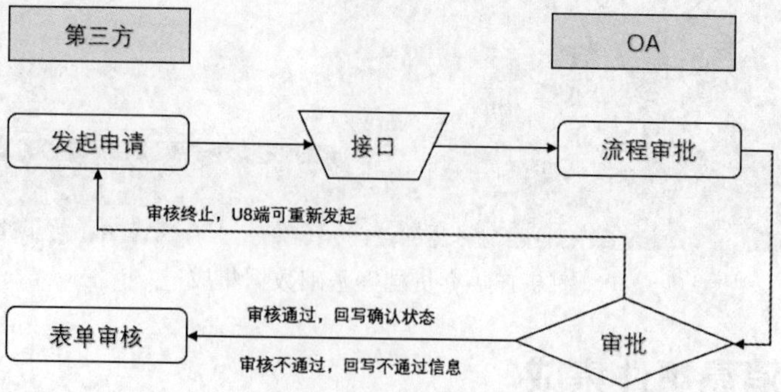

图 9-18　第三方系统发起的流程

如果在 OA 端发起流程审批，需在 OA 端调用第三方系统基础数据后发起申请流程并执行审批流程；OA 端审批流程执行结束后，直接在第三方系统中生成相关单据，且单据状态为"已审核"，图 9-19 所示为 OA 端发起的流程。

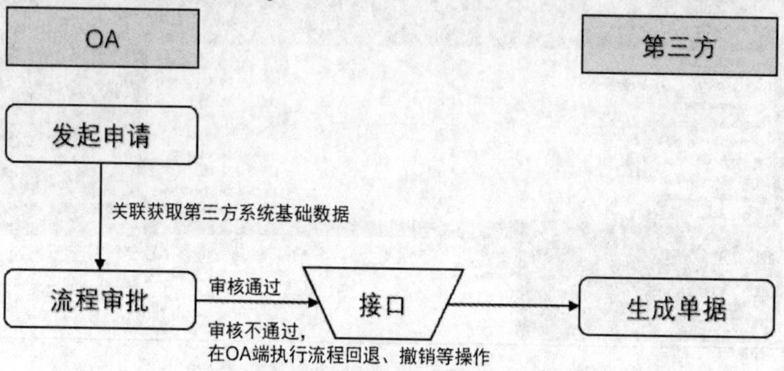

图 9-19　OA 端发起的流程

业务流程集成的第 2 步是执行流程审批。流程审批过程在 OA 端执行，OA 端表单数据与第三方系统表单数据同步显示，审批操作同 OA 端协同审批操作，并且全面支持移动端接收、查阅与处理审批。图 9-20 所示为 OA 端流程审批，图 9-21 所示为 OA 移动端流程审批。

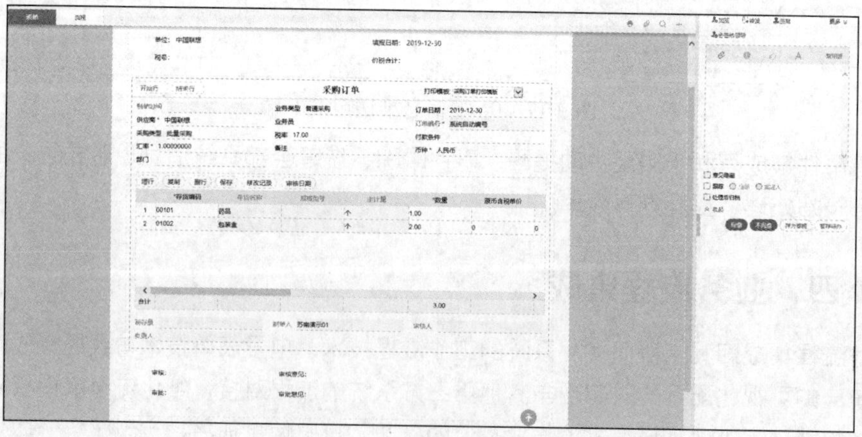

图 9-20　OA 端流程审批

图 9-21　OA 移动端流程审批

业务流程集成的第 3 步是流程审批结束后，在第三方系统生成审批结果。例如，在 ERP 端发起的采购订单，传递至 OA 端审批，流程审批结束后，直接在 ERP 端生成已审核的采购订单，审核人与 OA 端的实际审核人相同。图 9-22 所示为 ERP 端生成的审批结果。

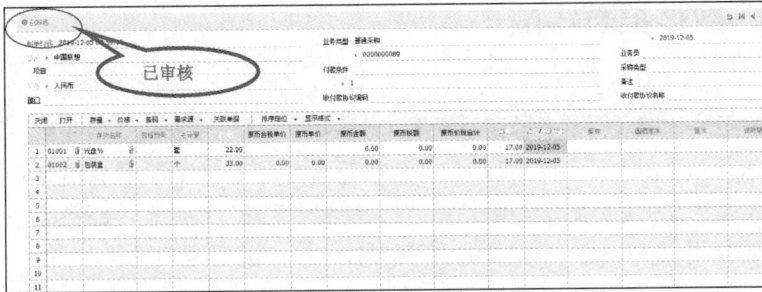

图 9-22　ERP 端生成的审批结果

▶▶▶ 五、门户页面集成

企业门户页面集成是一个将企业的所有应用和数据集成到一个信息管理平台上，并以个性化的统一入口为用户提供个性化的企业信息和服务，以便快速地实现企业信息交流的实时共享和双向性，满足高频次需求，提高企业的竞争力。

致远统一门户引擎通过统一的技术架构，全面满足统一外部门户、工作门户、业务门户、移动门户和大屏等多层级、多形态、多角色、多场景的入口需求。具有以下价值。

（1）统一待办，高效工作，便捷实用，提高办公效率。

（2）提供一体化的、便利的办公平台，将各项零散工作进行集中，提高工作效率与业务响应速度，从而提升企业的基础管理水平。

（3）应用集成，多系统信息集中，提供一个统一的入口，提升信息资源利用率。

（4）形成数据管理看板，将数据统一展现，实时查询，提升企业的辅助决策能力。

（5）提供数据统一展现平台，方便企业决策层、管理层及时了解企业运行状态；促使企业执行层理解企业管理要求，加强企业凝聚力。

（6）移动应用，打破局限，为移动应用的全面推广打好基础。

图 9-23 所示为统一待办页面，图 9-24 所示为企业的统一门户页面。

图 9-23　统一待办页面

图 9-24　企业的统一门户页面

▶▶▶ 六、数据报表集成

随着信息系统建设的不断发展和深入，集团各层级的管理者需要通过跨组织、跨单位、跨部门的协同，快速获得决策急需的各种实时情报、分析报表、历史数据等，以建立高效、灵动的决策机制。这种决策信息由人工到自动汇总，由自动汇总再到自动分析，最后由自动分析上升到真正的商业智能，这要求系统既要有高度的稳定性又能综合汇总呈现企业内部各信息系统的关键数据，为企业管理层提供多维度、全方位的决策信息，成为辅助领导日常管理和决策的工具。

致远协同 CDP 是面向企业业务场景的一站式大数据分析平台，其采用大数据、移动互联网、人工智能等先进技术，将 OA 系统表单、企业内部经营管理数据、外部社会化环境数据集成起来，利用平台中强大的建模工具和报表设计器，对各方面数据进行自助式、场景化的数据分析，并可以多种形式展示到 PC 端、移动端、大屏等媒介上，还可以形成图文报告等多种形式的报表文体，助力企业进行精准营销、战略管控、风险预警等，辅助企业科学决策，加速企业数据驱动转型变革。CDP 为系统配置、数据集成、业务模型构建、预警中心设置和报表门户搭建提供强大的功能。

（1）系统配置

① 支持用户、角色集中管理。

② 支持对用户或角色授予数据权限。

③ 支持对控制台功能点、分析模型、报表等功能权限管理。其中，报表权限有编辑、浏览、导出等。

（2）数据集成

① 支持建立第三方数据抽取项目。

② 支持以数据库 SQL Server、Oracle、MySQL 及脚本代码方式抽取数据。

③ 支持简单、灵活的自定义抽取逻辑。

④ 支持自动生成数据仓库表结构。

⑤ 支持增量抽取的数据抽取机制。

⑥ 支持自动或手动调度抽取任务，并支持抽取日志管理。

（3）业务模型构建

① 预制主流财务、供应链分析模型，并支持扩展用户自定义业务模型，为企业提供一套成熟的绩效指标、经营数据指标和业务优化指标分析模型，形成基于业务场景的一站式大数据分析平台。

② 支持将数据仓库进行业务模型转化，构建方便业务人员使用的分析模型。

③ 支持跨模型综合分析。

④ 支持切片、切块、旋转、钻取、挖掘等多种高级分析方法。

（4）预警中心设置

① 支持按固定频率推送预警报表。

② 提供统一预警阈值设置（上限阈值和下限阈值）。

③ 提供多种预警规则设置（单边预警、双边预警和多条件预警）。

④ 提供预警信息编辑功能（预警提示信息）。

⑤ 提供多种预警模式设置（仪表盘和红绿灯、邮件、短信等）。

⑥ 提供预警链接和分析功能（预警信息直接进入分析）。

⑦ 提供预警任务调度和维护功能。

（5）报表门户搭建

① 支持自定义报表门户，形成绩效指标型、预算监控型和分析型等不同风格类型的管理看板。

② 支持丰富的图表展现形式。

③ 支持实时分析。

④ 支持多种类数据库后台。

⑤ 支持设定发布频率，将指定报表推送给特定人员。

⑥ 支持发布任务调度和维护功能。

⑦ 支持以邮件、微信、钉钉或第三方接口等多种途径发送报表。

图 9-25 所示为统一待办页面，图 9-26 所示为企业的报表门户页面。

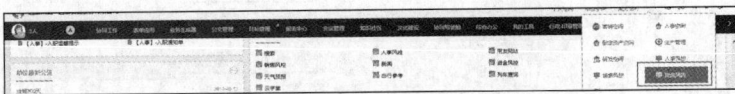

图 9-25　统一待办页面

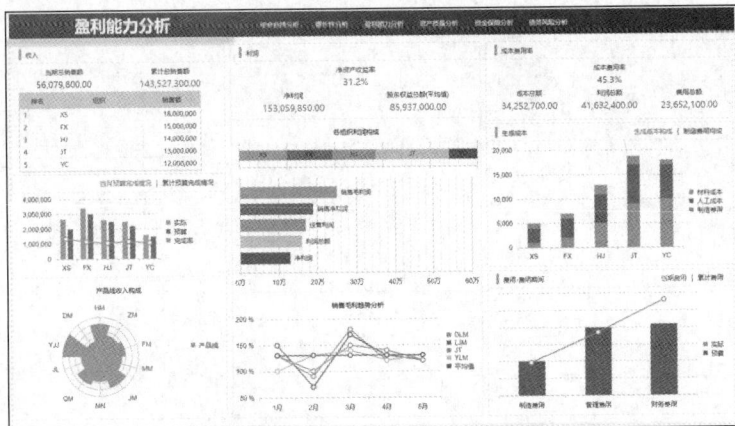

图 9-26　企业的报表门户页面

　　企业应用系统集成是对企业中不同业务功能的应用系统进行集成，建立可供数据交流共享和应用沟通的中心系统，使用户可以透明地访问各个不同应用程序，展现给用户的数据仿佛来自一个统一的数据源，从而加速信息的交流共享和业务处理响应能力。

　　致远 CIP 以通用集成基础服务和整体业务应用组件为核心，为所有集成相关资源和标准插件提供统一的管理和监控平台，实现单点登录、基础数据、消息事件、业务流程、门户页面、数据报表 6 个层面的应用集成，为企业提供了基于协同 OA 系统的应用系统集成方案。协同 OA 系统通过系统门户，实现工作管理和业务管理的统一入口；通过消息集成增强异构系统业务信息即时提醒功能；通过数据集成实现多个系统的基础数据共享；通过流程集成技术，实现 OA 系统与 ERP、HR、财务等其他业务系统的业务信息交换；通过数据报表集成实现跨系统的数据提取、分析与呈现。集成应用是企业信息化发展的必然趋势，以协同管理平台为枢纽，将企业的业务处理与企业的业务流程紧密结合，是企业应用系统集成的重要信息模型。

　　图 9-27 所示为本项目的知识（技能）框架。

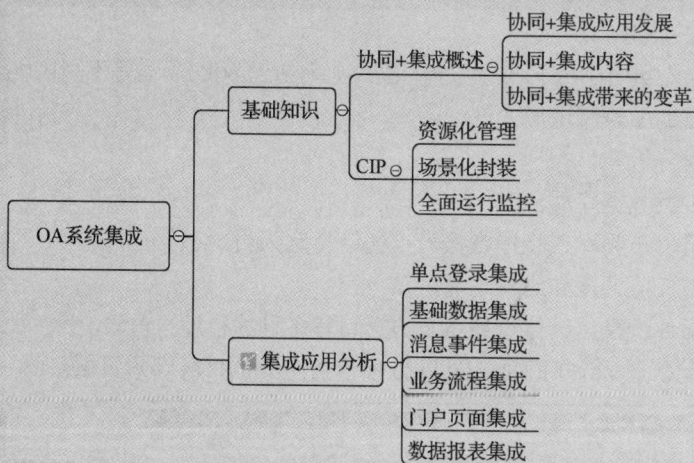

图 9-27　项目九的知识（技能）框架